大清棋局：

明亡清兴卷

| 1583—1643 |

刘澍 / 著

四川文艺出版社

卷首语

刘 澍

在有关清朝历史的学术著作、通俗读物、历史小说汗牛充栋的大环境下，要想重写一部清朝通史是需要勇气的，然而初生牛犊不怕虎的我，却尝试着来把大清朝的历史重新建构，是为《大清棋局》一书的由来。

大清王朝是中国历代王朝中国家政策最为成功，国防军队保持战斗力时间最久，中国少数民族政权中执政时间最长的政权。之所以如此，与大清朝有意识地构建国家体系有极大关系，大清用满人来作为各省总督和军机处主要领导人以控制国家核心机构，用汉族文人来作为自己的官僚体系主要组成，用汉族农民上缴的赋税来建庙宇和各种优厚待遇笼络藏传佛教的领袖达赖喇嘛、班禅额尔德尼、哲布尊丹巴呼图克图和章嘉呼图克图，用藏传佛教格鲁派来羁縻蒙古人，再用喀尔喀蒙古的骑兵来保卫大清政权。就这样无限良性循环，有了“康乾盛世”。

从 1759 年乾隆平定大小和卓木之乱到 1851 年太平天国运动爆发，这将近一百年的时间是大清这种民族国家体系构建最为成功的时期（1840 年鸦片战争对大清只是隔靴搔痒，几乎没有多大影响），而自从太平天国运动爆发，满洲八旗和汉族绿营战斗力低下，曾国藩湘军崛起，随后湘军、淮军人员充任全国各地督抚，大清的民族国家体系构建开始出现危机。1865 年高楼寨之战，僧格林沁的蒙古马队被捻军全歼，使得大清所有有战斗力的部队都是由汉人领导和组成，自此，大清的崩溃就只是时间问题了。满、蒙、汉、藏的四角体系中满洲贵族彻底颓废，蒙古骑兵全军覆没，藏传佛教日益衰落，汉人督抚却强势崛起下，此后无论大清洋务运动有多大成就，无论甲午战争是胜是败，无论清末新政幅度多大，最后汉人重臣夺取满洲贵族的政权，都是必然的。写中国近代史的各种著作不讲这一点，都是毫无意义的。

本书把大清构建这套体系的过程和结果称作“大清棋局”，此即本书书名，本书写的就是这个格局从萌芽、建立、巅峰、衰落直至崩溃的全过程。

《大清棋局》这套书不止写民族国家体系的构建全过程，写大清的12位帝王，写那些著名的大人物，还写了面对苦难奋起抗争的人民，饱经灾难哭泣无助的妇女，死里逃生呻吟哭号的难民，人与人的明争暗斗，公开的秘密，农民运动的风起云涌，衣衫褴褛、孤苦伶仃的在造反边缘的人们，在战争中蒙羞受辱的人们，被主流史学界唾骂的人物的伟岸形象，被教科书光环笼罩的人物的阴暗面，这些都在《大清棋局》为您呈现。我怀着一颗虔诚的心去阅读历史，以公正的态度去感受人物，去触摸历史人物的心灵深处，无论他是丑陋肮脏的人还是光明正大的人，无论他是流血动武的人还是哭泣咒骂的人，无论他是忍气吞声的人还是无恶不作的人，无论他是功成名就的人还是一事无成的人，都在我的笔下一一呈现。总之，本书将大清一朝的所有政治、军事、思想、文化、科技、生活、制度的历史为您呈现。

中国历史是个不断循环的过程，经历过光荣的征服，也接受过多次屈辱的蹂躏，经历过被周围国家众星捧月的尊敬，也经历过和周围蛮族无休无止的争逐，经历过李世民那样伟大的君主的统治，也经历过石虎那样的万世暴君的酷虐。这个民族什么都经历了，见得太多了，中华文明是个太早熟的文明，两千多年前就有了极为发达的纯原创文明，但也正因此使得中国思想在此后两千年没有自发性大的飞跃。不论遇到什么事都难以改变中国优哉游哉、自由散漫的脚步，不论发生什么情况她都能从自己的记忆中找到应对的成例，正如中日甲午战争时朝廷大臣还从明朝抗倭援朝战争中寻找灵丹妙药一样。

我写的是大清历史，历史如同那些我们曾经爱过的人，如今皆已远去。每当我们回首往事，顿感尘缘苦短，叹世事沧桑，因此，我们应该通过阅读历史，来知晓古往今来的人生经验，以便指导自己的现实人生，让自己通过阅读历史，重新活一遍诸位先贤的人生，以使自己少犯错误。

我在褪色的史书中似乎看见了金戈铁马，感受了刀光剑影，听见了鼓角铮鸣。

而后那一个个鲜活的面容等待着我以自己的秃笔呈献给大家，从前几多兴废事，不止应在渔樵闲话中体现，也不止留在暗黄发脆的纸张中，而是需要我这杆笔来还原，来展现给大家历史最真实的一面。历史，只能被证伪，不能被证实，只能无限接近，却不能完全重现，但我的确尽力了，尽最大努力还原一个真实客观的清朝历史。

如今忙于应酬、看电视的现代人有多少人还看历史，还去了解自己的国家昔日的光荣与耻辱？大家在白天去追求自己生活中所需要的，晚上去享受自己工作中所得到的，于是再没有人去思考，我们这个民族现在需要的是什么？我们为什么不能强大？国人为什么有那么强的劣根性？过去中国人是不假思索地喊口号，喊万岁，现在是不假思索地乱花钱、玩游戏，每个人只忙于自己的柴米油盐酱醋茶，没有几个人塌下心来想想，自己现在做的是什么？自己为什么要这么做？自己的所做到底值不值？于是，中国人在这种非主流价值冷漠中离强国梦越走越远。

因此，现在太需要我们去反思了，我们需要在历史中找到自己的精神源头，以此知晓我们在现实中究竟应该做什么，以历史的经验来重新审视我们的来路，以便更好地走我们的去路。

历史的纵向发展并不意味没有横向联系，在历史的前进轨迹中可以找到无数的交叉符号，然而后人在研究历史时往往会把这些交叉符号忽略，而本书重视的恰恰是这些交叉符号。

余秋雨说："历史是坎坷，历史是幽暗，历史是旋转的恐怖，历史是秘藏的奢侈，历史是在雨中的泥泞，历史是在悬崖的废弃，因此不能太轻易进入。"但是我还是禁不住诱惑，进入了历史中寻找真相。

龚自珍云："灭人之国，必先去其史；隳人之枋 ，败人之纲纪，必先去其史；绝人之材，湮塞人之教，必先去其史;夷人之祖宗，必先去其史。"这正是历史的重要性。

章太炎 1935 年演讲《论读经有利而无弊》说："夫读史之效，在发扬祖德，巩固国本，不读史则不知前人创业之艰难，后人守成之不易，爱国之心，何由而起？"可见只有多读历史，才能更让人激发爱国心。

李大钊则把全民学历史作为一个时代进步的征兆，他的《史学要论》说："研究历史的趣味的盛行，是一个时代正在生长成熟，正在寻求聪明而且感奋的对于人生大观的征兆。”

历史是什么？历史是一座永不落幕的旋转舞台，许多人物、事件会重复出现。但是，舞台下的人在当看客的时候往往不吸取舞台上的人的教训，于是，当他们成为舞台上的演员后，便重蹈台上人的覆辙，从而再被台下人看笑话，尤其是中国历史，就在这不断循环悲剧的情况下走到了近代。

丘吉尔说:“历史犹如一位老人，带着一盏闪烁的灯，沿着过往的陈迹踉跄前进，试图重现它的情景，再次响起它的回声，用黯淡的光激发昔日的感情。”

罗宾 · W · 温克在《历史的价值》中说 :“控制历史和控制如何写历史的人就控制了过去，而控制过去的人就控制了现在。”民主国家记叙真实的历史以启迪现在生活，从而创造历史。专制国家虚构过去的历史以维持现在统治，终将没有未来。

那些历史罪人仿佛贪心的秃鹫，而为了掩盖这些历史罪人而生的历史记录者与为了真相而生的真正史家又好像互相用黄金舌头攻击的蛇，使历史真相欲盖弥彰，扑朔迷离。

历史无法厘定，好像无法解开的长链，无论如何，许多细节无法掌握，而我尽我所能还原清朝历史真相，至于还原得如何就看我的水平了。

历史是零碎的，是无数个日日夜夜物换星移的片段。历史是完整的，没有任何人能超出历史外，不在历史中，所以每个人构成了历史的每一个瞬间。历史是复杂的，光荣与梦想，生与死、爱与恨、光明正大与阴谋诡计交织在一起。历史是简单的，尤其是中国历史，简单到用一治一乱就可以概括。

历史事件犹如过眼烟云，所有的心酸荣辱都早已定格为历史的陈迹，化作历史的尘埃。商场、官场、情场、考场、战场，历朝历代哪个场不是充满着勾心斗角、尔虞我诈？说到底，这些场上的争斗都是男人的游戏。金钱、官位、美女、名次、战果则是这些场最后角逐的成绩。然而无论在哪个场春风得意，最后终究逃不过进入坟场的命运。

历史只有当人们认真沉湎于它的具体环节时，它才显得宏大而崇高，而且当人们凌驾于高高的天宇之上俯瞰历史时，历史就变得渐渐模糊了，因此，鄙人写历史是脚踏实地来还原，而不是仅“观其大略”。

历史虽有庄严的面容，却很难抵挡貌似合理的推论，仿佛坦白的掩饰，形同铁证的伪造，看似真实的假象。历史因人们的轻信而成为定论，因时间的流逝而难以还原，因政客的无耻遮掩而谬误百出，因历史学家的胆小而缺乏真实，结果历史所遗落的往往是社会进程中最关键的秘密，尤其是历史转型时期，秘密最多，因为在这个时期，前朝失败者来不及记录历史，就退出了历史舞台，新朝的胜利者为了彰显自己政权的合法性而肆意丑化前朝，明末历史和南明历史就是这样一种情况，《大清棋局》第一册和第二册做的就是拨开迷雾还原这两段历史真相的事情。

为了还原历史真相，本书在写作过程中一方面把历代皇帝的《清实录》《起居注》部分御批等资料看了一遍，有了史料学的基础，另一方面，如果完全按照清朝浩如烟海的官修史书、档案资料的记载，其实又未必能够完全得出正确的结论。就比如假如只根据道光朝的实录来看鸦片战争，就会发现清朝压根儿不知道沿海多地出现的敌人其实都是一股敌人——英军。基本的格局把握错了，那么其他一切都是白搭。写作历史，首先要根据大量史料来构建正确的史观，在正确的史观指引下再读更大量史料，由量变到质变，这才有意义。比如一个学人文类学科的硕士，如果在他眼中还是觉得李鸿章是卖国贼，国民党军队在抗战时除了台儿庄大捷外没打过一场胜仗，那么我建议他一本文科书也不要再读了，因为完全没有意义。

历史从不迟到早退旷课，它永远在场，前人做过的所有事，都是历史，今人正在做的事，都正在变成历史，后来人做的事，则早晚会成为历史。这一切，只是需要有记录的人而已。

有人说中国是一个没有宗教的民族，我说不然，历史就是中国人的宗教。说中国是一个没有宗教的民族，准确地说中国缺少的是形式上的宗教，中国人相信，自己的德行、言论、功业如果能够通过历史记录，传之后世，那么这就是自己人生价值的被肯定。多数中国人不相信基督的末日审判，但中国人相信历史的审判。正如刘少奇所说：“好在历史是人民写的。”中国人或许不相信好人死后会升天堂，坏人死后会下地狱，但中国人相信，因为有历史，好人能流芳百世，坏人将遗臭万年。

抚今追昔，总令人感慨万千，中国历史几千年弹指一挥间，古今兴亡多少事，尽入渔樵闲话，多少代人在这片土地上出生、成长、死亡，绵绵不绝，生生不息，多少可歌可泣的悲欢离合最终化作历史的插曲，多少惊天动地的帝王将相最终化作历史的尘埃。

历史可以不被完全还原，但不能没有是非，只有真实的历史，才能让人明智，才能对公民教育有所帮助，虚伪的脸谱化的历史不但不能给人以良好的教育和启示，相反，它会混淆视听，降低公民的智力，降低公民的判断力，让公民产生完全错误的分析。

一个记录真实历史的史学家为了所写之事尽全力客观，他要超脱于自己的身份、地位、私利、阶级和民族感情，他要站在一个古今全体人类之外的角度来书写，他既不能把自己站在帝王将相的角度居高临下指点江山，也不能把自己站在被奴役阶级角度来抒发自己的仇恨，他不能以狭隘的民族主义者的角度来丑化侵略过自己祖国的敌人，也更不能美化侵略者。这个史学家所写的事必须和他自己没有任何关系，你让一个南京大屠杀受害者去写南京大屠杀，兴许个别地方就会有所失真。

好的史学家是历史的判官，他恰似一个优秀的法官。好的法官会对各种卷宗缜密推理，合理分析，再根据法律来做出裁判；好的史学家会对浩如烟海的史料披沙拣金，考证分析，再根据秉笔直书惩恶扬善的史德来书写历史。孟德斯鸠说："一部优秀的作品需要两个要件，一是天才，二是自由。"有天分的中国史学家很多，当然这也与中国人口基数大有关，与中国本身史料在全世界各国中最丰富有关，但自由这一点就不太好办了。在世界历史上，大凡专制国家都没有好的史学家，但是，古代中国是个例外，虽然有许多暴君"朕死之后哪怕洪水滔天"，从而杀人灭口，但是他们对于写历史的人却无可奈何。

642年，李世民对褚遂良说："你在兼管起居注的事，朕可以看看都记了些什么吗？"

褚遂良："史官记载君主言行，详细记录善恶诸事，这样君主才不敢胡作非为，我未听说君主可以亲自看记录的。"

李世民："朕有不妥当的事，你也记下了吗？"

褚遂良答道："我的职责在于秉笔直书，不敢不记。"

黄门侍郎刘洎说："假使褚遂良不记载下来，天下也都会记下来。"

皇帝是天子，但史官则超脱于天外，一段段血腥的历史兴许在当时根本无法公开，但因为有历史学家的存在，有敢于秉笔直书的人，最终我们通过历史撕开了一个个恶魔画皮。

好的史家也会有自己的价值判断和对历史人物的评价，由于史料的纷繁复杂，难以取舍，他们有时也要加上自己的一些合理的推断和想象，但是好的史学家不会对历史添油加醋，而是一定会秉笔直书，惩恶扬善，让乱臣贼子惧；好的史学家不会夹杂太多个人情感，而是一定会带着理性的光辉来写历史；好的史学家不会夹杂太多道德审判，而是一定会设身处地地来写温情的历史。好的史学家写出的历史可以晒出历史人物的灵魂，你可以一时欺骗所有人，也可以一段时间欺骗许多人，但你不可能所有时间欺骗所有人，因为有历史在，有天道在！有此二者，只要你压迫人民，你就会遗臭万年，只要你心系百姓，你就会名垂青史。

在埃及法老的墓碑上刻着："我看到昨天，我知道明天。"因为我们知道昨天发生过什么，所以有反思之心，因为我们不知道明天会发生什么，所以有敬畏之心。正是这反思之心和敬畏之心构成了我写作此书的初衷。

一部好的历史作品是有史事、史识、史实、史诗四个因素，先最大限度地占有资料，阅读大量史事，然后用自己的大格局观，也就是史识来甄别这些史事。通过考辨史料，与历史记录者对话，逐渐接近历史真相，这样史实也就出来了。然而如果单纯地堆史料，那么这样的历史在传播的过程中是起不到好的效果的，因此就需要把史实写成史诗，用如同托尔斯泰《战争与和平》那样的宏大叙事、优美文笔来描摹出一幅波澜壮阔的历史画卷。

写到这，也许有人会问，你写了这么多，我们普通人读历史究竟有什么用处呢？我想说，一个人如果希望健全自己的人格，拥有良好的判断力，成为一个合格的公民，那么他就应该多读些历史，多研究历史，至少要有一些基本常识，而不是一个史盲。因为只有读历史，你才能知道自己从何处来，如今身在何处，又将会向何处去。什么是幸福？幸福就是珍惜自己的过去，满意自己的现在，乐观自己的未来，过去就是历史，现在是正在发生的历史，未来也早晚会成为历史。现在是过去的延续，未来的开端。人要幸福，就要了解自己，知人者智，自知者明，要自知，就要读历史，历史就是过去的我们自己，研究历史就是研究我们的过去。

人们常说以史为鉴，英国思想家培根说“读史可以明智”，《战国策》说“前事不忘后事之师”，历史确有这样的功用，通过读历史，人们可以加深对现代的人的认识，有了历史的经验教训，如果历史重演，今人说古人所说之话，你就会明白，他要干什么，不会轻易受骗上当。每个公民，如果他能从历史中悟出做人的道理，读懂人生的真谛，看破政客的伎俩，戳穿无耻的谎言，那么他就会认识到自己的力量，就会小心保护自己应有的权利，就会明确自己的人生目标，就会为了人类的进步而一步步奋斗。借助历史的经验教训，每个人一起努力，我们就可以创造出更加美好的、公平的、民主的、自由的生活。

当然，大清历史太博大精深了，仅冯尔康《清史史料学》中列出的清朝史料就会超过一百亿字，单是中国第一历史档案馆和台北故宫博物院所保存的清朝档案就超过 1000 万件，莫说一个人穷其一生，就是真能活到万岁也未必能看完这些史料。如果说清朝历史是一片大海，我只写出了一滴水的几滴水珠；如果说清朝历史是一片森林，我只写出了一棵树的几片叶子。因为清朝历史承载了太多春花秋月，太多冷雨风霜，太多物换星移，太多阴晴圆缺，我即便耗尽心血，也无法将清朝历史全景式事无巨细地展现出来，但我的确尽力了。

我理性地去读历史，去给历史人物定性，一旦定性后，我感性地去写历史，从而把一个个有血有肉的人展现给大家。我满怀理智地去读历史，去看浩如烟海的史料，为的是还原一个客观真实的过去，我充满感情地写历史，为的是让历史不再枯燥。总之《大清棋局》一书的写作目的就是要写出一部既真实又精彩的清朝全史，以上，是为序。

目 录

序幕

南宋端平元年正月十日（1234 年 2 月 8 日），蔡州（今河南汝南），蒙古人与南宋的联军对金国发起总攻。

燃烧着火焰的箭镞像凌厉的钢鞭一样刺穿守城金军的躯体，蒙古人的马刀与南宋军人的战刀把金军纷纷割倒在地，黑风般的炮弹像密集的马蜂一样炸伤金军的身体。那些有血有肉的生命连同草木一起被灼热的气浪抛向天空，抛向死亡的深渊。终于，蒙军攻破蔡州西城，金军拼死抵抗到天黑。战争中即将胜利的一方的人是最怕死亡的，几个小时后他们就可以享受胜利，但就在这几个小时内战死的人往往是最多的，因为对手早已本着同归于尽的心态来与你拼命。此时连横扫欧亚的蒙古人都感到了金国人的这种精神状态，于是窝阔台下令：撤退。

金国皇帝完颜守绪终于煎熬着熬过了南平端平元年正月十日，但他知道，他已经没有明天，他召集身边最后的忠臣，与崇祯的最后时刻前身边大臣只剩下王承恩相比，女真人毕竟还多一些血性，完颜守绪对着身边金国的最后血脉说道：“朕为金紫光禄大夫十年，当太子十年，当皇帝十年，自知没有什么大的过恶，死无恨矣。所恨祖宗传祚百余年，至朕而绝，与自古荒淫暴君同为亡国之主，真是让朕不甘心呀！自古以来，没有不亡的国家，亡国之君往往为人辱囚，或被绑缚献俘，或跪于殿庭受辱，或关闭于空房。朕绝对不会到这个地步！众爱卿，朕志决矣！”

说罢，完颜守绪目光凝重地看着大将完颜承麟："此城旦夕可破，朕身体肥胖，不便于骑马突围，你精通兵略，只要你能突围，保全大金国祚，则朕九泉之下亦可瞑目。"

完颜承麟本想推辞，但他明白，此时皇帝的禅位举动绝不是在试探。最高权力是每个人都渴望的，古往今来，在通向权力之巅的道路上，埋葬了多少男人的青春，哭干了多少女人的眼泪。但对于一个即将灭亡的政权而言，最高权力无异于一剂鸦片，初尝一口之后就是百倍的透支与最终的毁灭。

公元1234年2月9日，伴着蒙宋联军的火炮声，完颜承麟开始了登基大典，与北宋最后一位皇帝宋钦宗在自己的祖先金国人大军压境下继位时在龙椅上哭晕了相比，军人出身的完颜承麟依旧镇定，但镇定之下难掩内心的虚弱，因为他知道，他注定要成为金国的亡国之君了。

一个满身血迹的士兵急匆匆跑进来，"报！宋军孟珙已攻破南城！"

与此同时，一个神情憔悴的宫女慌张地跑进来，"陛下，太上皇驾崩了！"原来完颜守绪已经在幽兰轩自缢。

完颜承麟再难有心继续登基大典了，他戴上兜鍪，手执战刀，准备迎接最后时刻的到来。大约一个小时后完颜承麟战死，他已没有继任者了，他是中国历史上在位时间最短的皇帝，在位时间不足两个小时。至此，金国灭亡。

此时金国还剩完颜忽斜虎率领最后五百多金军与蒙宋联军巷战，得知完颜承麟战死的消息后，完颜忽斜虎仰天长叹："圣上已驾崩，我还打什么？我不能死于乱军之中，我要跳河自尽追随圣上，诸君可自谋生路。"说罢完颜忽斜虎跳入水中溺死，剩下的五百多金军一起跳河自杀，异常悲壮。

此时，蔡州城的村庄在燃烧，难民在呻吟，士兵在流血，到处都是股肱交叠的残损尸体，分不清是金国人、蒙古人还是南宋人。

金国灭亡后，还有几座城池依然在坚守，直到1236年，还剩会州一座城池没被攻陷。守将郭斌（又名郭虾蟆）依旧坚持抗战，他用火炮轰击蒙军，弹药用完后就用城中金银铜铁杂铸为炮弹，接着轰击蒙军。这年十月，城内粮绝，城破，郭斌把最后的箭镞射向蒙军，箭镞用光后，全家自焚，一个婢女从火中抱着郭斌的一个孩子出来，对人说："将军为国尽忠，岂能让他绝后？这是他的儿子，恳请您收下他。"婢女把孩子递给此人后，也跳进火中自尽。蒙军破城后，感郭斌孤忠，下令不要伤害他的孩子，把小孩养大。(《续资治通鉴·卷一六八》)。这也是女真人在元朝历史上最后一次出场，此后，杳无音信。

蒙古人实行四等人制。

第一等：蒙古人。

第二等：色目人（眼睛有颜色，如西域、吐蕃、中亚等人皆为色目人）。

第三等：汉人（金国的女真人、汉人都被叫作汉人）。

第四等：南人（南宋人）。

元朝时，杀一个蒙古人要偿命，杀一个色目人赔八十两银子，杀一个汉人或女真人交一头毛驴价钱的罚款，当然如果赶上这个杀人者穷，一头毛驴的钱交不出来没关系，打五十七下板子，为什么不是整数呢？不打六十大板呢？因为蒙古人一切都以七为基数，本来六十大板，天饶你一下，地饶你一下，我饶你一下，变五十七下了。

元朝时汉人和女真人不能学习拳击武术，不能骑马，不能用马拉车，甚至禁止汉人和女真人买竹子，因为竹子可用来做弓箭。

整个元朝实行宵禁，《元典章》卷五七记载：晚一更三点后禁止出行，禁止点灯，禁止活动，直到第二天早晨五更三点。换句话说，每晚七点半开始到第二天凌晨五点半实行宵禁。

由于女真人和汉人都被同等看待，被同等压迫，中原内地的女真人逐渐被汉人同化，昔日与宋朝世代交战的女真人终究成为汉民族的一部分，被同等压迫下民族的融合消弭了一切。

在女真人的龙兴之地——东北，元朝时居住着女真人和汉人，其中汉人占多数。这一点读者可能会好奇，汉人不是到了清朝后期才闯关东，大规模移民东北的吗？

其实汉人第一次大规模移民东北是在金国时代，由于女真人几乎尽数进入内地攻灭北宋，与南宋征战，东北几乎为之一空。金国便把七十多万户汉人迁到东北，而此前今吉林、黑龙江汉人数量极少。

在东北的为数不多的女真人依旧保持着女真族的生活习惯。三百年后，正是他们再次燃起冲天的火焰，再次进入中原，再次参与中国政权的角逐，改写中国的历史。

1333 年孛儿只斤•妥欢帖木儿继位，是为元顺帝。元末明初权衡的《庚申外史》和叶子奇的《草木子》里，详细记录了元顺帝的人生。

元顺帝继位后曾说："百岁光阴如闪电一样，又有多少时光能供人享乐呢？"于是纵欲无度，整日与十个宠臣在宫中滥交，一帮爷们赤身裸体，脑袋上戴着黄色高帽子，帽子上有黄金打制的佛字，手执念珠，光着屁股列队在大殿内边行走边念咒语。同时，元顺帝让殿内美女数百人身穿璎珞流苏遍体的奇装异服，头戴象牙佛冠，手拿乐器，连敲带舞，意韵悠扬，仿佛月宫雅奏，霓裳荡漾，浑似天女散花，她们还高唱《金字经》，这种舞蹈叫作"天魔舞"。元顺帝看得心花怒放的时候，就冲上去把美女的衣服扒了大干一场。因为怕被宰相劝阻，所以元顺帝挖了一条地道，直通天魔舞美女的屋子，这样就能神不知鬼不觉地纵欲了。

元顺帝又饮酒又服春药，小日子过得很爽。不仅自己快乐，元顺帝还说："太子苦不晓秘密佛法，此秘戏可以延年益寿啊。"于是他又让人教太子学自己的这套作为。纵观中国上下几千年历史，所有暴君虽然都是自己浑蛋，但大都聘请名师教太子学好，从未听说让人教儿子学坏的。这一点，元顺帝为中国历史上的特例。

此外，元顺帝还是个天才木工。凡是他宠信的宦官在宫外建宅院，元顺帝都亲自动手，设计出宅院的模型。他"自画屋样，又自削木构，宫高尺余，栋梁楹榱宛转，皆具付匠者，按此式为之"（《庚申外史》），为此，大都人（北京人）戏称其为"鲁班天子"。

元顺帝临幸妃子也有花样。春天桃花开时，他在宫中举行碧桃宴，把八九百个妃子召来大吃大喝，等酒过三巡菜过五味，他便亲自从树上摘下来一枝桃花，把汗巾系在上面，然后让人击鼓，皇后和妃子们就一起转圈起舞，混乱中元顺帝把系着汗巾的桃花扔给谁，谁就晚上陪睡。

夏天，桃花谢了，元顺帝每天召一批妃子在宫中洗澡，所有妃子都脱下衣服，露出雪白的娇躯，一丝不挂地跳进水里。元顺帝一声令下，大家都争着朝池中和真马一样大小的玉马奔去。妃子们光着屁股，滑溜溜的，玉马上也很滑，一个妃子刚坐上，就被别的妃子推下来，最后谁抱着马脖子坐住了，谁当天晚上就能陪元顺帝睡觉。

秋冬时节，妃子们如果还在外面光屁股洗澡，怕是会冻感冒了，妃子感冒了不要紧，要是传染上皇帝，导致龙体欠安，就不妙了。于是元顺帝安排妃子集合在设有暖墙的大殿里，让大家把衣服脱了，手拉手团团跳舞。元顺帝坐在高处，弯弓把香囊射出，香囊射中哪个妃子，便在她的身上破开，撒得她一身香粉，这时元顺帝就“闻香识女人”，抱起美女就走，这叫作“香幸”。

元顺帝荒唐如此，民怨鼎沸，当时有人写诗描写元顺帝时代：

不读书有权，不识字有钱，不晓事倒有人夸荐，老天只恁忒心偏，贤和愚无分辨。挫折英雄，消磨良善，越聪明越运蹇。志高如鲁连（鲁仲连，战国末期志士），德高如闵骞（闵子骞，春秋时孝子），只被人轻贱。不读书最高，不识字最好，不晓事倒有人夸俏。老天不肯辨清浊，善的人欺，贫的人买，读书人都累倒，立身则《子曰》，修身则《大学》，智和能都不及鸭青抄（元代纸币，颜色呈鸭蛋青色，故名）。

堂堂大元，奸佞专权。开河变钞祸根源，惹红巾万千。官法滥，刑法重，黎民怨。人吃人，钞买钞，何曾见？贼做官，官做贼，混贤愚。哀哉可怜！

世道如此，天下大乱为期不远！

昔日极其强大、横扫环宇的蒙古军队在元顺帝时战斗力如何呢？《草木子》记载：“将家之子，累世承袭，骄奢淫逸，至于武事，略不知讲，但以飞觞为飞炮，酒令为军令，肉阵为军阵，讴歌为凯哥，兵政于是不修也久矣。”

值得一提的是，“天高皇帝远”中的“皇帝”指的正是元顺帝。“天高皇帝远”出自明朝人黄溥编纂的《闲中今古录摘抄》，原文为：“天高皇帝远，民少相公多。一日三遍打，不反待如何？”黄溥是明朝人，其《闲中今古录摘抄》是以杨讷的《元代农民战争史料》为蓝本的。据《元代农民战争史料》记载：元顺帝至正八年（1348

年），浙江台州、温州百姓树起“天高皇帝远，民少相公多。一日三遍打，不反待如何”的反抗旗帜，首义反元。从这首《台温处树旗谣》产生的时间来看，“天高皇帝远”中的“皇帝”即指元顺帝。

元朝长期的残暴统治最终压断了人民承受的底线，而此时黄河的决口更是雪上加霜。从 1345 年开始，黄河大规模决口，一直到 1351 年，黄河泛滥六年。元朝征发十七万民工修建大堤。由于黄河泛滥成灾，黄河流域饥民达到五百万人，而修建大堤的民工就是这些饥民，由于环境恶劣，死亡率很高，此时，只需要一丝火星就能点起冲天大火。

参与修建大堤的韩山童和刘福通打算发动起义，先以童谣散布，说“石人一只眼，挑动黄河天下反”，而后暗中埋了一个独眼石人在黄河故道岸上，此时正赶上黄河岸施工，民工就挖出了这个石人，石人正应童谣，人心震动。韩山童、刘福通借机发动起义，韩山童自称宋徽宗八世孙，刘福通自称南宋大将刘光世后人，还是当初陈胜吴广起义的那个套路。但正是在这个套路下，此后十六年间，各路义军纷纷揭竿而起，群雄逐鹿。1368 年，朱元璋脱颖而出，三军效命直捣大都，元朝灭亡。

明初，建州女真最强大者为爱新觉罗氏族，海西女真最强大者为叶赫那拉氏族，明初，叶赫那拉氏族与爱新觉罗氏族之间发生了一场战争。两军交锋，爱新觉罗家族的头领指着大地说：“我们是大地上最尊贵的金子（爱新觉罗在满语里是金子的意思）！”叶赫那拉的首领指着天上的太阳说道：“金子算什么，我们姓它（叶赫那拉在满语里是太阳的意思）。”斗嘴过后，双方开打，太阳烧化了金子，叶赫那拉氏打败了爱新觉罗氏，成为女真族最强大的部落，而叶赫部和爱新觉罗家族也从此结了世仇。

1388 年，朱元璋派大将蓝玉北伐，将蒙古残余势力打残，蒙古人彻底失去了对东北的控制权，而后朱元璋派人招抚在东北的女真各部，当时女真主要分为三部：建州女真、海西女真（因为在日本海和鄂霍次克海以西而得名）、野人女真（又叫东海女真，分布在外兴安岭、黑龙江下游、库页岛）。各部纷纷响应朱元璋号召，成为朱元璋治下一部，1409 年，朱棣设奴儿干都司，包括黑龙江、吉林、俄罗斯远东地区，至此，女真人重新成为中国政府有效管辖之一部。努尔哈赤的六世祖猛哥帖木儿被朱棣任命为建州卫都指挥使。

1433 年，猛哥帖木儿在女真混战中战死，其子董山继位。1466 年董山出于对明朝官吏鱼肉边民的不满，一年之内抢掠边境九十七次。明宪宗大怒，1467 年派总兵赵辅率军讨伐董山，“一夷而见逃，剖其心而碎其脑，粉其骨而涂其膏，强壮就戮，老稚尽俘”（明 • 赵辅《平夷赋》），赵辅对董山的部众进行了种族灭绝式屠杀，当然并没能完全灭绝该族，董山被杀，建州女真遭到毁灭打击。董山死后，其子妥罗向明朝表忠心，摇尾乞怜，最终赵辅仍令其世袭建州左卫都指挥使一职。妥罗的弟弟锡宝齐篇谷是努尔哈赤的四世祖，但他没能世袭建州左卫都指挥使，所以家道逐渐衰落。

此后一百多年，虽说女真人与明朝在东北的政府偶有冲突，但大体上双方是友好的，女真族只是内部不停有小规模冲突，此时的女真人就像被浸泡过多次的茶叶一样沉到了杯底，无声无息地遵守着中央王朝的规则。前蒸汽动力时代，等待扬帆远航的巨轮在出发前一段时间风帆往往是降下的，因为它要为新的征程积蓄力量。此时的女真人正是如此。

锡宝齐篇谷的儿子福满是努尔哈赤的三世祖，福满之子觉昌安是努尔哈赤的爷爷，觉昌安之子是塔克世。1559 年，塔克世的妻子生出了本书的第一个主人公——努尔哈赤。

第一章
崛起，努尔哈赤

据《满文老档》记载，明嘉靖三十七年（1558年）喜塔拉·额穆齐梦见天眼大开，一只有雪白羽毛和金爪子的神鹰飞出来，直扑自己怀里，于是怀孕了。额穆齐怀孕十三个月仍然不生，于是有人怀疑是恶鬼钻入她的肚子里作祟，便把她扔进深山。刚进深山，孩子就出生了，当时风雨大作，多亏五只色彩斑斓的猛虎保护，母子俩才得以不死。

额穆齐的丈夫爱新觉罗·塔克世将这个孩子起名为爱新觉罗·努尔哈赤，满语里意为“金子·野猪皮”。努尔哈赤是女真贵族世家出身，童年过着养尊处优的生活，十岁那年，努尔哈赤的母亲突然去世，努尔哈赤的美好生活从此结束。后母整天指桑骂槐地骂努尔哈赤，把他看作家庭包袱，一直欺负他。努尔哈赤默默忍受着，从不为自己辩解，也没有反抗。秦始皇、朱元璋、希特勒、斯大林、努尔哈赤，他们小时候都有过长期的受虐经历。痛苦使人深刻，但生活中会失去欢乐，深刻就容易走向冷酷。未经欢乐滋润的心灵太硬，会缺乏爱和宽容。日后努尔哈赤在辽东的暴行，与他早年的经历不无关系。

十五岁时，后母的长期虐待，最终使努尔哈赤彻底离家出走。据《清太祖武皇帝实录》记载，努尔哈赤“凤眼大耳，面如冠玉，身体高耸，骨骼雄伟，言词明爽，声音响亮，一听不忘，一见即识，龙行虎步，举止威严”，总之，一切能用的好词都给他用上了，但当时离家出走的努尔哈赤绝不是这个样子，他已无家可归，单打独斗，无非是每天采蘑菇充饥。当然，在深山里他是遇不到采蘑菇的小姑娘的，不过倒是总能见到人参，饿了啃两口人参，难怪日后身体好。

辽东的夜晚寒气逼人，吹打着蜷缩在窝棚里的努尔哈赤。白天的劳作带来的疲惫冲淡了寒冷，努尔哈赤在窝棚里发出的鼾声与远处东北虎的咆哮组成了山林里的二重奏。每天与东北虎和狗熊做邻居，努尔哈赤日后征伐东北的胆略就是在这个时候练出来的。风餐露宿、雨暴风狂，这样的艰苦生活，成为努尔哈赤独自生活的主旋律。

如果长期如此生活，努尔哈赤怕是会变成野人，几个月后，努尔哈赤带着弟弟舒尔哈齐投奔到姥爷、建州右卫指挥使王杲那里。

建州女真诸部中，王杲势力最强，万历二年（1574 年）他大举犯扰辽阳、沈阳。明朝辽东都督佥事李成梁率兵进剿王杲所在的古勒寨（今辽宁新宾上夹河镇古楼村），李成梁的军队号称有六万人。在中国古代打仗，“号称”是很有学问的，如赤壁之战，曹操兵力二十多万，但号称八十万，这个号称就比较离谱。而淝水之战，前秦苻坚兵力有八十七万人，号称百万，这个号称就比较靠谱。那么李成梁这六万人究竟是离谱还是不靠谱，由于历史资料的缺乏，显然，历史学家们都没谱了。但有一点是可以肯定的：兵不在多而在精。

李成梁的六万车骑携带炮石、火器分兵围攻王杲营寨。李成梁一声令下，明军敢死队手拿战斧砍断数重城栅，而后火炮齐发，轰击营寨。王杲也不会束手待毙，他让守军用滚木礌石砸向明军，明军一个个被砸得鼻青脸肿。李成梁大怒，火炮的爆炸力是有限的，但如果来个火烧连营，那么威力就是无限的了。李成梁令部下纵火，东北森林密集，一点火就是冲天大火，寨内房屋、粮秣焚毁，李成梁趁势率军杀进营寨，王杲惨败。

努尔哈赤和弟弟舒尔哈齐就在古勒寨，他们二人跪在李成梁的马前，痛哭流涕，乞求免死。杀人如麻的李成梁见努尔哈赤相貌不凡，便动心没有杀他，把他和舒尔哈齐用作自己的亲兵。从此努尔哈赤开始广泛接触汉人，学会了汉字，熟读《三国演义》和《水浒传》，日后他行军打仗时的谋略可以说就得益于在李成梁身边的熏陶。

努尔哈赤的姥爷王杲跑了，此时如果王杲明智的话，应当赶紧装孙子，积蓄力量以待时机，不断怂恿对方放松警惕而自己一直保持高度警惕。不过王杲此时的表现显然就有些缺心眼了，他在自己的部队元气大伤的情况下，于万历三年（1575 年）再次对明朝发起攻击。不作死就不会死，既然作死，就一定会死。李成梁将王杲杀得大败，王杲只身骑马逃跑，起初穿一件红色的衣服，此时的王杲可以说与《三国演义》里的曹操和马超作战时犯了同样的错误，打仗时穿得太显眼很容易吸引敌军狙击手的注意力，从而被干掉，不过历史上曹操的割须弃袍是《三国演义》虚构的，而王杲这次则是真的。明军对身穿红袍的王杲穷追不舍，王杲赶紧与别人换了衣服，结果那个人成了明军的俘虏，王杲自己则得以逃遁。

此时建州女真已然没有王杲的立身之地，他投奔海西女真哈达部首领王台。王台一向忠于明朝，缚王杲，献朝廷。王杲被绑到北京，万历皇帝亲自登上午门城楼，命将王杲“磔尸剖腹”。

史书上没有记载努尔哈赤得知姥爷被凌迟剖腹后的心情，主流说法都是努尔哈赤在自己的父亲、爷爷被明军误杀后心中种下仇恨的种子，但我更认为，王杲的惨死才是努尔哈赤仇恨的起点，在努尔哈赤被后母虐待了五年之后，是王杲收留了他，而努尔哈赤在王杲这里的两年时间目睹的都是明朝对王杲的围剿，刚有容身之处的努尔哈赤又无依无靠了，我们没有理由不认为这是努尔哈赤种下对明朝仇恨的起点。

当然，努尔哈赤表面上依旧对李成梁恭顺如初，不过，他相貌堂堂的外表却牵动着李成梁的小妾的心，最终还险些给自己带来杀身之祸。一天晚上，正在洗脚的李成梁对自己的小妾说：“我之所以官至总兵，就因为脚上长了七颗黑痣。”

小妾不以为然地说：“努尔哈赤脚上也长了七颗痣，而且是红痣！”

李成梁听后大惊失色，因为他刚接到万历的圣旨，说钦天监夜观天象，东北方向有天子气，七颗红痣正是所谓的“天子相”。李成梁当即下令，天明时将努尔哈赤押解京师问斩。

这位小妾深悔自己无意中为努尔哈赤带来杀身之祸，于是她趁李成梁睡着后起身去找努尔哈赤，向他说明原委。努尔哈赤赶忙骑一匹大青马逃走，与他一起逃走的还有努尔哈赤最喜爱的一条大黄狗，而这位小妾则在李府一棵柳树上悬梁自缢。

第二天早上，找不到努尔哈赤的李成梁大为光火，他发现小妾吊在柳树上的尸体后，立即明白了，他下令扒了小妾的衣服，在裸露的尸体上打四十大板，而后派兵追赶努尔哈赤。

努尔哈赤骑大青马狂奔，大青马很给力，所以有一种传说，说努尔哈赤发誓今后自己如果称帝的话，国号就叫大清。

大青马最终因日夜兼程累倒，努尔哈赤只得带着大黄狗步行，自然被李成梁的追兵渐渐赶上。步行者 PK 骑兵，胜负已定，就在此时努尔哈赤突然发现一棵空心的枯树，他赶忙抱着大黄狗钻进去。奇怪的是，许多乌鸦很快也落在这棵树上，乌鸦聚集，使得追兵相信枯树里面无人，而大黄狗也很通人性，追兵靠近的时候始终一声不吭，努尔哈赤就这样死里逃生。

追兵渐渐走远了，努尔哈赤从枯树里爬出来，钻进了芦苇丛生的荒草地，此时极为疲惫的努尔哈赤沉沉睡去。不知过了多久，一无所获的追兵原路返回，如果按之前那样，追兵根本无法向李成梁交代，而如果一把火把这一片都烧了，然后上报说努尔哈赤已经被烧死，那么事情就好办多了。

追兵累了一天，放完火后就走了。熊熊烈火燃起，居然都没能让努尔哈赤醒来。也难怪，努尔哈赤小时候就是在山上与东北虎和狗熊做邻居的，虎啸熊吼都难以把他吓醒，更何况是火焰燃烧的噼啪声。看着努尔哈赤呼呼大睡，大黄狗着急了，它拼命叫喊，最终喊醒了努尔哈赤。努尔哈赤带着大黄狗冲出火海，死里逃生。

正是此次脱险，使得努尔哈赤称帝后确立了许多满族的民俗。满族每年在黄米下来的时候都要插柳枝，为的就是纪念那位在柳树上悬梁自缢的李成梁的小妾。满族人的院落里都立着一根一丈多高的木杆，杆上挂着食物以给乌鸦吃，就是为了感恩乌鸦。满族忌讳杀狗，不吃狗肉，不穿狗皮做的衣服，不戴狗皮帽子，为的是感恩那条大黄狗。（满族史料《罕王传说》）

努尔哈赤重新走进山林，隐姓埋名，而李成梁也渐渐忘记了努尔哈赤的存在，直到万历十一年（1583 年），王杲的儿子、努尔哈赤的舅舅阿台（阿台娶了努尔哈赤的堂姐，所以阿台也是努尔哈赤的堂姐夫）在古勒寨再次做大，李成梁认为阿台终究是个祸害，于是率军攻打古勒寨。这次李成梁不像上次那样先是战斧砍断城栅，然后火炮轰击，最后火攻。由于前两者不管用，此番李成梁直接火攻，但火攻两昼夜未能攻克。此时建州女真苏克苏浒河部图伦城的城主尼堪外兰为讨好李成梁，引导明军到古勒寨，攻打阿台。阿台之妻是努尔哈赤的堂姐，也就是努尔哈赤的爷爷觉昌安的孙女。觉昌安见古勒寨被围日久，想救出孙女，又想劝说阿台归降，就同儿子塔克世（努尔哈赤他爸）到了古勒寨劝降。

不知是觉昌安的口才太差，还是阿台的态度太坚决，总之劝降失败，而此时李成梁派来的使者来催促，希望尽快解决问题。于是尼堪外兰在城下高声喊话："天朝大兵既来，你等如若抵抗，定被杀得片甲不留，汝等不如杀阿台归顺。太师（李成梁）有令，若能杀阿台者，即为此城之主！"

女真这样的渔猎民族很实在，既然杀了阿台就是此城之主，于是所有人都奔着阿台的人头去了，阿台很快被杀死，古勒寨被拿下。

这些渔猎民族降而复叛是常事，李成梁下令"诱城内人出，不分男妇老幼尽屠之"，这其中被杀的包括努尔哈赤的堂姐、爷爷觉昌安、父亲塔克世，明军共斩杀2222人，4个"2"的斩首结果预示着什么？明朝二死了？不！从这一刻起，明朝彻底为自己埋下了掘墓人。

惊闻噩耗，努尔哈赤前去质问明朝官员："我父亲、爷爷为什么被害？你们是我不共戴天的仇人，你们还有什么话说？"

明朝官员的回答是："非有意也，误耳！"

对于一个母亲早已去世的人而言，自己的父亲和爷爷同时被杀，原因只是误会的回答，任何一个人都是无法接受的。努尔哈赤的爷爷、姥爷、舅舅（堂姐夫）、舅母（堂姐）、父亲，一家五位亲人被明朝杀害，此时努尔哈赤的心情想必与伍子胥得知父兄被楚平王车裂时心情一样，恨不得有朝一日带兵杀来，手刃仇人。但不一样的是，伍子胥身上更多体现的是儒家从道不从君、为父报仇天经地义的理念，而努尔哈赤身上则是一种无可调和的民族仇恨。

掀起冲天大火的往往只是一丝火星，想见微知著、洞若观火，真的太难了，因为你根本不知道哪一丝火星会燃烧，哪一片云彩会下雨。

就因为这该死的一个人——王杲，不该死的两个人——觉昌安、塔克世，明朝敲响了自己的第一声丧钟。

杀人如麻的李成梁没有把努尔哈赤变成这次战斗的第 2223 颗人头，他也没有因为努尔哈赤的自投罗网而杀他，李成梁或许早已想通，单凭脚上有七颗红痣就断定眼前这个壮硕的蛮夷之徒今后能当天子，显然是不太靠谱的。越是行军打仗的人，越是唯物主义者，越只相信自己的判断而不是什么无厘头的天子气。于是李成梁给了努尔哈赤三十份敕书，三十匹马，并任命努尔哈赤为建州左卫都指挥使。

敕书就是贸易许可证。此时，明朝跟蒙古人开放互市，有贸易，因为明朝可以从蒙古人那里买到马，而明朝跟女真人做生意能买到什么？蘑菇？这个太常见了，狗熊？这个有用吗？东北虎？——所以，明朝不愿意跟女真人做定期贸易，只是对于特定的招抚对象才颁发敕书允许其贸易，三十份敕书就是允许努尔哈赤干三十笔买卖的凭证。

努尔哈赤收下了敕书、马和建州左卫都指挥使委任状，回到家中（森林中的小木屋，可能跟动画片《熊出没》中光头强的住所差不多），召集族人，杀牛祭天，拿出祖上流传下来的十三副铠甲，宣布起兵，这一年，努尔哈赤二十五岁。当然，努尔哈赤的起兵并不是要跟明朝撕破脸，毕竟王杲、阿台的前车之鉴不远，他的起兵指的是从此自立门户，有自己的独立军队，枪杆子里出政权。

就在努尔哈赤起兵的同时，李成梁却在不断为他扫清障碍，此时努尔哈赤的作为在历史上可以忽略不计，但李成梁的行动则对于日后整个中国历史有巨大影响。

李成梁认为，北方的少数民族边患永远不可能解决，人是杀不绝的，只要人在，就能反叛，就如鲁迅在《花边文学》所说："一劳永逸的话有是有的，而一劳永逸的事却是极少的。"李成梁唯一能做的就是哪个强大就干掉哪个，始终维持动态均势平衡。

建州女真、海西女真、野人女真三大部中，建州女真最强者王杲已经被干掉，野人女真还没进化好，完全对人类不构成威胁，于是李成梁将打击的目标对准了海西女真。海西女真主要分为四部——叶赫部、哈达部、乌拉部、辉发部。其中实力最强的是叶赫部。所以李成梁用兵的重点就指向了叶赫。

公元 1583 年 12 月，李成梁利用叶赫贝勒清佳努和杨佳努到开原进行一次马市贸易的机会，事先在贸易地点埋下了伏兵。叶赫部来了两千人，守军拦住他们，“你们人太多了，不能全部入城。”清佳努是个实在人，既然你不相信我，那我就只带三百人入城，可是当他入城后，却发现，这里没有商人，没有小贩，只有一片空地。

清佳努脑子里猛然浮现出三个字——上当了。突然一声炮响，明军从四面杀出，三百叶赫部当场全军覆没，城外明军也杀出，此战明军斩首一千二百五十二人，夺马一千零七十三匹。叶赫部元气大伤。万历十五年（1587 年），李成梁进攻哈达部，也将其杀得大败，至于乌拉部、辉发部，实力弱小，不在李成梁的兵锋之列。

万历十六年（1588 年），李成梁再度出兵叶赫，作战最勇敢的是沈有容，他接连斩杀敌军数人，所乘战马中箭而死，又换了两次马，皆被敌兵箭矢所伤，沈有容的右腿也中了一箭，一下子站不起来了。可是叶赫的士兵因为见他铠甲鲜亮，没有杀他，用挠钩将他钩住，想要拖他入城，把铠甲从他身上扒下来后再杀他。女真人素缺铠甲，像努尔哈赤的祖父和父亲也算一部之长，却也仅留下遗甲十三副。就在千钧一发之际，宁远副将祖成训杀到，救了沈有容一命。收兵后第二天再战，沈有容用红夷大炮炮轰叶赫部的营寨，很快将敌营炸塌了，最终叶赫部乞降。这场战斗其实就是明史上很平常的一场战斗，我真正想说的是沈有容，正是他日后在台湾打退日本人，从荷兰人手中兵不血刃收复澎湖列岛，当然，这是后话。

在李成梁打击女真出头鸟的同时，努尔哈赤在李成梁面前拼命表现自己的忠诚，《山中闻见录》记载努尔哈赤“隶成梁标下，每战必先登，屡立功，成梁厚待之”。

不只是立功，据《明实录》记载，努尔哈赤把弟弟舒尔哈齐的女儿嫁给了李成梁的儿子李如柏做妾，故而当时有百姓说“奴酋女婿做镇守，未知辽东落谁手”。

努尔哈赤还经常给李成梁送礼，东西是一车车地拉，用孟森《清史讲义》的话说，“太祖（努尔哈赤）之求媚于成梁，自亦无所不至”。

而李成梁本人此时也日渐腐化，据王一元《辽左见闻录》记载，李成梁的家院“附郭十余里，编户鳞次，树色障天，不见城郭；妓者至二千人，以香囊数十缀于系袜带，而贯以珠宝，一带之费，至三四十金，数十步外，即香气袭人，穷奢极丽”。

《明经世文编》卷四二八中，侯先春《安边二十四议疏》记载了李成梁家丁的胡作非为：“每丁军所至，城堡骚然，酒食尽出于民家，妇女多遭其淫辱。马蹄经过，鸡犬一空。民谣有云：若遭建虏（努尔哈赤）还有命，若遭家丁没得剩。”

此时努尔哈赤的所作所为与李成梁截然相反，他在不断打着李成梁的旗号去吞并建州女真其他各部，万历十三年（1585 年）在浑河南岸努尔哈赤率步骑五百，征讨哲陈部。时洪水泛滥，行军困难，努尔哈赤遂令众兵回寨，只带八十人继续北进。努尔哈赤所派侦察兵未能及时报告敌情，八十骑兵行至浑河附近时，他才突然发现，自己面前的是哲陈部八百敌军。

如果是一万人面对十万人的话，打起仗来只要用兵得当，将略过人，其实还是有希望取胜的，而八十人面对八百人就不一样了，重量级的差别使得兵法在此时用不上了，加一起不足一千人，这更像是打群架而不是打仗，打架讲究人多，打仗才讲究兵略。打架时有本葵花宝典即可，而打仗时才用得上《武穆遗书》。

努尔哈赤亲执大旗率先进战，率领八十人冲杀八百敌军，结果显而易见，敌阵岿然不动。

怎么办？跑？岂能跑得掉！努尔哈赤横下心来率弟弟舒尔哈齐和两名勇士，共四人杀出包围，掉头拈弓搭箭，连续射死二十多人。

与此同时，他派人去报知那回军的五百人，让他们快速赶来。敌军因努尔哈赤连续射死二十多人，无一人敢靠近，阵营大乱，纷纷渡河逃命。

努尔哈赤稍作休息，待自己的五百名部下赶到，继续追敌，全歼八百敌军。

努尔哈赤以四人击败敌军八百人，创造战争史上奇迹。

万历十四年（1586 年）努尔哈赤攻打鄂尔浑部，昔日杀父仇人尼堪外兰就在这个部落，当初就因为尼堪外兰在城下的喊话最终导致努尔哈赤的父祖被杀。仇人相见，分外眼红，努尔哈赤单枪匹马就冲进了鄂尔浑部，他身上受伤已三十多处，前胸也被箭镞射中，箭镞在肩胛骨的位置上穿透而从后肩露出，一身是胆的努尔哈赤却浑然不觉，接连射杀八人，最终攻克鄂尔浑部。

尼堪外兰却在混战中得以幸免，逃到了抚顺，为明军收留。努尔哈赤大怒，一连杀死十几个汉人以泄愤，而后又抓住六名中箭的汉人，把尚未拔下的箭镞更深地插入他们的伤口，让肉体带着箭镞的他们去抚顺作为信使来索要尼堪外兰。

此时的尼堪外兰对明朝而言已毫无价值，明朝抚顺官吏回话说：“尼堪外兰既入我城，岂有送出之理？你可自来杀之！”努尔哈赤怕明朝借机设伏，于是派四十人前往，自己没有亲自前去，事实证明努尔哈赤多虑了，明朝把尼堪外兰送到城下，然后四十人一拥而上把尼堪外兰剁成肉泥。努尔哈赤把名义上的杀父仇人干掉了，但他绝不会就此罢休，因为在他心中，真正的杀父杀祖敌人是明朝。

努尔哈赤不只是懂兵略，而且有心胸，他在打翁克罗城时被敌军鄂尔果尼一箭射中，鲜血流到脚面，努尔哈赤拔下箭，并用拔下的箭回射敌人。这时有一个人叫罗科，一箭射中努尔哈赤的脖子，这支箭镞卷曲如钩，努尔哈赤拔箭时把肉都带下来了，他一手捂着创伤，一手拄着弓，一步步走，不久昏迷。醒来后努尔哈赤的部下已攻下该城，生擒射中努尔哈赤的二人，部下打算用乱箭将其射死，努尔哈赤说："两敌交锋，志在取胜，他为了他的主人来射我，现在为我用，不就会为了我而射敌人吗？如此勇敢之人如果死在阵前尚且可惜，怎能因为给我报仇而杀死？"于是为二人松绑。

几乎完全相同的事在成吉思汗身上早已发生过。公元1201年，成吉思汗（那时还应该叫铁木真）征讨泰赤乌部，铁木真被泰赤乌部的只儿豁阿歹一箭射中脖子，后来泰赤乌部被全歼，只儿豁阿歹被生擒，铁木真亲自为其松绑，并因其箭术高，赐名者别（蒙古语，意为箭），日后者别率军一直打到乌克兰。鄂尔果尼和罗科比起者别，当然是差得远，但后来二人的确为努尔哈赤拼命立功，成为他的生死勇士。

由此可见努尔哈赤的用人之术。据《满洲秘档》记载，努尔哈赤说："用人之道宜因人而异，人有所能就有所不能，有所善就有所不善，勇于战阵的人用于战阵，长于辞令的人用于出使，本领因人而异，岂能求全责备？"所以努尔哈赤麾下人尽其才，为努尔哈赤统一女真的战争胜利奠定了基础。

努尔哈赤主张直言，他曾说："为国之道，存心贵公，谋事贵诚，颁布法令，则以严为贵。如果不采纳大臣明智的谋划，轻慢法令，这种人就是国家的蠹虫。朕所言岂能都恰到好处？只要有不当之处，你等不要随声附和。朕一人才智有限，难道诸位贝勒大臣言论皆无足取吗？你等的见解一定要直言不讳。"（《清太祖圣训》）

努尔哈赤日渐壮大，成了建州女真其他各部的眼中钉，据《清帝外记》记载，努尔哈赤有天夜里睡觉，突然听见窗外有声音，他抄起刀来就准备砍，但又意识到，如果把刺客砍死，那么他究竟是谁派来的，就无从得知了，于是努尔哈赤瞬间调转刀锋，用刀背将刺客打倒，然后把他绑起来。

此时侍卫方才赶来，见到努尔哈赤把刺客绑起来，便问："他是要害您，当场就该杀了他，何必绑他？"

努尔哈赤："如果杀了他，他的主子还会派别人来的，倘因此酿成战争，我们寡不敌众呀。"

随后努尔哈赤假装问这个刺客，"你是来偷牛羊的吧？"

刺客一看，赶紧就坡下驴，便回答"是"。于是努尔哈赤把他放了，几天后的一个晚上，努尔哈赤即将就寝，突然感觉心跳加速，他觉得要出事儿，赶忙跑进厕所，昏黑中看见一个人影，而后努尔哈赤拉弓以待，见此人逼近自己所在的地方，努尔哈赤一箭射中他的脚，他倒下了，此时侍卫们方才赶到。

看来努尔哈赤的侍卫们实在太不靠谱，若不是努尔哈赤身手敏捷，怕是早就去见阿骨打了。

侍卫们过来举火把一看，刺客还是上次那个人，大家都请求杀了他。努尔哈赤说："这不是你们所知道的，杀他容易生事，我怎能因杀一个人而给敌人借口来打我呢？"于是又把他放了，此后再没人行刺努尔哈赤。

努尔哈赤的实力在渐渐壮大，逐渐被麻痹的李成梁则剪除了女真各部的强者，事实上是帮努尔哈赤扫清了敌人，此消彼长中，辽东局势在发生变化。

万历十五年（1587 年），努尔哈赤在呼兰哈达山下的费阿拉城称王。其实费阿拉城只不过是一座三面崖壁，以木栅、山石筑成的山城，与女真各部首领的寨子相差无几。然而努尔哈赤在费阿拉城定国政、创法制、练军队，打算一步步实现自己的野心。

万历二十年（1592 年），丰臣秀吉进攻朝鲜，而朝鲜"人不知兵二百余年"，故而一触即溃。

努尔哈赤听说朝鲜败绩后，在李成梁（从 1591 年起，由于身体原因，李成梁同志不再担任辽东都督佥事，赋闲在家）的指示下，派人联系朝鲜，说："我建州有马军三四万，步军四五万（实为努尔哈赤吹嘘，此时努尔哈赤总兵力大约万余），皆精勇惯战，听说倭寇入侵朝鲜。我与贵国唇齿相依，愿出兵援助贵国。"朝鲜婉言谢绝。

李成梁祖上是朝鲜人，据孟森《满洲开国史》的说法，李成梁有借助努尔哈赤的部队趁乱占领朝鲜以自立的想法，但我觉得，李成梁占领朝鲜以自立其实只是停留在想法阶段，家中养着两千妓女，妓女的袜子上都缀着香囊的李成梁，怕是没有太多精力去想割据一方的事了。

万历二十一年（1593 年），就在朝鲜拒绝努尔哈赤出兵的次年，努尔哈赤统一建州女真各部，他的强大引起了各部警惕，从明朝初年开始海西女真的叶赫部就是女真最强大的部落，此时努尔哈赤的崛起成了叶赫部的威胁，于是海西女真叶赫部向努尔哈赤提出领土要求，让他把建州女真的一部分土地割让给自己。努尔哈赤拒绝，并说："我乃建州，你乃海西，你国虽大，我岂肯去取？我国虽广，你岂得来分？"

叶赫部于是派使者再来找努尔哈赤，说："我主人要分你的地，你不给，要令你归附，你又不从，假如两国兴兵，我国之兵将踏入你的地盘，而你的兵安能进入我们的领土？"

努尔哈赤大怒，说："你叶赫部各贝勒何曾亲临阵前，与敌人马颈相交经历大战？过去我因为我的父祖被杀而向明朝问罪，明朝归还我父祖的遗骸，给我敕书马匹，此外还封我为建州左卫都指挥使、龙虎将军，你们的主人清佳努和杨佳努也被明朝杀了，至今尸骨未收，更遑论明朝给你们补偿，你们有何资格在我面前口出狂言？你的部落四周都设有关隘边墙吗？我军蹈你之地如入无人之境，即使白天不去，夜里也能去，你们能奈我何？"

于是双方彻底撕破脸，叶赫部和哈达、乌拉、辉发这海西女真四部，联合蒙古科尔沁、锡伯、卦勒察三部，以及长白山珠舍里、讷殷二部共九个部落共三万多人进攻努尔哈赤。

面对强敌，努尔哈赤做了有条不紊的部署：在敌军的来路两旁埋伏精兵，在高山峻岭安放滚木礌石，在沿河狭窄道路设置横木障碍。布置完后他就睡了，他老婆富察氏把他推醒："你吓傻了吗？人家大军压境，你还有心思睡觉？"努尔哈赤说："我要是害怕，还能睡得着吗？以前不知道他们来的准确时间还有点惦记，这下他们来了，我也就放心了。"

《清帝外纪》和陈康祺《郎潜纪闻二笔》卷十五记载了此事，每当读历史读到这种事时，我都会有很大疑问：努尔哈赤在床上和自己的女人说的话，这种事究竟是如何被历史记录在案的？再比如《史记》中公叔痤临死前屏退左右和商鞅说的那番话，项羽乌江自刎前与虞姬的最后一夜说的那番话，《左传》里刺杀赵盾前鉏麑的心理活动，等等，这些要么是死无对证，要么是在场者在一个与外界隔绝的不可能为外界知道的地方。而这些历史事件的记载看起来都仿佛历史记录者亲临现场一样，这些历史事件或出自司马迁，或出自左丘明，都是中华史学奠基人，而他们笔下的这些历史，如今的我们细想来，都可以打个大问号，遑论他哉？

历史可以被证伪，很难被证实，同一段史实，人们却可以写出千百种过程，不同的史家写法也不一样：有的忠于事实秉笔直书，但最终被政客杀害；有的胆小怕事，不敢直书，最终写出的东西叫秽史；有的单纯叙述，所写东西索然无味；有的以自己的喜好进行取舍，并加入自己的价值观。即便是写史者再理性客观，也会加入自己的主观情感，只是或多或少而已。因此，最真实的历史已经不可能被还原了。

真实的历史从何而来？历史是过去发生的客观存在，它自己是不会说话的。历史是靠着记录历史的史学家呈现在人面前的。能记叙真实历史的史学家，他要有对历史特别浓厚的兴趣和喜爱，有德配天地道冠古今的写作动机和高尚的品德，有忠于历史的使命感和秉笔直书的责任感，有面对各种纷繁复杂史料的极强的分析判断能力，有搜集到方方面面史料的能力，有较高的文字表达天赋，有对历史的自己独到的理解和感悟，有对于逝去事情过去的人的敬畏，有一种真正对生命的尊重和悲天悯人的情怀。

笔者才疏学浅，生性愚鲁，庶竭驽钝，但怀着一颗真诚的心、敬畏的心去解读历史，还原历史。

说回努尔哈赤。那么努尔哈赤和自己的妃子在床上的这段话的真相究竟是什么呢？其实我也不知道，也没必要知道，因为只有涉及对重大历史人物定性的事件，我们才有必要考证出究竟，如宋教仁究竟是不是被袁世凯杀害的，吴三桂究竟是不是因为陈圆圆才冲冠一怒的，等等。舍此之外，许多细枝末节，我们观其大略即可，因为哪怕真考证出来努尔哈赤和自己的妃子在床上的这段话的真相，那对我们的国家又有何用呢？

先秦的历史由于年代久远，许多内容已然不可考，而清史因为资料汗牛充栋，卷帙浩繁，浩如烟海，故而许多事我们都能搞清楚，本书作者的重要任务之一，就是把整个清史中涉及对重大历史人物定性的事件逐一考究出真相和最原始出处，尽全力接近历史本来面目。

关于努尔哈赤与自己的妃子在床上这段话，咱们翻过去。现在，时间已到了第二天拂晓，此时敌人联军已经快进至古勒山，就是当初努尔哈赤的姥爷、舅舅覆灭的地方。努尔哈赤对部下说："敌军虽多，但缺乏统一指挥，战斗力不强，只要打死对方几个头目，就不难取胜。"说罢他派额亦都到古勒山迎敌。

额亦都先示弱诱敌。叶赫联军首领、贝勒纳林布禄见额亦都所部是老弱病残，在马上大笑："这样小妮子，也想跟我打，建州女真的气数尽了。"言未毕，叶赫部贝勒布塞说："都说建州强盛，看这等老弱病残，我们派一队人马就可杀他个片甲不留，您可回帐休息，根本不用亲自出马。"纳林布禄大喜，说："你去迎战。"布塞率军迎战，额亦都佯败。布塞一马当先，乘势追赶，追至山口，此时一阵杀声传来，建州一部兵马杀出，布塞正后悔自己的冒进时，科尔沁部明安来增援，额亦都见布塞得了援军，就率军撤退。

布塞见额亦都撤退，便全然忘记自己刚才的冒失，又继续率军追赶，科尔沁部紧随，越走山路越险，突然又一股建州军杀出，将布塞和科尔沁部分割包围，刚才撤退的建州军也掉头杀回来。布塞顿时大乱，战马也被横木绊倒，此时有一将持刀突入，一刀砍死布塞，明安急忙退走。

努尔哈赤在高处俯瞰战局，见三万敌军状如长蛇，但这些敌军却无端感到风声鹤唳的恐惧，长蛇阵很快混乱不堪。努尔哈赤始终注意着战局，联军的混乱自然逃不过他那双顾及全局的眼睛，他见时机成熟，就下令吹响螺号，刹那间伏兵四起，建州军漫山遍野杀来，截断联军退路。在一片掩杀声中，成百上千人倒地，满山黄土、遍地枯草都染上了鲜红的血，人哀号，马嘶鸣，响彻山谷。

激战中，明安拼命狂奔，忽然"扑通"一声，马掉进了泥里，明安急忙下马，连滚带爬地跑了。努尔哈赤令全线追击，山上山下，丛林河谷伏兵四起，骑兵呼啸，矢石如雨，杀得叶赫部人仰马翻，山谷殷红，但叶赫部也不是白给，他们也顽强地抵抗，于是双方刀枪相碰，没有尖叫，没有呻吟，一刀必死，一枪致命，双方都不会给对方留下任何生机，绝不会让对手在死前还残存哪怕一分力气。

这场战役中，努尔哈赤的第八子皇太极，在母亲的怀抱中，在马背上，目睹了古勒山之战，皇太极不会懂得，也不会记得，那刀枪箭镞铁蹄下的血肉之躯，那胜者的狂笑与败者的呼号。他不过把颠簸的马背当作了舒适的摇篮，把激烈的厮杀当作了热闹的玩耍。

纳林布禄在帐中正等着捷报，却听到外面喊声震天，急忙上马出去看，正遇一员大将，满脸杀气，手持大刀，旋风般杀来，来者正是努尔哈赤。纳林布禄忙拔刀迎战，打了四个回合，根本不是努尔哈赤的对手，眼看就要被砍死，乌拉部首领布占泰前来救援，纳林布禄刚抽出刀来，布占泰就被努尔哈赤生擒。纳林布禄吓得魂不附体，慌忙逃走。此战叶赫联军共四千人被杀。战后，努尔哈赤说："生人之名，胜于杀人。"将布占泰释放，至于战死的叶赫贝勒布塞，努尔哈赤将他的尸体砍成两段，一段自己留下，另一段还给叶赫部，纳林布禄见到布塞的半截尸首，吓得半死，不久就真死了。从此，努尔哈赤与叶赫部之仇恨不共戴天。

布塞和纳林布禄相继死后，叶赫部布塞的儿子布扬古、纳林布禄的弟弟金台石继为贝勒。此时努尔哈赤乘胜向叶赫部发起进攻，布扬古和金台石只得求和，布扬古提出将妹妹东哥嫁给努尔哈赤为妻，金台石也表示愿意将女儿嫁给努尔哈赤的儿子代善为妻。

努尔哈赤一听东哥要成为自己的女人，大喜过望，东哥虽然名字叫哥，但与东北的彪悍女截然不同，她是叶赫部的公主、布塞的女儿，是个软妹子，有"满蒙第一美女"之称。东哥出生时，叶赫部的萨满（巫师）曾评论说："此女可兴天下，可亡天下。"这个小女孩，长大后果然成为一代绝色美女，因为她，有四个部落灭亡了，整个海西女真的天下都间接因为她一人而灭亡。

努尔哈赤久闻东哥艳名，马上退兵，并向上天滴血盟誓，如果与叶赫部再战，则天诛地灭。

但东哥的反应却出乎所有人意料，她发誓死也不嫁杀父仇人努尔哈赤，并说谁杀了努尔哈赤，就嫁给谁为妻。于是，布扬古当众毁约，并向海西各部征婚，只要杀死努尔哈赤，就把东哥嫁给他。

努尔哈赤大怒，本想再征讨叶赫部，但明朝此时接替李成梁的辽东都督佥事令努尔哈赤不可再擅自讨伐，此时努尔哈赤还没有与明朝翻脸的资本，于是便罢兵，一场战役被扼杀在萌芽。

明万历二十七年（1599 年），哈达部发生内讧，叶赫贝勒金台石趁机率兵将哈达部劫掠一空。哈达部贝勒猛骨孛罗只好向努尔哈赤求援，表示愿意将三个儿子送到建州女真作为人质，请求努尔哈赤出兵。努尔哈赤当即同意出兵。

叶赫部布扬谷得知消息后，给猛骨孛罗写了一封信，说愿意将东哥嫁给他，只要他抓住努尔哈赤。咱也不知东哥到底有多漂亮，猛骨孛罗也不掂量一下，别说抓住努尔哈赤，就是惹努尔哈赤一下他都惹不起，为了东哥，让自己的小脑袋痛快，最终的结果只能是大脑袋搬家。猛骨孛罗很快同意布扬谷的提议，努尔哈赤得知后大怒，当即发兵讨伐哈达部。最终哈达城破，猛骨孛罗被俘，哈达部灭亡。这是因为东哥而灭亡的第一个部落。

哈达部世代居住的柴河、三岔、抚安三地被努尔哈赤占领，叶赫部鉴于此三地的战略地位，便向明朝报告，说不应让努尔哈赤占据这些战略要地。于是明朝辽东都督佥事令努尔哈赤撤出柴河、三岔、抚安三地，努尔哈赤只得遵命。

长期征战，没在任何军事学院培训过的努尔哈赤也总结出自己的一点军事理论。《清太祖实录》记载他曾说：

> 若敌众我寡，我军须伏于隐僻处，少遣兵诱之，诱而来是中吾计，其诱而不来，详观其城邑之远近，相距若远，即尽力追袭，近则直抵城门，使自拥塞，而掩杀之。倘我兵止一二固山（满洲军队编制，一个固山 7500 人），遇敌兵之众，勿令近我，即回觅大兵，然后寻敌所在，若止二三处兵，须酌量之，此乃逼敌野战之法。至于攻城，当观其势，若可下，则令兵攻之，否则勿攻，倘攻之不拔而回，反损名矣。

从 1583 年到 1626 年，努尔哈赤四十多年军事生涯其实就是这套打法，加一起不超过两百字。最简单的东西往往最实用，写出几十万字长篇大论军事著作的人兴许上战场第一仗就尿裤子。

精明的努尔哈赤虽然屡战屡胜，但面对明朝他却一直在装孙子，他先后于公元 1590 年、1592 年、1593 年、1597 年、1598 年、1601 年、1608 年、1609 年八次亲自来到北京觐见万历皇帝，满载人参、貂皮、东珠（产自东北的珍珠）向明朝朝贡，这不仅是在证明自己对明朝的忠顺，也是借明朝的声威抬高自己，此外他还沿途留心地形，绘制地图，以便有朝一日实现自己的野心。

在努尔哈赤不断进行女真统一战争的同时，李成梁在干什么呢？万历二十三年（1595 年），李成梁保举努尔哈赤为“正二品龙虎将军”，从此努尔哈赤成了明朝的二品武官。当然这一点只能在明末史料中见到，清廷日后修史时尽一切可能抹去努尔哈赤臣服明朝的所有痕迹。

除了给努尔哈赤升官外，李成梁废除了与建州女真接壤的宽甸六堡。宽甸六堡是遏制女真的重要堡垒，也是辽东重镇抚顺、清河的唯一屏障，只要丢了宽甸六堡，辽东就完全暴露在女真铁骑的兵锋之下。古语云：“女真人不满万，满万则天下无敌。”在古勒山之战时，女真士兵已经满万，此时，就等待着证明自己天下无敌的时刻了。

万历三十四年（1606 年），李成梁废除了已经有六万住户的宽甸六堡，宽甸六堡当初本身就是李成梁上奏朝廷请求修建的，被熊廷弼称作“八百里新疆”。一堡经管一段辽东长城，迫近女真根据地，扼守了女真拓展的出口。此时宽甸六堡没有大军压境，没有粮食饥荒，真不知李成梁在想什么，难不成他真跟努尔哈赤串通好了，自己废掉宽甸六堡，让努尔哈赤进取辽东吗？

显然不会，那李成梁究竟想的是什么？唯一的答案是，此时李成梁已经八十岁了，老迈昏庸，加之日日有两千美女陪伴，脑子总在想裤腰带上的事，自然糊涂。

宽甸六堡被撤，六万多户人家从那里撤进辽东。有人只因为不愿意离开就被李成梁像杀猪一样地杀掉。李成梁的实际作用就像是努尔哈赤肚子里的蛔虫，努尔哈赤崛起期间，他修了宽甸六堡挡住明帝国的视线，不让明帝国看到努尔哈赤统一女真的进程；努尔哈赤快统一女真了，快进取辽东了，他就立即把墙拆除，实质上给努尔哈赤提供了方便。

万历三十五年（1607 年），就在宽甸六堡被废除的次年，辉发部贝勒王机努死，他的孙子拜音达礼杀死了自己的七个叔叔，自立为贝勒，他的残暴使得自己众叛亲离，许多部众都逃到叶赫部去了。拜音达礼因为辉发部实力远远弱于叶赫部，便不敢对叶赫提出要求要回部众，只好向努尔哈赤寻求帮助。

努尔哈赤因为东哥这个要到手的美女飞了，现在只要是打叶赫他就出兵，于是他二话没说就率军帮拜音达礼收复了叛离他的辉发村寨。

叶赫部布扬谷故伎重演，提出将东哥嫁给辉发部拜音达礼。拜音达礼也早就知道东哥的如玉美貌，便立即与努尔哈赤断交。真不知道那个年代人们都怎么想的，东哥一直是养在深闺人未识，人们就凭着传言中她的美貌，连照片或画像都没见过，就能为她做出涉及自身部落前途命运的决定，这到底是为什么？抑或是此时的女真部族真的还处在很单纯的时代，像古希腊城邦那样，为了海伦这一个美女可以征战十年？

拜音达礼跟努尔哈赤断交了，就在家等媳妇呢，可是事实证明拜音达礼只能是做梦娶媳妇，因为叶赫部压根儿没履行诺言，这么漂亮的女孩子，岂能嫁给辉发这种弱小的部落？

拜音达礼没招了，只能派人厚着脸皮再次求助于努尔哈赤。努尔哈赤毕竟是个成熟的政治家，他对拜音达礼既往不咎，因为他的既定战略就是尽一切可能削弱自己在女真最大的威胁——叶赫。

努尔哈赤很爽快地答应出兵叶赫，这次为了拴住拜音达礼，努尔哈赤提出将自己的女儿许配给他。

叶赫部首领布扬谷论打仗是一塌糊涂，他的唯一必杀技就是自己的妹妹东哥，他又把东哥推出来了，允诺将东哥许配给拜音达礼，来换取他与努尔哈赤断交。其实努尔哈赤的女儿长得应该还不错，但拜音达礼的梦中情人，也是整个女真男人的心中女神只有东哥，于是拜音达礼毫不犹豫地毁了跟努尔哈赤女儿的婚约，答应叶赫部，跟努尔哈赤断交。

对努尔哈赤这样的纯爷们而言，你可以玩我，但如果看不起我女儿，那你就是作死了。本着不作死就不会死的原则，死亡果然就来到了拜音达礼这里，努尔哈赤率军攻灭辉发，拜音达礼战死。这是因为东哥而灭亡的第二个部落。

此时海西女真的辉发部和哈达部已经灭亡，除了叶赫部外，硕果仅存的乌拉部与努尔哈赤有联姻关系，引起了叶赫的不安。于是，布扬谷许诺将东哥嫁给乌拉部首领布占泰，此时布占泰的老婆是努尔哈赤的弟弟舒尔哈齐的女儿，但他仍不满足，还是希望拜倒在此时已经三十三岁的东哥的石榴裙下，他答应迎娶东哥。

努尔哈赤大怒，于万历四十二年（1614 年）亲率大军征乌拉。布占泰向叶赫部求救，将自己的女儿、儿子都送到叶赫作人质，但是叶赫部布扬谷却并没有派兵相救。努尔哈赤攻灭乌拉部，布占泰死里逃生投奔叶赫。

已经是光杆司令的布占泰当然没有资格娶东哥了，不久布占泰便郁闷而死。这是因为东哥而灭亡的第三个部落。至此，除了东哥所在的叶赫部外，整个海西女真都因为东哥的婚配问题而被灭了，而努尔哈赤则已基本统一东北。

乌拉部完了，布扬谷对于自己妹妹的婚事也真开始着急了，他决定将东哥许配给蒙古首领暖兔部（喀尔喀蒙古部落之一）首领的儿子吉赛，但东哥看不上吉赛，坚决不同意。吉赛很不高兴，你都三十三岁了，十三岁的女孩是樱桃，好看不好吃，二十三岁的女孩是苹果，好看又好吃，三十三岁的女孩是西红柿，你还当自己是水果呢？

于是吉赛威胁说要进攻叶赫部。布扬古这次虚了，蒙古人可不是好惹的，而且自己的妹妹已经三十三岁了，再不出嫁就真的嫁不出去了，于是布扬谷最终将东哥许配给了喀尔喀蒙古最强者达尔汗的儿子——莽古尔岱。这一次，东哥终于同意了。

努尔哈赤听到东哥出嫁的消息后，想出兵攻打叶赫，但明朝担心努尔哈赤势力太大，于是明朝出兵保护东哥，援助给叶赫部兵马、火炮。此时的努尔哈赤还没有准备好与明朝翻脸，于是没有出兵，但他诅咒东哥：“无论此女聘与何人，寿命不会长久，因为她已经亡了三个部落，她死期将至矣。”一年后，果如努尔哈赤的诅咒，东哥病死他乡。女真版夏姬结束了这段剪不断理还乱的故事。

毕竟东哥已经三十三岁了，女神形象在努尔哈赤心中其实早已破灭，努尔哈赤出兵就是为了彻底灭掉叶赫部，他心里怕是早已忘记昔日娶东哥的强烈愿望了，但他一刻也没忘记的是建州女真的制度建设与文化建设，努尔哈赤渴望把自己的功业万代传承，而女真人此时却还没有文字，文书都用蒙古文来写，许多满语词汇用蒙古文无法表达，于是 1599 年，努尔哈赤令人创制满文。满文是在蒙古文字基础上创制的，其字母基本是在仿照蒙古文字母，没有圈点，称为“无圈点满文”。

万历三十年（1602 年），努尔哈赤建立八旗制度：每三百壮丁为一牛录，一个牛录的“一把手”叫牛录额真（汉语意为佐领），每五个牛录编为一甲喇，“一把手”为甲喇额真（汉语意为参领），每五个甲喇为一固山，“一把手”为固山额真（都统），一个固山就是一个旗。努尔哈赤设四个旗，分别为红旗、蓝旗、黄旗、白旗（中国古代白旗不代表投降）。1615 年努尔哈赤增建为八旗，以原先的四个旗为正红旗、正白旗、正黄旗、正蓝旗，新增镶红旗、镶白旗、镶黄旗、镶蓝旗。八旗每个旗是七千五百人人，共六万人。正黄旗、镶黄旗、正白旗为上三旗，归努尔哈赤直接统率，剩下五个旗由亲王率领。皇太极时将蒙古人和归附自己的汉奸部队编为蒙古八旗和汉八旗（1949 年划分民族成分时，汉八旗也被划分在满族人里了）。

此时健在的李成梁是努尔哈赤称帝的唯一顾忌，万历四十三年（1615 年），90 岁的李成梁去世，万历四十四年（1616 年）正月初一，八旗贝勒尊奉努尔哈赤为“奉天覆育列国英明汗”，建国大金，史称后金，年号天命，定都赫图阿拉（辽宁抚顺市新宾）。

这一年，努尔哈赤五十八岁。

第二章
“七大恨”真相

称帝后的努尔哈赤半刻都没有停歇，《满洲秘档》记载，努尔哈赤经常夜不能寐：

> 在枕上默思诸贤良忠勇之臣，孰已跻身青云，孰尚辱在泥涂，孰四十无子而无力纳妾，孰壮年丧偶而无力续娶，更念国中家资殷实者有几，而穷饿垂绝之人，何其众多，故每寝兴即以妻妾牛马衣食赐人。

想来也是，正因为努尔哈赤天天睡不着觉，他才能两次躲过夜间刺客的暗杀。我晚上也时常睡不着觉，原因就是写这部书，考虑怎样把最真实的清朝历史展现给大家。

努尔哈赤称帝后为了防止脱离群众（仅限于女真群众），也开始走群众路线，他下令将自己的宫殿门外种两棵树，百姓有想说的话，就写下来挂在树上，然后由卫兵送到自己手中，自己再看，以便自己时时刻刻了解民情。

1583 年开始，三十多年的战争努尔哈赤每战必胜，从来没有一次失败，然而他丝毫不敢懈怠，努尔哈赤说：“自古以来身为君主，没有丰衣足食而突然败亡的，如果有，难道不是因为奢侈吗？朕认为人的祸患，不是外来，而是来自自己，所以朕小心翼翼，不敢稍有放纵。王公大臣们应该恪尽职守，方为尽分内之事，若玩忽职守，不知勤奋，只知贪人钱财，吃人粮食，徇私包庇，无恶不作，这样的人就是害朕的大盗，祸朕的厉鬼，朕必奉天命而杀之。有元首才能有股肱，如果没厨子，朕岂不是要亲自烹调？如果没有仆役，朕岂不是要亲自奔走？朕治理国家靠的是群臣辅佐。尔等身受国恩，如果还不知足，仍然贪赃枉法，是获罪于天呀！向来我国征发，所有俘获，虽不是都释放，当杀者杀之，当罪者罪之，然而对无罪之人，也未尝妄加诛戮。”——那么努尔哈赤对无罪之人，真的“未尝妄加诛戮”吗？后面的历史将见分晓。

努尔哈赤从不放纵自己，几乎不喝酒（清朝皇帝大多不喜欢喝酒），他曾说：

> 自来未闻饮酒之人于饮中得何物，于饮中增何益。饮酒者与人争斗，以刀伤人，反自害其身者有之，或坠马伤其手足折其颈项而死，或纵酒成疾而死，或扑于道路而失衣帽，或得罪于父母兄弟，或恃酒力而碎坏器皿，消乏其家业者有之。无量者饮之丧身，有德者饮之败德。（《清太祖武皇帝实录》）

努尔哈赤还有很多不为人熟知的爱好，他好下棋，有精湛的围棋棋艺，方寸之间演绎着战场的格杀。他还能歌善舞，朝鲜人申忠一的《建州纪程图记》里说，努尔哈赤在接待自己的宴席上曾亲自弹琵琶，耸动身子跳舞。

努尔哈赤实在太强大了，一刻未敢懈怠的他在称帝后对剩下的女真各部继续蚕食，收抚了野人女真，至此除叶赫外，努尔哈赤统一了女真各部，从姥爷王杲被明朝凌迟处死开始，在自己心中埋藏了四十三年的向大明王朝翻脸、为父祖报仇雪恨的梦想终于到了实现的时候，针对如何对待明朝时，努尔哈赤说：“要砍粗壮的大树是不可能一次砍倒的，可以先修去它的枝干，再一斧一斧地砍它的主干，等主干变细时才能把它推倒。”“南京、北京、开封不是一个人的地盘，应该让女真和汉人轮流居住。”

万历四十六年（1618年）正月，努尔哈赤在对女真内部的新年献词中说：“我意已决，今年必征讨大明国。”

四月十三日，努尔哈赤发布七大恨誓师，公然向明朝宣战。七大恨的内容有许多版本，现在大家熟知的是乾隆年间篡改后的《太祖高皇帝实录》的版本，译成白话如下：

（一）我的爷爷、父亲没有损害明朝的一草一木，明朝却无端起衅边陲，把他们害死了。

（二）明朝虽然挑事，我还想修好，我与明朝立碑，满汉人等不许越过疆界到对方地盘去，敢有越界的就诛杀，有看见越界者而不杀的，那么就将放纵越界者的人治罪，而明军违背盟誓，越界帮助叶赫打我。

（三）明朝在清河以南，江岸以北，每年越过边界，抢掠我们，我们按照此前的盟誓将越界者诛杀，而明朝却责备我们擅杀，我派使臣纲古里、方吉纳等十人与明朝交涉，可明朝却把他们十人全在边境杀了。

（四）明朝越过边境派兵帮助叶赫，使得叶赫把许配给我的女人嫁给了蒙古。

（五）柴河、三岔、抚安历代都是我们的地盘，这些田地里的谷子都应该是我们的，但明朝却不让我们收获，把我们女真人从此三地赶出去。

（六）叶赫有大罪，获罪于天，明朝却偏袒他，派使臣骂我们，肆行凌辱。

（七）当初哈达帮助叶赫部两次来侵略我部，我击败了哈达，俘虏了他们一批人，明朝胁迫我们归还哈达部众。列国之相征伐，顺天心者胜而存，逆天意者败而亡，岂能使战死者复生，被俘者逃还？苍天让明朝皇帝为大国之君，那就是天下共主，为什么唯独跟我国结怨？现在明朝帮助遭天谴的叶赫部，违抗天意，倒置是非，妄为剖断。

因为努尔哈赤的原始版七大恨没有流传下来，现在我们能看到的最接近原貌的是天聪年间所修《太祖武皇帝实录》的版本，咱们比较一下看看两个版本的差距，这个版本译成白话内容如下：

（一）我的祖宗向明朝进贡，忠顺已久，明朝忽于万历年间对我的爷爷和父亲无罪加诛。

（二）癸巳年（1593 年）南关（哈达）、北关（叶赫）、乌拉和蒙古的几个部落，共九部进攻我们（古勒山之战），明朝因为与自己不相关，于是袖手坐视，还好，我们靠皇天的庇护，击败各部，还乘胜反攻，攻破南关，而明朝却责备我们擅自讨伐，我们很听话，退兵了，后来北关攻南关（1599 年叶赫部攻掠哈达部），大肆掳掠，可这时明朝却不管了，我国与北关都是外番，为什么待遇截然不同，明朝这样做怎样怀服各族？

（三）我忠于大明，心如金石，恐怕因为我爷爷和我爸被明朝杀害，明朝怀疑我有背叛之心，因此我和辽阳副将吴希汉，宰马牛，祭天地，立碑界铭誓曰“汉人私出境外者杀，女真人私入境内者杀”。可是后来汉人出境外，来到我们的地盘挖人参，因为人参这些山泽之利是我们生存的根本，所以我们向明朝上级屡次禀告，但明朝置若罔闻，于是我们不得已遵循此前立碑盟誓的内容，杀了所有来到我们地盘的汉人。虽然我们是杀汉人了，但我们的做法是在遵守盟誓，不是有意要欺瞒背叛明朝。此时正赶上辽东新巡抚上任，按例我们应该派人祝贺，于是我们就派纲古里、方吉纳等十人来道贺，但明朝上级却把我们去祝贺的人扣押了，说让我们拿这十个人给因越境被杀的汉人偿命。欺压如此，情何以堪？

（四）北关（叶赫）与建州是同种，两家发生矛盾，明朝可以公事公办，为何给北关兵马、火器，让他们来打我们？真让我们伤心。

（五）北关老女东哥是早年就跟我定亲的，后来他们不愿把这个女人嫁给我了，但犹不敢把此女轻许他人，明朝却帮助北关把这个女人改嫁给蒙古人。像这样的耻辱，谁能甘心忍受？

（六）我部二百年来一直在这居住，可是明朝听信北关（叶赫）的谣言，发兵逼我们后退三十里，将我们的房屋烧毁，粮食丢弃，使我部无居无食，人人待毙。

（七）我国素来对明朝恭顺，并不曾稍有图谋不轨，可是明朝却派一个叫萧伯芝的人来对我们大作威福，用秽言恶语百般欺辱我们。

两相对比，大家看出来点门道没有？第一条没变化，《太祖武皇帝实录》版的第五条就是乾隆版的第四条，其他就差远了。第三条明明是明朝要努尔哈赤拿十个人偿命，到乾隆版就直接成了明朝杀了十个人。天聪年间所修《太祖武皇帝实录》的版本是承认历史上其祖先甚至包括他们自己在内一直是从属于明朝中央政府的，所以有如下言辞：“我忠于大明，心如金石”，“我国素来对明朝恭顺”。而到了乾隆年间的版本，此类言辞全部被删除，清朝将后金政权及其祖上完全描绘成与明朝中国并列的另一个国家，其与中国的关系完全成了国家与国家之间的关系，抹杀了女真祖上二百年间臣属明朝的事实。

而乾隆新版七大恨真是如疯了一样，第二条、第四条、第六条、第七条说白了都是恨叶赫，难怪日后叶赫那拉手中把清国给废了，也是天道好还。七大恨中这四条内容实质是完全重复，完全是意思拆来分去，变换字眼，清政权在篡改历史中所表现出的愚昧疯狂心理，也足令人喷饭。

乾隆版七大恨完全是假的，没有辩论价值，那么《太祖武皇帝实录》版呢，努尔哈赤说的都是真的吗？努尔哈赤的七大恨究竟有理还是没理，咱们一条一条看，还历史本来面目。

第一条，努尔哈赤的爷爷、爸爸被杀，的确是真的。这一条有理。

第二条，这条说的是古勒山之战，努尔哈赤统一了建州女真，实力越发强大，海西女真各部为了遏制其崛起势头，先下手为强，对努尔哈赤发起进攻。叶赫部向努尔哈赤索要土地，努尔哈赤不给后，叶赫部出兵，最后叶赫部联军战败，所以这一仗努尔哈赤占理。至于明朝责备努尔哈赤擅自讨伐，就是血口喷人了，前文已述，李成梁只是让努尔哈赤不要再打了，并无责备他擅自讨伐之意。而明朝后来对于哈达部和叶赫部的混战不插手也是事实，这点努尔哈赤就有些无理取闹了，明朝政府很忙，对于两个部落间的事，只要不闹得太大，大体上按惯例是不插手的，此前插手努尔哈赤与叶赫部的纠纷只是李成梁因自己与努尔哈赤私人关系的善意提醒而已。总之，这一条中，论古勒山之战，努尔哈赤占理，但从本条整个内容来看，努尔哈赤没理。

第三条，努尔哈赤和辽阳副将吴希汉所谓的“立碑界铭誓曰‘汉人私出境外者杀；满人私入境内者杀’”，这只是一个地方副将与努尔哈赤的盟誓，从来没有得到中央政府的承认。努尔哈赤本身就是大明正式在编的二品武官，大明的国土什么时候成了他的私人领地，还来个不得越界？普通汉人挖人参都被杀死，还有王法吗？此时努尔哈赤建州女真与明朝中央政府的关系，其实就是吉林省与中国政府的关系，你在吉林省与辽宁边界设界碑，说辽宁人越过界碑进入吉林的杀，吉林人越过界碑进入辽宁的杀，这不很可笑吗？总之，这一条努尔哈赤没理。

第四条，这一条指的是明朝1615年在努尔哈赤因为叶赫部把东哥嫁给蒙古人，要派兵攻打叶赫时援助给叶赫部的兵马与火器。这一条努尔哈赤算是占一半理，因为明朝在这次的确偏向叶赫部了，而之所以说努尔哈赤只占一半理，是因为明朝此前李成梁在的时候，兵马、火器没少给努尔哈赤。只许给你武器，不许给别人武器，天下哪有这样的道理？总之，这一条努尔哈赤占一半理。

第五条，这条说的跟第四条其实是一件事，都是1615年明朝帮助叶赫部把东哥嫁给蒙古人的事。这一条“犹不敢把此女轻许他人”这句话绝对是瞎扯，前面已详述，东哥在拒绝嫁给努尔哈赤后，先后被许配给哈达部、辉发部、乌拉部和蒙古共5个人。东哥的问题的确是一本烂账，但明朝帮助叶赫部不把东哥嫁给努尔哈赤，也的确不是完全客观公正的。总之，这一条姑且算努尔哈赤占理。

第六条，这一条其实就是乾隆版七大恨的第五条，本条真相前文已经叙述，柴河、三岔、抚安什么历代都是你们的地盘，这些土地历代都是哈达部的地盘，明朝通过叶赫部得知真相后令努尔哈赤退兵，完全是正义之举，至于什么“将我们的房屋烧毁，粮食丢弃，使我部无居无食，人人待毙”，则纯属努尔哈赤虚构，在史书中无据，发布七大恨时距离本条事件的发生时间1599年已经二十年了，努尔哈赤觉得大明朝很忙，可能早已忘记此事，便添油加醋绘声绘色地描写了一番。总之，这条努尔哈赤没理。

第七条，历史没有其他旁证，存疑。

这样逐一分析，这七大恨只有两条努尔哈赤占理，一条占一半理，三条没理，一条存疑，这才是努尔哈赤七大恨的真相。

第三章
萨尔浒，逆袭之战

发布七大恨后，努尔哈赤进军抚顺。明王朝此时虽然已经腐朽，但对努尔哈赤来说仍是庞然大物，他有些不敢下口，担心被明朝这头狮子吞掉。

进军抚顺是努尔哈赤用兵三十五年来第一次与明朝正面交锋。多年为臣，一旦为寇，又令他胆怯，数年来他一直明着俯首称臣，暗里伺机窥探，此时征战在即，他却犹豫起来，他感到没有把握。

大军出发之日下雨了，这雨加重了努尔哈赤的心理负担，他说：“阴雨之日不便前进，可退兵。”这种不可思议的命令完全不像出自努尔哈赤之口，他是个从未对流血有恐惧的战争强人，生就一副钢筋铁骨，然而这次他的确心虚了。当然努尔哈赤在心虚中不会想到，他起兵与明朝分庭抗礼，正式宣布未来的清朝成为独立政权的地方——抚顺，竟在三百三十二年后成为他的第十代孙溥仪作为战犯被关押的地方，清朝兴起的地方就是清朝末代皇帝被关押的地方，历史惊人的巧合，清朝以抚顺始，以抚顺终。

清朝是个巧合很多的王朝，除此之外，清朝总共有两个摄政王，一个是多尔衮，一个是载沣，多尔衮时顺治入关，载沣时溥仪退位，清朝可谓以摄政王始，以摄政王终。

清朝入关时是一个叫洪承畴的福建人带路，溥仪 1931 年出关去建立所谓的“满洲国”时是一个叫郑孝胥的福建人带路，清朝可谓以福建人始，以福建人终。

不说这些了，言归正传，努尔哈赤纠结之时，其子代善说：“我军既已进入明朝境内，马上退回，是要与明朝重修旧好吗？我大军既已征讨明朝，岂能退回？何况下雨又有何妨？正好可以麻痹敌人呀！”

代善的话打动了努尔哈赤，开弓没有回头箭，既然七大恨已经发出去，就已经把自己的退路断了，自己与明朝已经是你死我活的关系了，于是努尔哈赤开始行动了，他向遏制后金的两支犄角——抚顺和清河举刀砍去。努尔哈赤率军来到距抚顺二十里之地，范仲淹的后代范文程来投奔他，并献计以书信劝降抚顺守军，被努尔哈赤采纳。

劝降书写道：“明朝发兵疆外，帮助叶赫部与我打斗，我现在兴师而来。你不过抚顺一游击之将，纵敢与我战，必不能胜。听闻你平素以才智自称，应该识时务。我国现正广揽人才，如果你投降，定当与我国一等大臣并列，结为婚姻，多加恩养。如你不降，最后一定身中万箭而死，死又何益？如果你降，我大兵绝不入城惊扰。如果不降，我军入城后，男女老弱一个不剩！千万别以为朕（已经以皇帝自居）是虚喝高声吓唬你！”

抚顺守将李永芳在看见劝降书后，压根儿没当回事儿。四月十四日努尔哈赤派女真人假扮商人混进城内。当夜皇太极率五千精兵抵达抚顺城下，吹起了胡笳，凄厉的胡笳声在城内外回荡。这是向城内女真人发出的暗号。突然城内烧起了熊熊大火，皇太极率军架云梯攻城，里应外合，李永芳当即投降。李永芳是明朝第一个投降后金的将领，其父给他起名时本想让他永远流芳百世，不曾想他却成为遗臭万年之人。

抚顺失陷后，广宁总兵张承荫率军来收复抚顺。努尔哈赤问李永芳：“张承荫这人怎么样呀？”“是员勇将。”“既是勇将，想必不会投降，不如先发制人。”于是派兵迎敌，张承荫所部也是不弱，两军从中午打到傍晚。忽然一阵大风从西北吹来猛扑明军，明军支撑不住，随后风越刮越大，把明军的旗子卷走了。后金军顺风如泰山压卵般扑向明军，张承荫忙率兵撤退。忽然侧面闪出一将，大呼：“多铎在此，敌将还不快下马投降？”多铎是努尔哈赤的第十五个儿子，原来努尔哈赤见无法取胜便让多铎从侧翼迂回。张承荫腹背受敌，无心恋战，赶忙退走。但后金军紧追不舍，张承荫说：“战也死，不战也死，不如跟他拼命，即便死了，我也是大明忠臣。”于是掉头迎战，后金军不防他杀个回马枪，许多人被杀。俄而一声鼓响，后金军万箭齐发，箭如飞蝗，张承荫死于乱箭之下。张承荫是第一个与后金作战战死的总兵。

此战后努尔哈赤围攻清河，守将邹储贤坚决抵抗，千名明军炮兵用火炮杀伤后金军，后金死千余人。努尔哈赤令工兵手拿厚板挡着脑袋，冒着炮火，顶着箭雨，在城墙下挖墙根。城东北角被挖开大洞，后金军攻入。邹储贤退守城南，李永芳在城下招降，邹储贤说：“你既然投奔了后金，那么我们之间就没有朋友情义了。你快走吧，不然我就放箭了。”邹储贤最终战死，明军万人阵亡。与此同时明朝的各路援军或遭到拦截，或畏缩观望，或中途撤退，或停滞不前，坐看清河失守。

打下抚顺和清河后，努尔哈赤将一名明军俘虏割掉耳朵，让他作为信使去报信，代替自己向明朝宣战，他强硬表态：“如果明朝以为我没理，可约定日期开打，十天半个月后都行，如果觉得我占理，那么可以向我交纳布帛，息事宁人。”此时的明朝统治者宛如一个坐在马车里的孩子，他手里抓住拴在车内的两条绳子，就以为他在驾驭车辆，而实际上明朝这个千疮百孔的车辆早已在贪官的腐蚀下报废，在这种情况下发动对后金的萨尔浒之战，明朝的后果可想而知。

抚清之战后，努尔哈赤对群臣说：“人们都说神仙和佛是善良的，然仙佛虽善，而居心不善者，不能为也。必勤修善行，才能与之相合。君主奉天命治理国家，修明政教，举世享太平之福，则一人有道，万国安宁，比仙佛强多了。人皆知鬼魅之邪恶，然而鬼魅虽恶，遇到阳寿未尽之人也不能加害，必须阳寿已尽，才能被鬼魅加害。如果君主无道，导致盗贼蜂起，黎民有死亡之忧，是一人失德，祸及万方，其恶甚于鬼魅。明万历帝罔念友邦，兴兵构怨，皇天震怒，万众被杀，其害与鬼魅有何异？”努尔哈赤可谓完全颠倒黑白，明明是你发布七大恨后主动侵略大明的抚顺和清河，却说是万历兴兵来打你，脸皮的确够厚。

当天，努尔哈赤还说：“从来国家之败亡，不是财用不足，都是因为骄奢淫逸所致，夏桀、商纣王、秦始皇、隋炀帝、金国完颜亮，都是贪财好色，沉湎于酒，昼夜宴饮，不修国政，遂致身死国亡。”（《清太祖圣训》）后世史家据此认为努尔哈赤对于中国历史还是有一定了解的。

而事实上，努尔哈赤对于中国历史的了解远出后人所想，天启六年（1626 年）正月时，努尔哈赤曾对各位贝勒说：

> 上天养育万物，公而无私，非者非，不以国大而庇之，是者是，不以国小而弃之。朕观历代帝王，最初都苦其心志，劳其筋骨，备尝艰辛，而后成大业。虞舜躬耕历山，克尽孝行，遂声闻于天而登帝位。汉高祖本来是泗县亭长，奋力于行伍间，平定祸乱，遂有天下。金太祖服侍辽国天祚帝，差点被杀，卒能奋志修身，收服渤海国，灭辽称帝。明太祖父母双亡，栖身佛寺，历尽艰危，终成帝业。这些都是上天眷顾有德之人，不忍弃之。周宣王时，有童谣说：厌弧箕服，实亡周国。后来周幽王宠幸褒姒，紊乱国政，西周灭亡。秦始皇雄踞西陲，吞并海内，修长城防御边界，信方士访求神仙，自称一世二世至万世，传之无穷，乃恣意暴虐，二世而亡。宋徽宗招降纳叛，构兵开衅，被金国击败，父子被俘，身死于外。金国完颜亮违背天常，荒淫无道，获罪于天，最终被杀。元顺帝不畏天威，不治国政，排斥贤能，信任奸佞，致使盗贼蜂起，国祚衰亡。这些都是天厌凶德，不因为国家强大而庇护之。现在明朝君臣自恃强大，蔑视上帝（按：努尔哈赤并不信天主教哦），任意生杀，妄启边衅，助叶赫部侵略我疆土，毁坏我房屋，抢夺我庄稼，肆虐无已。朕观古今典籍，国虽大，而历数将终，则君臣庸暗，纲纪倒持，最终灭亡。国虽小，而运祚方兴，则民物繁盛，寝以昌炽。总之这些都是因为天命。现在明朝灾异屡见，君臣不务修省，终必遭天罚。纵然国大兵强，岂足以凭恃？一个人能引咎修德是上策，文过饰非则是下策。后世子孙宜法前代之所以得，鉴前代之所以失，迁善改过，上合天心，则可以永享国祚！

从周朝说到自己的对手明朝，由此可见努尔哈赤深厚的中国历史功底和汉文化造诣，这绝不是一个北方普通“蛮夷”所能达到的。但是明朝在抚清之战败后，才拿努尔哈赤当事儿，才刚知道重视这个可怕的对手。万历四十七年（1619 年），万历皇帝派杜松、马林、刘綎、李如柏兵分四路，共十二万大军（此外还有叶赫部和朝鲜各一万多人助战），号称四十七万大军，围剿努尔哈赤。出兵祭旗时那头牛可能是牛魔王下凡，刀捅了三次才把牛捅死，誓师大会上大将刘招孙骑马舞槊，因槊柄腐朽，槊头一下子飞了出去。

誓师大会上出了这样的问题，对于军心士气自然是有极大打击，其实对于这种事，关键在于因势利导，誓师大会上出问题是常事，比如武王伐纣的誓师大会，遇到大风把旗杆折为三截，正在军心浮动之时，姜子牙说："这是天洗兵，帮我们冲掉浊气。旗杆折为三段是启示我们兵分三路。"结果周军士气大振，兵分三路攻灭纣王。

如果我是杨镐，一定会说：牛被捅了三次才死预示着我军要跟努尔哈赤经过三次战役才能彻底歼灭他，槊头飞出去预示着我们在剿灭努尔哈赤的战斗中努尔哈赤的人头就会像这个槊头一样飞出去。这样一说，自然会士气大振。看来作为主帅，随机应变的口才也很重要。

万历对于杨镐的任用可谓所托非人，杨镐在抗倭援朝战争中曾被日本人打得大败，临阵脱逃，可是他却谎称胜利而上奏。后来在辽东当官时他乱杀边民来冒功，被御史参奏后革职，而此番万历皇帝居然让他当兵部尚书、辽东经略，赐给他尚方宝剑，真不知万历皇帝怎么想的。有人会说，万历皇帝昏庸无能，自然是所托非人，但在历史上万历皇帝其实被人误解很大，他堪称一代英主，绝非昏君，这个问题后面我们会说到。

杨镐在出征前将自己的出征时间、地点、进攻方向写成一封信，并托人送给努尔哈赤。因为在杨镐看来天朝大军打努尔哈赤是没问题的，所以来了个光明正大。

努尔哈赤的兵力虽然只有明军的一半，但他知道明朝的虚弱，他想戏弄下杨镐，便派人与明朝议和，他的议和条件很是奇葩，只要明朝给自己三千两白银、三百两黄金、三千匹绸缎，自己就不跟明朝打。杨镐一看，我兵力是你的两倍，我还要给你钱，你当我傻？于是大军继续挺进，直捣努尔哈赤首都赫图阿拉。

得知敌军情况后努尔哈赤有四种方案选择：

（一）坚壁清野，隐藏主力。

（二）负隅顽抗，死守硬拼。

（三）分路抵御，各自为战。

（四）集中兵力，各个击破。

努尔哈赤经过仔细权衡，决定用第四套方案，他说：“任尔几路来，我自一路去。”

那么努尔哈赤是怎么对四路明军各个击破的呢？咱们一个个看。

先看西路，即抚顺路。杜松是此路总指挥。他是一员虎将，经常进攻蒙古，前后百战，每战必胜。蒙古人被他打怕了，听说明朝太师最大，就叫他杜太师（明朝生前就是太师的只有张居正）。虽然如此，但他气量狭小，比如他曾跟人吵架，一气之下当了和尚，后来还俗，接着打仗。后来他吃了败仗，竟然要自杀，好歹被人拦住了，可他感觉没消气，一赌气烧了军需库，因此被罢官。此次重新启用他，是戴罪立功。

他一心想生擒努尔哈赤，因此尽管此时正下大雪，他因立功心切，令士兵冒雪前进，到了浑河，就是努尔哈赤想当年率四个人击败八百名敌军的地方，杜松脱了衣服，赤膊渡河，众将请他披甲，他说：“披着铠甲杀敌不是爷们。我从参军到现在，都不知道铠甲有多重。”于是他率军渡河，与此同时努尔哈赤在浑河上游使河水决堤，河水暴涨，许多士兵溺死。龚念遂所部的辎重营因渡河困难，留在河对岸，杜松率军到了对岸，见有小股后金军，毫不犹豫地将其击败，后金军逃进山谷，他怕有埋伏，禁止追赶。这个山谷就是萨尔浒山谷（今辽宁抚顺东大伙房水库附近）。

杜松留一部驻守此地，自己率一部进攻萨尔浒山旁边的界藩城。努尔哈赤见状，就派长子代善率军守界藩城，自己亲率四万五千人进攻谷口的明军。两军相遇后立即开战，霎时阴云密布，天昏地暗，咫尺不辨人影。明军点起火把作战，由于平时疏于训练，许多箭镞射在柳树上，而后金军见明军点着火把，在黑暗中更为好认，于是一枚枚箭镞射向明军，明军死伤惨重。后金军乘势冲锋，刀砍斧剁，如同切菜砍瓜一样杀得明军七零八落。

激战中，努尔哈赤之子皇太极异常显眼，时而挥刀乱砍，时而盘马弯弓，连斩数人，明军弓箭手瞄准皇太极射去，可皇太极盘腿跨蹬，在马背上一倒，回首射出旋身箭，把射他的弓箭手射死。随后他抡起战刀，虎虎生风，飞蛇似的箭镞还没近身，他早已左拨右撩把箭镞拨落在地，掉在地上的箭镞如秋天的高粱地，然而就是无法伤到皇太极。

就在努尔哈赤与萨尔浒山谷前的明军激战时，杜松赶到距界藩城不远的吉林崖，在此安营扎寨。杜松大营战车环列，挖堑壕树栅栏，外面摆放火器，后金军铺天盖地而来，明军于是施放火器，震耳欲聋的巨炮和火铳将后金先锋部队炸得血肉横飞，仰攻的后金军处于不利的地势，此时杜松忽听见身后杀声突起，原来是代善率军杀来。杜松急令后队改前队，与敌混战。双方不分胜负，杀得野草瑟缩、万木染红。此时界藩城内的后金军也杀出，杜松忙令前队再改为后队迎敌。正在你死我活的拼杀时，森林中又冲出一支人马进攻杜松。杜松已腹背受敌，哪里禁得住三面夹攻。只见一支暗箭飞来，直中杜松心脏，他应声坠马而死。主帅已亡，明军更加混乱。很快，冲上来的后金骑兵便以凌厉的攻势控制了吉林崖山头，铁甲骑兵趁势冲入明军战阵，像一把利刃插入明军心脏，顿时万马奔腾，嘶鸣鼎沸，明军如波开浪裂，在驰突纵横的八旗铁骑下被杀得七零八落。努尔哈赤发挥了骑兵作战的全部优势，几乎在瞬间便使明军大营留下了漫山遍野的尸体。

战后，努尔哈赤赶来，立马山下，在凛冽的寒风中挥刀呼叫，他自己也为这排山倒海的阵势激动起来。

西路军全军覆没。那么这第三支部队是哪来的呢？原来是努尔哈赤干掉山谷的明军后派来的。乾隆这样说此次战斗："我军纵横驰突，无不一当百，遂大破其众，（明军）横尸亘山野，血流成渠，其旗帜器械及世祖死者，蔽浑河而下，如流澌焉。"

西路完了，下面轮到北路，也就是开原路了。北路指挥官是马林，他的父亲是马芳，这个人很厉害，厉害到他的儿子马林本来是文人，却当上了总兵。至于马林的作战水平，想必你已清楚，他打仗不行，但懂文学，能写诗，写得一手好字。听说杜松的下场后，马林把军队一分为二，他自己驻守尚间崖，潘宗颜驻守斐芬山，他用战车围起来挖了战壕，还有杜松的那个辎重营，统帅是龚念遂，三个营构成品字形。

努尔哈赤尽管兵力是马林的三倍，但还是集中兵力先干龚念遂营。努尔哈赤率一千精骑，从龚念遂所部薄弱的一隅冲出一个缺口，随后后金军像潮水般涌入，全歼敌军。努尔哈赤在歼灭龚念遂所部后，一刻不停，继续进攻马林本部，明军发鸟枪、放巨炮迎战，后金军冒着明军的炮火猛冲，尸体堆积如山，接着两军混战厮杀，冲杀声和惨叫声组成了悲壮的交响曲。不久，明军火药用完，该后金军发飙了，后金军很快控制了明军阵地,他们的刀架在明军的脖子上了。后金军骑兵驰骋,利刃飞舞。正在激战之际，马林见势不妙，临阵脱逃，他的两个儿子死于乱军之中，群龙无首的明军更加混乱,死尸堆满了山谷,该部覆没。努尔哈赤随后把潘宗颜所部一锅端了，北路军全军覆没。

北路完了，该东路了，也就是宽甸路。东路主将是刘𬘩，他参加过抗倭援朝战争和平定播州之乱，万历三大征打了两个。他善用刀，他的刀一百二十斤，他能单手举起一张摆满了酒菜碗筷的柏木八仙桌，在大厅中绕行三圈。此外他还精于骑射。先说射，一次他让人在板上用墨乱点，他能在远处用弓箭将所有墨点处射中，再说骑，他让人牵来几十匹马，他一嗓子喊下去马都过来了，又一嗓子喊下去马都退了。不光如此，他还能喝，每次临阵都要喝酒一斗多，兴奋自己的神经。

看起来刘𬘩是个猛人，然而他却缺乏一个大将最需要的品质——稳重。我始终认为稳重是一个人走向成功的最可贵品质，只有稳重才能对事务的把握恰到好处，而之所以能恰到好处地把握，则因为有充分的准备，自己胸有成竹。单纯有才智的人未必能成功，而稳重则是什么时候用自己的才智，如何用自己的才智的问题。中国人对年轻人的最高评价就是少年老成，所谓老成，就是稳重。中国话里的“老练”、“老实”、“老马识途”、“老骥伏枥”，与“老”有关的词汇几乎都是褒义的，换句话说，中国文化最看重的就是稳重。

此时杜松、马林全军覆没，在对另外两路情况一无所知的情况下，刘𬘩居然率军出发了，这岂是一个稳重的军事家所为？刘𬘩率领他的连大炮都没有的队伍继续前进，此时粮食也吃完了。他在无奈地率军前行时，一个努尔哈赤派来的假冒杜松所部的使者来了，使者传达杜松命令，让刘𬘩与他会合。刘𬘩说 :“我是总兵，杜松也是总兵，他凭什么命令我？”

假使者说 :“我们主帅因为事情急才这么做。”

“那为什么不点烽火呢？”

“边塞之地点烽火不便，不如我骑马来更快。”

刘綎这才相信，于是率军与杜松会合，走着走着，见山上有一军龙旗飘扬，他想这不是努尔哈赤吗？当即横刀跃马杀上山来，努尔哈赤派兵迎战。在刘綎的刀下许多后金军身首异处，刘綎想仰攻费劲，不如诱敌至山下，于是率军下山。后金军也追下来，杀得难解难分，双方都有些疲倦，只有刘綎越战越勇，虽两臂受伤，仍毫无惧色。

忽然一支手举火把的部队的到来打破了僵局，刘綎从火光中望去，见一杆大旗"杜"，大喜，说："杜松来了，是天助我灭后金了。"话未毕，一将已到马前，头戴金盔，身穿铁甲，正是明将，只是刘綎不认识，刘綎刚要问对方是谁，来将问："您是刘綎吗？"

"是。"刘綎话音未落，来将手起刀落，削掉刘綎半边脸，砍死刘綎。原来是代善全歼杜松军后，得了许多盔甲，他教军士改扮明军，杀刘綎的人就是代善。刘綎死后，他那些手执竹矛、身披藤甲的步兵被后金铁骑杀得片甲不留，尸体绵延数十里。乾隆四十三年（1778 年），蔡济恭在《松山杏山之间京观累累，追忆刘都督綎富车战亡不禁长城一坏，胡马饮江之叹，慨然有作》中，豪气干云地表达了刘綎殉国的哀思：

> 我有三尺芙蓉剑，我有百斛葡萄酒。剑以出匣击大荒，酒以停车洒丛莽。刘公壮略安东土，乱杀倭寇如杀狗。天半麒麟为公起，肘后都督金印绶。建酋虽骁一胡雏，泰山压卵何有乎？天不祚明公战死，官军血流边草涂。公在两间为鬼雄，鞭霆驾风慑群胡。至今京观屹相望，冤气矗天天为瘘。安知不有东征士，同葬此中啾啾呼。如今未暇为尔悲，茫茫桑海悲黄图。倚剑酹酒一悲歌，回风吹尘暗平芜。

刘綎这一路被歼灭后，后金兵乘胜而前，杀至富察甸，遇到康应干部明军几千以及一万多朝鲜军。后金军很快杀尽了数千明军。朝鲜统帅姜弘立见势不妙，在关键时刻一咬牙，一跺脚，一捶胸，一顿足，最终决定向后金投降。二十七年前朝鲜即将亡国时大明全力相援，而今朝鲜军见死不救反而向后金投降，人格卑下，由此可见一斑。朝鲜军队投降后金后，还把战败后与大部队失散的数百明军尽数交与后金军队，真是缺德带冒烟的。明军游击将军乔一琦血战三天三夜，刚刚在朝鲜军营吃碗冷面，就被朝鲜军以刀相逼，喝令他出营向后金军投降。乔一琦大叫一声，跃身投崖而死，为国尽忠。努尔哈赤很鄙视朝鲜人的做法，他把这一万多朝鲜士兵发放到各旗为奴隶，最终只有不到三千人逃回朝鲜，其余都被后金杀掉或者虐待至死，也算是恶有恶报。

最后该南路了，也就是清河路。指挥官李如柏，他的妾是努尔哈赤的弟弟舒尔哈齐的女儿，他是名将李成梁的儿子，但水平最低，你要说他不会打仗，比较冤枉，你要说他会打，比较扯淡。他是个纵情声色，饮酒无度，怯懦愚蠢的家伙。他领兵出虎栏关时听见螺声，山谷响应，木叶震动，仿佛有千军万马杀来。李如柏忙下令撤军，士兵也以为后金军杀来，各自逃生，互相践踏，死了一千多人。其实山上没有敌军，只有后金侦察兵二十人，他们见明军出关，就通过螺声告诉努尔哈赤，偏偏这个没用的李如柏上了他的当。至此四路明军一个不剩。随着后金军的完胜，他们的强大表现足以向当时的整个世界证明，他们是当时世界最强大的骑兵，最强大的陆军。

萨尔浒之战中几乎每一场战斗明军都是以鸟铳、火炮对着后金军狂轰。但那时的火器威力还不够，后金军总能冒死往前冲，快速杀至明军阵前，一直想着用大炮把后金军炸死的明军压根儿对于能冲到眼前的后金铁骑没有心理准备，心理防线一被突破，被干掉就是在所难免了。随着八旗的世袭罔替，到了康熙平定三藩之乱时，满族骑兵就已经丧失了冒着敌人的炮火冲锋的勇气，而属于大清的蒙古骑兵依旧有这股血性，第二次鸦片战争时的八里桥之战，僧格林沁的蒙古马队就是这样，三万蒙古骑兵冲向六千英法联军，英法联军用米涅式步枪和恩菲尔德步枪将三万蒙古骑兵打得死了一万五千人，而英法联军只死了四个人。假如萨尔浒之战时明军的火炮和火枪能有米涅式步枪和恩菲尔德步枪的一半火力，后金早已成为历史名词，努尔哈赤则跟突厥、柔然等犯边的部落酋长历史地位相同，至于什么康乾盛世则压根儿不会发生。

萨尔浒之战明军之所以惨败，与盔甲也有关，明军的披甲由藤、皮革或荒铁所制，朝鲜援兵的披甲则是纸做的（现在他们阅兵时的导弹也是用纸做的），少数是用柳条做的。而八旗军几乎人人都披精铁制成的铠甲，他们的铠甲除护住胸部和背部外，连头、手臂和脚，都被层层防护，甚至连战马也披甲。由于其甲胄非常坚硬，除非用强弓，否则百步之外根本无法洞穿。这也是为什么八旗军在战争中很难被明军杀死的原因。

人难以超越时代，既然武器和盔甲都不够强大，那么就应该在战法上改进。萨尔浒之战失败的重要原因，在于明朝滥用分进合击。分进合击是不能随便用的，得把以下七点考虑周全，才能使用：

（一）地形因素制约部队机动能力，在“分进”时要与友邻部队保持联系，如果各“分进”队伍消息不畅通，就会出现萨尔浒之战的后果。与此同时，作为统帅，应尽量让部队在地形平坦交通便利之地上“分进”。

（二）不单纯用人数衡量分进合击的胜利概率，而应根据自己“分进”的每一队在没“合击”前遇到一股敌人后的胜算来判断胜利概率，决定是否用分进合击。

（三）从理论上讲，分兵会造成一路或几路弱势，只有当各军会合时弱势才会小，所以要让部队提高机动性，快速进军，缩短“分进”时间，为此最佳办法就是加大骑兵比例。

（四）分兵不是均分，如此战明军均分四路兵力，结果在任何一路都处于绝对弱势。

（五）分进合击，重在合击，要精确计算各部队行进所需时间，然后精确安排各路人马出击时间。

（六）明确各部任务。统帅要做的不是在地图上画个圈，然后说你去打吧，而应明确在多长时间行军多远距离，占领什么地方，需要注意什么，遇到敌人应追击还是就地防御。

（七）必须考虑行军时与友邻部队保持联系，这样的话在友邻部队遭攻击时就可去进攻敌人的纵深，来他个围魏救赵，友邻部队脱离险境，自己也能立战功。这些明军一个都不考虑，不败才怪！

此战明军损失惨重，军官 310 人殉国，士兵 45870 人殉国。大明的国威也受到极大挑战，这是明清历史的转折点。此战后明与后金攻守易势，明由进攻转为防守，后金由防守转为进攻。努尔哈赤在战后放声大笑，他说：“大明皇帝以二十万军队，号称四十万，兵分四路来战，蒙古、朝鲜各国听到此战我军的胜利，如果他们以为是我们兵分四路来灭明军，那么一定会说我们兵多将广。如果以为我们就是以一支部队分四次揍明朝，那么一定会说我们兵强马壮。总而言之，胜报闻于四方，没有不说我们强大的！”

乾隆说此战使“明之国势益削，我之武烈益扬，遂乃克辽东，取沈阳，王基开，帝业定”。嘉庆在来到自己祖先鏖战的萨尔浒后赋诗一首：“开基创业自兴京，廿万明师一鼓平。心膂股肱克大敌，父兄子弟肇皇清。据崖设伏选精骑，列阵飞驰尽劲兵。瞬间崖头方破队，斐劳山畔复摧营。八旗赫濯雷霆迅，四路奔逃风鹤惊。”

由于此番叶赫部出兵帮助明朝打自己，明朝大军撤退后，努尔哈赤率大军，集中力量进攻叶赫。努尔哈赤立下誓言：“不克叶赫，誓不回师！”

叶赫部两大贝勒金台石、布扬古分别固守东、西二城。努尔哈赤命后金军掘地为穴，挖空底下后叶赫部两座城池的城墙倒塌，后金军攻入城中。金台石自焚而死。布扬古见东城已破，孤城无援，在得到努尔哈赤降后不杀的保证后，便出降。努尔哈赤为防止叶赫东山再起，就杀了布扬古，叶赫部遂告灭亡。至此努尔哈赤彻底统一女真，统一东北，吉林、辽宁东北部、黑龙江、俄罗斯远东地区尽数成为努尔哈赤的地盘。

叶赫部首领布扬古临死前曾对天发誓：“我叶赫那拉就算只剩下一个女人，也要灭建州女真。”二百四十年后，叶赫部的女子叶赫那拉·杏贞垂帘听政，主宰清国四十八年，死后谥号“孝钦慈禧端佑康颐昭豫庄诚寿恭钦献崇熙配天兴圣显皇后”，这是中国古代最长的皇后谥号，简称“慈禧太后”。慈禧死后三年，清朝灭亡，主流说法认为慈禧执政无能最终导致近代中国丧权辱国，清国灭亡，真是因为慈禧吗？这将是本书最后一卷要交代的。

第四章
熊廷弼守辽

德国陆军元帅冯·施利芬说：“如果不把部队分隔开就不能防御这个地区的话，最好坚决放弃这个地区。”

萨尔浒之战三个月后，努尔哈赤对开原发动了进攻。而此时开原的防守却十分松懈，主官韩原善不在开原，推官郑之范看名字是个政治犯，但其实这厮是个贪污犯，他“赃私巨万，天日为昏”，将领马林是戴罪之身，他在萨尔浒之战逃跑，朝廷正在追查此事，他根本没心思守城。底下的官兵几个月领不到军饷，把总朱梦祥到开原领钱粮，一个月都领不到，各军士兵于是把衣服卖了换钱买吃的。马没有草料，士兵没有饭吃就杀马充饥。士兵武器奇缺，有的拿着一根木头棍子，这样的军队战斗力可想而知。

努尔哈赤直抵开原城下，马林慌忙登城守卫。后金八旗军一面在西南北三面攻城，布战车，树云梯，鱼贯而上，杀得城上守军溃散，一面在东门布重兵，进行血战。由于后金内应在城内开门，后金军冲入城内，郑之范仓皇逃窜，后因战败被捕，死于狱中。马林在激战中阵亡。城破后努尔哈赤在开原杀七万人。

据朝鲜《李朝实录》记载：“开原城中最多节义之人，兵才及城，人争缢死，屋无虚梁，木无空枝，至有一家全节，五六岁儿亦有缢死者。”

努尔哈赤拿下开原后，与开原互为犄角的铁岭就成了下一个目标。那么努尔哈赤的对手，铁岭守将李如桢是个什么样的人呢？有一次在北京，他喝多了后放枪放炮玩闹，声音惊动大内，因为他是李成梁的儿子，所以一个处分就过去了。这种人守铁岭能有什么好结果？这还不是最可悲的，最可悲的是李如桢此时压根儿就不在铁岭，他躲在沈阳，此时的铁岭根本没有守将。努尔哈赤的胜利已成定局，他率后金军猛攻铁岭，明军用火炮和矢石给了后金很大杀伤，此时被后金策反成功的参将丁碧打开城门，后金军蜂拥而入，铁岭失守，明军殉国四千人。

开铁之战战败后，万历皇帝任命熊廷弼为兵部右侍郎兼右佥都御史，经略辽东。熊廷弼文武双全，能在骑马时拈弓搭箭左右开弓，他来到辽阳后，辽阳已半是空城，一些官绅都已离去，道员和将领也备下快马欲逃，人心惶惶。熊廷弼果断地采取了一系列措施：

一，以将自己家眷送走、动摇人心的罪名，逮捕了知州李尚皓。

二，斩逃将刘遇节、王捷、王文鼎，震慑欲逃者。

三，公开祭奠开原、铁岭战斗中的殉难者，激励士气，从而初步安定了民心，稳定了军队。

但辽东形势并不令人乐观，熊廷弼在给万历的奏折中说："现在辽东有四种兵，一种是残兵，身无片甲，手无寸械，在部队里空耗饷银，装死扮活，就是不肯出战。第二种叫额兵，开原这一道兵全额已经亡了。第三种叫募兵，都是临时招募的无赖之徒，这帮人打仗还能靠得住？刚听到警报就能跑一半。第四种叫援兵，也就是别的地方来援助的，谁肯把好的兵来援助，因此来的都是次品。现在的一万多匹马，大多是瘦弱的马匹，这是因为许多士兵故意少给马草料，设法把马弄死，这样他们就可以当步兵了，以免出战。现在士兵所拿的弓都是断了弦的，箭镞嘛，更应该叫箭，因为已经没有镞了，刀都缺一块或很钝，枪的枪头都秃了……各部队闻风而逃，望阵而逃，惧战而逃，各营逃跑的每天都有上百人。"（《熊襄愍公集》）

更可怕的是，由于长期欠饷，许多士兵居然靠卖弹药库里的火药来谋生，"自辽阳至镇江，其间许多镇堡，官上火药暗里偷出，或五六百斤或千余斤……数年以来，辽阳一带火药，尽皆见失。镇堡之官，亦不时点检，徒闭虚库"。

此时真可谓形势危急，困难重重。

面对这种形势，熊廷弼认为，从当前形势出发，漫谈收复失地、剿灭后金显然过于草率，不如以固守为稳着，挡住后金的进攻势头，步步为营，渐进渐逼，以守为攻。万历皇帝批复熊廷弼说："卿审度贼势，分布战守方略，颇合机宜。防守既固，徐图恢复进剿，尤是万全之策。"

熊廷弼适当收缩兵力，并守沈阳的绝大部兵力于辽阳，犒劳军士，准备干粮、行具，佯示进兵。努尔哈赤果然疑虑，没有立即进攻辽阳。熊廷弼抓紧时间，加强辽阳城防。在城外掘壕三道，每道阔三丈，深二丈，中灌河水，阻敌前进。在此基础之上，熊廷弼进一步采取措施。他与总兵贺世贤率精兵一千，踏着冰雪，突然出现在已被努尔哈赤占领了的抚顺关，大张旗鼓，坐在马上，挥舞着马鞭指点地形，他说："这可以扎营，那可以设伏，那可以打仗。"故意让后金间谍知道，然后取道而回。努尔哈赤以为熊廷弼要袭击他，随后砍树堵山口，运石整修关隘、山城。熊廷弼趁着努尔哈赤瞎忙活的时候，大修辽阳城，辽阳防卫空前加强。随后，熊廷弼进一步加大防御纵深。

熊廷弼提出了对努尔哈赤实行"坐困转蹙"的战略设想。即把自己的军队分成四路，分别置于叆阳、清河、抚顺、柴河，每路三万人，各路相互策应，敌人小股来犯，就自己解决，大军压境，就互相支持。各路组织机动部队，消灭零星扰边小分队。在农忙季节，各路实行迭进互扰的战法，使后金不得耕种，陷入困境，然后相机或四路同时，或三路牵制一路主攻。到泰昌元年（1620 年）九月，熊廷弼已集结兵力十三万，重二百斤以上的大炮数百门，七八十斤的三千余门，百子炮以千计，战车四千二百余辆，铁箭、火箭四十二万余支，准备于冬季率军去抚顺关显示威力，第二年春天，熊廷弼自率大军驻抚顺，逐渐进逼。

熊廷弼的守辽部署是非常正确的，而英明的万历皇帝更是对熊廷弼坚决支持，熊廷弼此人性情刚直，看见不好的官员就喜欢骂街，因此在朝廷的文官中人缘相当不好，言官们几乎把他当成眼中钉、肉中刺，攻击诋毁诽谤从来就没有停止过，几次逼熊廷弼辞职。万历则毫不犹豫地支持熊廷弼，不理那些罪恶的家伙，他说："辽事败坏，皆地方官玩愒所致，熊廷弼一意振刷，恢复封疆，朕深切依赖。今夷情甚急，岂经略释肩之时，自弃前功！着益殚忠任事，与诸臣协心共济，毋为人言所阻。”专制社会帝王很少能说对自己的大臣“深切依赖”的，但万历就能说对熊廷弼“深切依赖”，一方面可见万历皇帝对熊廷弼的信任，另一方面，也可见万历是个真性情的皇帝。此时万历与熊廷弼的关系，已经不只是君臣关系，而是有一定朋友关系了。

第五章
万历，内心孤独的皇帝

时间很快就到了万历四十八年（1620 年），万历病重，临终前，他依然对熊廷弼分外关注，别的奏疏可以不看，唯独熊廷弼的奏疏非看不可，而且无一不批答。

然而遗憾的是，就在辽东局势被熊廷弼搞得眼看就要扭转，就要让后金混不下去了的时候，万历皇帝在 1620 年去世了。

对于万历皇帝，传统说法都说他二十年不上朝，酒色财气，样样俱全，“明之亡，非亡于崇祯之失德，实亡于万历之怠政”。

而事实上，正是万历皇帝凭明朝一国之力打赢了抗倭援朝战争，在中国历史上，能够打败日本的最高统帅只有唐高宗、万历皇帝和蒋介石，唐高宗是在 663 年派兵东征百济时，日本派海军援助百济，两军于白江口（朝鲜西南锦江口）遭遇，唐朝海军烧毁日本四百艘战舰，大获全胜，而这其实只是一场遭遇战。

蒋介石抗日战争中败多胜少，抗日战争共二十八场大会战，蒋介石打赢了第一次长沙会战、第三次长沙会战、豫南会战、随枣会战、上高会战、鄂西会战、粤北战役、雪峰山战役、缅甸会战、豫西鄂北会战、广西反攻作战这十一场会战，徐州会战和常德会战可算作平手，此外，南口战役、淞沪会战、太原会战、南京保卫战、兰封会战、武汉会战、南昌会战、桂南会战、枣宜会战、中条山会战、第二次长沙会战、浙赣会战、豫中会战、长衡会战、桂柳会战这十五场会战都以失败告终，要不是有美国人帮忙，莫说八年抗战，十八年都赢不了。

万历皇帝的抗倭援朝战争才是中国历史上唯一一次单凭自己的实力彻底战胜日本的大型战争。

一个能打败日本的皇帝，为什么会二十年不上朝？难道是因为他才导致明朝灭亡的吗？别急，让我们从头说起。

1582 年张居正去世，万历皇帝亲政，那么他的政绩如何呢？万历三大征中，平定哱拜叛乱，万历皇帝安定了宁夏，平定杨应龙叛乱，安定了西南边陲，抗倭援朝战争，更是打出了中华国威，把朝鲜从灭亡的边缘拉了回来。即使是到了乾隆年间，出使北京的朝鲜使臣洪大容依然动情地说：“万历年间，日本倭寇大举侵犯朝鲜，朝政糜烂，大臣毫无办法，明神宗聚全天下的兵力，耗费全国的财力，用了七年之久的时间平定倭寇，到今天已经有二百年了，民生的安乐富足，都是明神宗的功劳啊！”[1]。

有的专家学者说万历纵情酒色财气，并举出万历十七年（1589 年）十二月，大理寺左评事雒于仁的奏疏，该奏疏批评万历纵情于酒色财气：

> 臣闻嗜酒则腐肠。陛下八珍在御、解酗是耽，卜夜不足，继以长夜。此其病在嗜酒也；变色则伐性。陛下溺爱郑贵妃，靡言不听，忠谋摈斥、储位久虚，此其病在变色也；贪财丧志。陛下传索帑金，括取币帛，甚且掠问宦官。有献则已，无献则谴怒，此其病在贪财也；尚气则戕性。陛下今日榜宫女，明日谴中官，此其病在尚气也。

关于万历醉酒的问题嘛，按说明朝的正史记载是相当丰富，但是写万历醉酒只有万历八年万历酒醉后让太监唱歌那一次，其他并无任何记载说万历酒后误事，男人嘛，多喝几杯酒没什么，只要不误事，根本就不能算罪行。

再说色，这个倒还不是没有任何根据，《明神宗实录》卷一七九记载，万历十四年（1586 年）九月的时候，万历“头晕眼黑，力乏不兴，身体虚弱”，按说这是很

1　原文为：万历年间倭贼大入东国，八道糜烂，神宗皇帝勤天下之兵，费天下之财，七年然后定，到今二百年，生民之乐利皆神皇之赐也。

正常的事，无非是四肢乏力，脑袋发晕而已，可是，有个叫卢洪春的礼部祠祭司主事却借机大做文章，他说："医家曰气虚血弱，乃五劳七伤所致，肝虚则头晕目眩，肾虚则腰痛精泄"，"陛下春秋鼎盛，精神强固，头晕眼黑等症，皆非今日所宜有"，"果如圣谕，则以目前衽席之娱，而忘保身之术，其为患也深"。卢洪春的意思是，万历皇帝因为胡搞女人太多，肾虚，"腰痛精泄"，才导致得病。由此说万历皇帝好色。但凡有点医学常识的人就知道他的话是否靠谱了，合着身体虚弱就是肾虚，肾虚是因为干女的，许多情况都会导致身体虚弱，比如劳累过度，比如身体其他疾病，卢洪春这种无端就把疾病同性欲联系起来的荒谬言论，在中国历史上是很普遍的现象，举个例子，鲁迅有一篇文章说："我从小就是牙痛党之一……还记得有一天一个长辈斥责我，说，因为不自爱，所以会生这病的，医生能有什么法？我不解，但从此不再向人提起牙齿的事了，似乎这病是我的一件耻辱。……我后来也看看中国的医药书，忽而发见触目惊心的学说了。它说，齿是属于肾的，'牙损'的原因是阴亏。我这才顿然悟出先前的所以得到申斥的原因来，原来是它们在这里这样诬陷我。"(《鲁迅全集》第一卷《从胡须说到牙齿》)

牙痛居然跟阴亏联系到一起，最后定性为不自爱，胡搞女人。这就是中国古人的逻辑。你说，这种逻辑靠谱吗?

关于正史记载万历好色的证据也就是《明神宗实录》卷一七九的这篇奏折的不靠谱的分析了。至于野史的记载嘛，据《万历野获编》记载，万历皇帝在夏天明月高悬时，便与宫女嬉戏，他让宫女四处捕捉萤火虫，装入袋子里，在和宫女嬉戏时将萤火虫放出来，萤火虫落到哪个宫女身上，他当晚就临幸哪个宫女。因此宫女为得到万历宠幸，纷纷把能吸引萤火虫的香水洒在身上。秋天，万历在红叶上写下唐朝王建的宫词前两句，"金殿当头紫阁重，仙人掌上玉芙蓉"，然后让宫女写宫词的后两句，"太平天子朝元日，五色云车驾六龙"，而后把红叶都抛到御沟中，如果万历写字的红叶和宫女的红叶能漂到一起，就令人取出红叶看，这张红叶是哪个宫女的，万历就临幸哪个宫女。到了冬天，万历会挑选美女和他一起在洛阳殿池子里玩鸳鸯戏水，沐浴后在锦榻上拥美女喝酒。

这种野史的记载完全不靠谱，供人一笑尚可。

万历好色说完了，再说万历贪财，为什么一个皇帝居然会被自己的大臣说成是贪财？日本明史专家田口宏二朗说：

> 明代财政体系当中帝室也有某收入和经费，从内库的收入来讲，确有金花银（折粮银）和慈宁宫籽粒等重要的帝室经费来源。不过这些收入并不能算作帝室专用的项目。例如金花银原来是江南等地区的田赋，是属于户部管理的部分。嘉靖年间以后，这个项目虽然逐渐变成内库的收入来源，但到明末户部也一直干预金花银的收取和开销……可以说除了若干庄田收入等等以外，帝室原来没有专项财源。

换句话说，万历皇帝之所以“贪财”，是因为皇室没有专项财源，于是不得不想方设法去获得一些私房收入，这才是所谓“万历贪财”的实质所在。

最后说气，这指的是万历皇帝脾气大，那么万历皇帝脾气有多大呢？万历二十四年（1596年），张养蒙在奏折中给万历扣上了好逸、好疑、好胜、好货四大罪名，结果万历一笑了之，压根儿没理他。田大益在奏折里把万历同夏桀、商纣王、周幽王、周厉王、汉桓帝、汉灵帝、宋徽宗等昏君并列在一起，难道把日本打趴下，三百多年才缓过劲来的君主就成了这个样子？显然，田大益是血口喷人，万历皇帝依然没理他。吏部尚书赵焕指责万历不上朝，上奏说：“等到有一天蓟门遭到蹂躏，铁蹄兵临京郊，陛下您还能高坐在深宫中，以生病为理由推辞不上朝吗？”[1]

蔡明伦在《论明万历中后期言官对神宗的批判》说：“这完全是毫无忌惮、汪洋恣肆，把神宗骂得体无完肤”，这是“士风日下，部分言官出于沽名钓誉的私心而故意耸人听闻”，“随着明朝中后期士风之日下，士大夫变得趋炎附势，追逐名利，好名之风颇盛”，“既然进言能带来这些好处，一旦冒险成功，升官会比正常情况快，所以一些言官在进言时惟恐不能激怒皇帝，甚至耸人听闻，故作激切，以遂其私”。

面对这些言官的污蔑，万历皇帝在万历十八年说：

1　原文为：他日蓟门蹂躏，铁骑临郊，陛下能高拱深宫，称疾却之乎？

汝等于常时每每归过于上，市恩取誉。辄屡借风闻之语，讪上要直，鬻货欺君，嗜利不轨，汝等何独无言，好生可恶，且汝等不闻“宫中府中事皆一体”之语乎？何每每搜扬君过，沽名速迁为？

大臣也有许多同情万历皇帝的，比如于慎行就说：“当今圣上在位日久，熟知人情，每次看见言官骂自己的奏折，就说：‘这就是那老一套（此套子也）。’对于直言激切，直接骂得很厉害的，有时万历皇帝全不动怒，说：‘这不过是沽名钓誉，如果重重处罚他，反倒成就了他的名声。’”（《谷山笔尘》）

雒于仁说万历皇帝酒色财气，酒没什么，色没有确凿证据，财有特殊原因，气根本就不对，于是万历皇帝这次真动气了，说要收拾雒于仁，首辅大学士申时行说陛下如果要处置雒于仁，无疑是承认雒于仁的批评是确有其事，外面的臣民会信以为真。最后，万历将雒于仁革职为民。在处理这件事的过程中，万历对申时行等人说：“他说朕好酒，谁人不饮酒？又说朕好色，偏宠贵妃郑氏。朕只因郑氏勤劳，朕每至一宫，她必相随。朝夕间她独小心侍奉，委的勤劳……朕为天子，富有四海之内，普天之下，莫非王土，天下之财皆朕之财……人孰无气，且如先生每也有僮仆家人，难道更不责治？”

说完了酒色财气，现在说万历皇帝二十年不上朝的问题，有清史大家说万历皇帝不郊、不庙、不朝、不见、不批、不讲。所谓不郊就是不亲自祭祀天地，不庙就是不亲自祭祀宗庙，不朝就是不上朝，不见就是不接见大臣，不批就是不对大臣的上疏做批示，不讲就是不参加经筵讲席。

这六项当中除了不朝、不见、不批以外，其他三项都只是形式礼仪上的套路，对处理国家政事而言，并没有实际意义，将之上纲上线，作为怠政的表现，是小题大做。

万历之所以不做这三项，是因为他的身体很差，行动不便。杨仕和《南渡北归》的作者岳南在详细记载发掘万历陵墓过程的《风雪定陵》一书中说：

万历一生多病，经常服药一事，文献都有记载。但随着国本之争愈演愈

> 烈……臣僚们便把他的病源归罪于酒色过度……即使今天的明史研究者，尚有一些人与三百年前的臣僚持同一观点。其实，面对定陵出土的实证，应该打破这种近似偏见的结论。因为无论是棺内万历右腿蜷曲的痛苦形状，还是尸骨复原后，右腿明显地比左腿短的情形，都足以说明这位皇帝生前确实患有严重的足疾。有了这样的实物作证，而再以陈腐的观念，把万历的“足心疼痛、步履艰难”，一味地归结于贪恋酒色所致，这就难免有失历史公允了。（第十四章《打开皇帝棺椁》）

至于不朝、不见嘛，的确如此，但不批则绝对不对，万历皇帝是二十年不上朝，但不代表二十年不办事儿，要不然脑袋早搬家了。

黄仁宇说：“万历大部分情况下仅仅是对那些递补职位空缺，以及沽名买直，搬弄是非，动辄抗议漫骂的上疏不加批示，除了不理上述性质的文件以外，他照常批阅其他奏疏。”

樊树志在《晚明史》中说：“神宗在此后的二十多年中，处理朝政的主要方式是透过批阅奏疏，发布谕旨来进行。他始终牢牢地掌握着朝廷的大政方针，这从万历三大征的全过程可以看得很清楚。”

综上，万历皇帝虽然二十年不上朝，但这二十年他一直在处理政务，也就是说，虽然万历皇帝二十年不上朝，也并没有对国家政治的运行造成什么实质意义的影响。

万历皇帝是个追求真实的人，不喜欢祥瑞之类的造假，《明神宗实录》记载，有一天文华殿角门的石础，忽然显现“天下太平”的字样，大臣都以为是祥瑞，万历很不高兴地说：“这是造假！”皇宫中一旦有这一现象，素来都当作吉兆，然而万历却当场戳穿，可见他是个毫不虚伪的君主。

这点比起后世称作一代英主的雍正皇帝强多了，雍正喜欢听人报告祥瑞，例如有人报告一颗玉米长四个穗子，稻田禾苗长数尺高，皇陵出现五色祥云，等等，雍正都对报告者加官晋爵。

人无完人，万历的确有值得抨击之处，那就是万历后期对于太监的横行不管不问。

万历刚即位时，他对于太监的不法也是想管的。一次万历跟大太监冯保去内市，发现宫里有什么，内市里就有什么，万历问 :“这究竟是怎么回事？”

冯保 :“这些东西都是宫里出来的，先皇也知道这种情况，于是就用银子在这里买，赎回去。”

万历 :“朕不让这些东西流出不就行了？而且这些东西大到镜架，小到珠宝，是怎么从宫中出来的？每次宫里人出来，不是都有搜检（安检）吗？”

冯保 :“陛下，从宫里出来的，只有一样是不用搜检的，那就是粪车，这些从宫里偷东西的都是通过粪车运出来，总不至于粪车出宫的时候也检查吧？”

万历一听，明白了，但他不甘心，他先后想了七个办法来治偷东西的，第一个办法是查宫中太监的祖宗三代，看是不是根正苗红，但这条没用，越是根正苗红的，家里越穷，越穷就越偷。

于是万历想了第二个办法，清点宫中财物。他下令把宫中物品一样样登记造册，但也没用，宫里的东西，先用粪车从外运进来一个假的，放在那登记造册，然后再把真东西运走，结果导致宫里的东西假货越来越多。

万历一看不行，就想了第三个办法，加税。万历下令在内市征收高额赋税，但是也没用，你加税，内市加价，嘉靖年间卖十两的珠宝，此时卖两百两，照样有人买。

之后万历想了第四个办法，下令对从宫中偷东西的严加惩罚，可是也没用，太监的命根都剁没了，还怕死？死就死了，不死就赚了，接着干。

之后万历想了第五个办法，对太监们进行教育，说这些宫里的财物都是大明朝的，要爱惜，但也没用，太监们觉悟没万历爷那么高。

而后万历想了第六个办法，减少内市的开张时间，本来内市在每月二日、十二日、二十二日开张，万历下令改为每月只在十二日这一天开张。可还是没用，内市虽然只开一天，但变成了日市加夜市，一天一夜连轴转，照样不耽误。

最后万历怒了，想取消内市，冯保说 :“陛下取消了内市，东西就不通过内市往外卖了，今后宫里的东西被偷出去连回都回不来了。”万历一听，彻底无语，从此对内市不管了，对太监也不管了。这样就有了万历后期太监的胡作非为。

万历时，太监高宷奉旨去福建征税，爪牙魏天爵、林宗文两人千方百计向他献媚，有一次提供一个秘方，说活取一千个小儿的脑髓作为药引子，可以使睾丸重新长出来，而且能御女生子。高寀非常高兴，就派亲信购买幼童，敲开头颅骨，取出脑浆。贫困的百姓不知高寀的“妙用”，有的就把亲生骨肉卖给他；市井无赖还用蒙汗药诱捕民间的儿童，献给高寀，换得重赏。高寀害死了许多人，以至于税监府院里的水池中，白骨累累。但是，他的性功能并没有半点儿的恢复。吴承恩得知此事后将其写进了《西游记》，详见比丘国那段。

而在万历后期，有个小太监把假阳具插入宫女的下体，没想到拔不出来了，那女子竟活活胀死。（《万历野获编》卷六）

万历四十八年（1620年）七月二十一日，长期被病痛折磨的万历皇帝去世，年五十八岁，谥号“范天合道哲肃敦简光文章武安仁止孝显皇帝”，史称明神宗。

三百三十八年后，1958年9月19日，安葬万历的定陵在当时的北京政府主持被挖开，参加挖掘的考古工作队队长赵其昌在日记中十分详尽地这样描述了进入万历地宫的情景，

> 我显然是置身于这阴间世界中了。仿佛觉得前方就有阴间的人影，他们的脚步在走动，他们的鼻息在轻轻地呼吸。他们静静地望着外边，望着我们的一举一动。
>
> 此时，我感到这是一个没有星星也没有月亮的夜晚，天空正飘落着毛毛细雨，我独自走到一块荒无人烟的墓地，野草丛生、碑石林立，猫头鹰依石而卧，黑暗里瞪着圆圆的、绿绿的眼睛冲我发着灿灿光芒，刺进我的心脏、我的肺管、我的血液，使我越发慌乱和沉闷，四顾茫然而不知所措。
>
> 我想快速离开这阴森可怕的墓地，想尽量不发出一丝响动，免得引起死神的注意和追赶，但腿却在荒草泥泞中不能自拔，阴风凄凄、雾雨迷蒙，似有亡魂用手轻轻挡住我的眼睛，又好像死神在背后用力拽扯我破碎的裤管，我感到死尸的魂灵就在眼前，他那粗犷的鼻息热烘烘地在我脸上喷射，既像人，又像是浑身长毛的怪物，轻轻地、无声无息地引我前行。我知道这是幻觉，尽量保持头脑清醒。我在心中默念着，这虽是在幽黑的暗夜里穿行，但我仍

置身于风尘飘摇的阴间世界。我是生活在阳间的人类来到阴间探索死神的秘密。但这种默念效果，似乎起不了多少作用。因为尘世间的烦恼忧愁、悲欢离合、恩恩怨怨、情情爱爱，统统都在心中消失。

我记不起我来自哪里，要向哪里去。没有太阳也没有月亮，路也没有尽头，前方一片苍茫，似是秋后的茅草地，又似一片干裂的沙滩。我甚至都忘记了自己父母的容颜，并连自己的生存也不再记起，整个身心进入一个虚幻缥缈的世界。似入仙境，又似魔窟，天地一片混沌，阴阳融为一体，万事万物都成为似有似无，似明似暗神秘莫测、变幻无穷的东西。这种东西组成了一个诱人的世界，让人去寻觅，又让人望而却步……”（《风雪定陵》）

直接参与定陵发掘的人员，都未能善终：力主发掘的明史专家吴晗狱中自杀，死前头发被拔光；担负发掘指挥工作的郑振铎在出访阿富汗和阿拉伯联合共和国的途中，飞机失事遇难；开棺时的摄影师刘德安上吊了；考古专家白万玉神志不清，脑溢血去世……而关于万历皇帝的真相，酒色财气的指责大多靠不住，二十年不上朝对国家并没造成什么影响，一场抗倭援朝战争足以让他名垂青史。

那万历皇帝执政的主要过失究竟是什么呢？我们该如何评价他呢？谈迁《国榷》中收录的民族英雄夏完淳的父亲夏允彝对万历皇帝的评价，是我觉得最客观的：

“万历皇帝幼年继位，聪明睿智，一开始用张居正为内阁首辅，依法治国，朝令夕行，虽然有些过于苛察，但是人们守法严谨。万历注重边防，用大帅戚继光在蓟镇，以谭纶为督抚，一切唯戚继光之言是从。戚继光修建寨堡，又把自己在浙江练的昔日打倭寇的军队调到北方来与北边的军队一起训练，于是蒙古人二十年不敢犯边。万历皇帝用李成梁大帅在辽东，李成梁敢战深入，把东北各族杀得畏服。

“张居正骄悍，妄自尊大，最终他去世后全家倒霉了。接替张居正的人则远远没有张居正的才能，于是万历皇帝大权在握。万历为政宽大，人皆乐之，府库充实，士大夫都珍视气节，虽然没有姚崇宋璟那样的宰相，但与开元盛世不相上下。但自从郑贵妃得宠后，万历皇帝就逐渐怠政了，满朝文武纷纷上奏，万历皇帝更加厌恶，于是把这些大臣一个个罢免。但剩下的大臣一个个上奏劝皇帝勤政的呼声更高了。

万历一看，干脆不如不理，从此不上朝。此后吏治废弛，风俗大坏。辽东一出事儿，将驽兵骄，练兵就要花钱，只能加税，赋税越来越高，老百姓越来越穷，于是流寇揭竿而起，朝廷土崩瓦解。胡虏和贼寇进攻越急，朝廷朋党内斗越甚，虽然持论者各有短长，但可以定论的是朝廷里的小人都是真正的小人，君子未必是真正的君子。老百姓越穷，当官的越贪污，风俗日坏，将士不知杀敌，只知害民，百官不知做事，只知聚敛，最终崇祯以一天上朝两次的勤政，也于事无补，只能任由明朝土崩瓦解。”

第六章
明宫三案

万历皇帝去世后，其子朱常洛继位，年号泰昌，在此前后，发生了明宫三案，朝局大乱。明宫三案即梃击案、红丸案、移宫案。

先说梃击案。“梃”是木棍，“梃击”就是以木棍打人，打的是新皇帝朱常洛。

朱常洛生母王氏是个普通宫女，被万历私幸，而怀下身孕。但万历喜欢郑贵妃，不喜欢王氏，于是拒绝认这个孩子，而且不让他上学。谁建议让朱常洛出阁读书，谁就被贬遭罚。朱常洛长期被禁闭在宫中，几乎是个文盲。万历四十三年（1615年）五月初四日，发生了梃击东宫太子朱常洛事件，这就是梃击案。这天傍晚，蓟州男子张差手持木棍，从东华门直奔内廷，打伤守门太监，闯进太子朱常洛居住的慈庆宫，直到屋檐下才被捉拿。当时，慈庆宫第一道门只有两名太监守门，第二道门无人看守。事发后朱常洛惊恐万状。万历帝下令审讯。巴结郑贵妃的内阁首辅方从哲不愿深究。东林党人、刑部提牢主事王之寀和刑部官员联合对张差进行突击审讯。

在这里我们要交代一下东林党，东林党人这个称呼想必大家都不会陌生。1604年，顾宪成修复宋朝杨时讲学的东林书院，与高攀龙等在此讲学，最终逐渐形成地方实力派。顾宪成有一副很著名的对联：“风声雨声读书声，声声入耳；家事国事天下事，事事关心。”

三方会审时张差供出，是郑贵妃“手下太监庞保、刘成令我打上宫门，打得小爷（太子），有吃有穿”。他们对他说：“你先冲一遭，撞着一个，打杀一个，打杀了我们救得你。”朝中东林党人怀疑是郑贵妃欲谋害太子，坚决要求彻底追究。万历既不愿意因此事伤到郑贵妃，也不愿意让太子朱常洛白受惊吓，于是下令禁止株连，不要牵扯太多人。最后张差被处死，两个太监庞保和刘成在内廷被秘密打死，这就是梃击案。此事从表面上看是郑贵妃意欲谋害太子朱常洛而未得逞，但实质上反映出朝廷中东林党与其他派系的政治斗争。

万历去世后，八月初一朱常洛继位，长期被禁闭在宫中的他终于得到了解放，一个几十年都被压抑的人一下子成为中国的“一把手”，此时此刻，此情此景，朱常洛想的是从今往后可春看桃花流水，夏赏荷叶涟涟，秋观枫叶正红，冬临皑皑白雪，再也不被限制自由，可历史却让他连这个夏天都没能过去。朱常洛体弱，无法通过盘马弯弓来释放男人的情怀，他只愿意通过对女人的征服来释放自己被压抑的情感。真是想什么来什么，就在他登基的第二天，郑贵妃送给他几个美女，关于美女的数量，说法不一，据查继佐的《明书》记载，“及登极，贵妃进美女四人侍帝”，谈迁《国榷》则说“进侍姬八人，上疾始惫”。李逊之《三朝野纪》也记载是八个人，三比二，咱们姑且就相信是八个人。

如果换作别的男人，未来一周就有得忙了，但压抑了几十年的朱常洛恨不得一夜之间补偿回来，这就出问题了。一个身体虚弱的人如果突然同时吃鹿茸、人参、狗肉，那不出半天就要被送到医院放血了。一夜之间进行八次车轮战，下场也可想而知。

“是夜，连幸数人，圣容顿减。”换作一个虎背熊腰的男人，尚可对付，但以朱常洛的体质，这一夜，只怕就如民间所说：被掏空了。

相比之下，宋度宗就比朱常洛厉害多了，《南宋杂事诗注》记载，宋度宗刚即位，就有一夜之间临幸三十个宫女的记录，而他非但没有精尽人亡，反而又活了十年，朱常洛就不一样了，死亡已近在眼前。

此时太医崔文升给朱常洛开的药方是泻药，有人会问，这不明摆着想害死朱常洛吗？本来就已经快精尽人亡了，再让他拉几十次，他不就去见朱元璋了吗？

其实这里面忽略了一个细节，以朱常洛的小体格，他是不可能一夜之间完成八次战斗的，那么他一定是服用了很给力的药物，现在药物在他体内还在起作用，必须先用泻药把体内的春药排出来，然后再补肾养气。

从医理上看，崔文升做得没错，但是他下药下猛了，药量过大，朱常洛一天一夜拉了四十三次，然后就起不来了，大小便问题怕是只能在床上解决了。

此时朱常洛病急乱投医，有个叫李可灼的官员自称有"仙丹"，朱常洛命其立即献上。仙丹就是红丸，朱常洛服下后，当即觉得神清气爽，腰也不酸了，肾也不痛了，腿也不抽筋了，走路也有劲了，肚子也饿了（"圣体用药后，暖润舒畅，思进饮膳"）。

这时是中午，到傍晚五时，为了巩固疗效，朱常洛再次服下一枚红丸，第二天，九月初一凌晨，在内阁的大臣突然接到太监传到的谕令：即刻入宫觐见。所有人都明白这意味着什么，在他们从内阁向皇帝寝宫小跑的途中，朱常洛驾崩，仅在位二十九天。而后其子朱由校继位，年号天启，史称明熹宗。这就是明宫三案之红丸案。

红丸是"无性纯红丹"，最早是万历皇帝的爷爷嘉靖时陶仲文炼成，说吃完可以长生不老。这种红丸的制作方式很有意思：用处女首次月经来潮的经血做药引子，把收集来的处女经血放在金质或银质的器皿中，再加上半夜采集来的第一滴露水，而后放入乌梅等各种东西，连续煮七次，使药物浓缩成黏稠状态，这时再加进乳香、松脂，以火提炼，最后炼成丹丸。陶仲文还说：这种丹丸必须以晨起采得的露珠或初为人母者得乳汁调服才能奏效。为了炼这种丹药，嘉靖选了一千多名十岁到十四岁的少女入宫。

红丸含有一定量的性激素，所以使朱常洛精神一振，药力刺激以外，也不排除所谓"回光返照"的作用。本来就身体虚弱的朱常洛再吃这种东西，自然就小命难保了。如果与朱常洛的曾祖父嘉靖皇帝比起来，朱常洛的体格真是差得太远，嘉靖服用铅汞砷等丹药二十年才吃死，而他的曾孙只吃了一次就挂掉了。

此事朝野上下议论纷纷。有人说朱常洛是服红丸而死，也有人说与红丸无关；有人说是惑于女宠，是郑贵妃有意加害，此案从此开始一直争吵了八年，成为天启朝东林党与阉党党争的题目之一。

朱常洛死后，尸骨未寒，又发生移宫案。在明军萨尔浒之战的当月，明熹宗的母亲王才人病死。王才人原来是在东宫伺候皇太子朱常洛的宫女，直到生下朱由校后才封为才人，因长期遭到朱常洛宠妃西李选侍的凌辱，抑郁而死。那么，移宫案是怎么一回事呢？“移宫”就是从一个宫殿搬到另一个宫殿，现在看起来很简单，但在当时却出事儿了，移宫案包括“避宫”、“移宫”两个阶段。

先说“避宫”，朱常洛病死后，西李选侍采纳了手下太监魏忠贤的建议，为了控制明熹宗，要求他与自己同居干清宫，她将明熹宗软禁在了干清宫。司礼监秉笔太监王安乘西李选侍不备，带明熹宗出来，魏忠贤等太监追出来。明熹宗的衣袍都被追赶的太监撕坏了，但明熹宗还是逃出了虎口，当然，这只虎是母老虎。大臣们把明熹宗安排到慈庆宫，明熹宗就这样摆脱了西李选侍的挟制，这件事情史称“避宫”。

再说“移宫”。朱由校避住在慈庆宫，西李选侍依然在干清宫。而明朝皇帝上朝都在干清宫，换句话说，明熹宗没有了上朝的地方。为了让西李选侍尽快移宫，兵科都给事中杨涟、御史左光斗等多次上奏，被明熹宗采纳，西李选侍搬出干清宫。这就是“移宫”。

经过这明宫三案，明朝上层建筑一片大乱，东林党失败，阉党完全控制了朝政，而熊廷弼为人正直，不愿党附阉党，阉党给事中姚宗文在朝廷散布流言蜚语，煽动一些人攻击熊廷弼，必欲去之而后快。御史顾慥、冯三元、张修德，给事中魏应嘉先后弹劾熊廷弼。泰昌元年九月，罢熊廷弼职。十月，以袁应泰代之。至此，辽东刚有起色的局面被终止。

第七章
大扩张

明军搬运炮弹，装填火药，瞄准点火。后金军扛着云梯，手握大刀，呐喊着冲向城墙,有几发炮弹在后金军中爆炸,顿时血肉横飞。这时有部分人马已冲到城墙下，架起云梯，士卒飞速攀缘而上，但明军居高临下，见后金军靠近城墙，便以火铳扫射,子弹急雨般倾泻下来。后金军攻城士卒一排排倒在血泊中,但仍前赴后继冲上去。这就是沈辽之战的场景。

熊廷弼被罢官后，辽东又发生了饥荒，此时不战，更待何时？！努尔哈赤迅速发动了沈辽之战，即对沈阳、辽阳发起进攻。

天启元年（1621 年）三月初十努尔哈赤兵临沈阳城下，他先派人挑战，守将贺世贤出城迎战，后金军佯败，贺世贤紧追不舍，追着追着就掉进了后金军的包围圈，他在激战中身中四箭，部下劝他退向辽阳，他说："我身为大将，不能保全此城，有何面目见袁经略（袁应泰）？"说罢继续拼杀,又杀敌骑数人,最终身中十四箭而亡。主将已死，努尔哈赤用云梯攻城，就出现了本章开头的一幕，后金军从城东北角挖土填平壕沟。城上连发火炮，因发炮过多，炮膛过热，无法继续开炮。后金军蜂拥越过壕沟进攻东门，城内的蒙古人作为内应将城门打开，后金军攻入沈阳，城内军民七万人被屠杀。

正在激战时，明将陈策率手持竹竿、长枪、大刀、利剑的步兵来援，被后金军骑兵砍杀得全军覆没，陈策战死于浑河边。浑河南五里外一万明军步兵布置战车、枪炮防御，此外还有三万骑兵来援，努尔哈赤亲自率军迎战，其子皇太极也率军杀来，大败明军，明军残部溃散，后金终于牢牢控制了沈阳。

八天后，三月十八日。努尔哈赤率领六万大军来攻辽阳，“旌旗蔽日，弥山亘野，莫测首尾”。十九日辽东经略袁应泰在环城壕沟中倒满水后，亲率总兵侯世禄、姜弼、梁仲善共五万人迎敌。梁仲善见后金军已到，拍马杀入，侯世禄、姜弼正要接应，却被后金军截住。努尔哈赤亲率后金军突入明军阵内，据朝鲜《光海君日记》记载，努尔哈赤突入明军阵内时被包围，他对手下人说：“只要我们后退一步，就死定了，一旦有危急，你等需先杀我，然后退去。”危急时刻，皇太极率军杀到，奋力冲杀，明军溃退，袁应泰手刃逃兵多人，还是没用，只得退入城内，此时明军已损三分之一，还剩三万人，梁仲善战死。

二十日，三万明军与敌继续交战，袁应泰亲自督战，明军火炮齐发，后金受挫。努尔哈赤令绵甲兵推楯车抵御炮火前进，此时后金最大的障碍就是壕沟内的水，于是努尔哈赤派人将城西大闸掘开，壕沟中的水一泄无余。随后后金军踩着泥越过壕沟冲来，明军溃败，许多人被挤进壕沟，壕沟没排净的水都被染红了，残部退入城内。

二十一日，后金内应在城内放火，城内大乱，后金军杀入。辽阳的百姓大多没有气节，开门迎候后金军，许多妇女还要打扮一番，袁应泰自缢而死。

辽东巡按御史张铨在辽阳城内被俘，努尔哈赤让他下跪，张铨说：“我身为大明天子大臣，怎能向你屈膝？”后金各贝勒持刀相逼，张铨引颈而待，皇太极试探着问他：“我敬佩你的忠义，愿意将你送回明朝。”

张铨：“我力不能杀贼，无颜回去，只求一死，愿死后归葬明朝故土。”

皇太极被张铨的忠义感动，希望能劝降成功，于是说：“昔日宋徽宗、宋钦宗身为皇帝，尚且被我祖先攻破都城，屈膝下跪，你只是一个臣子，何必自苦如此？明朝皇帝昏庸，阉人专权，不如你辅佐我大金皇帝，如此足以让你施展平生所学。”

张铨不为所动，“如果投降你们，我将遗臭万年，你们虽想让我活，但我却只想一死，我死，则可流芳百世。”

皇太极见他志不可夺，于是下令将他缢死，厚葬。（《明史》记载为张铨自缢而死）

战役结束了，此战是明清军事冲突的高潮，标志着双方形势的转化——明朝在辽东统治终结，后金在辽东统治确立。辽阳在后金的胜利声中被拿下了，随后努尔哈赤迁都辽阳，至此辽东全攥在努尔哈赤手中。

努尔哈赤控制整个辽东后，非但没有大喜，反而更增添了忧患意识，他对各位贝勒说："为君者能以至公之心勤奋治国，则天命能够永享，如若不然，必有改朝换代。人中一心为公且勤奋的，天命其为国君，国君从人中找一心为公且勤奋的为大臣。今后朕的子孙如能公诚存心，勤劳理政，则必蒙天佑，天佑者谁能败之？朕对于国家之事，是非臧否，都以至公来断，所有兴兵出猎，一切军国大事，朕必身亲其劳，从不敢贪图安逸，朕之所以蒙天佑能有今天，就是因为此啊！"

就在当天，努尔哈赤对贝勒们说：

"自古以来，国君没有因为衣食竭尽而败亡者，都是行为恣纵才导致败亡，后世子孙于生杀予夺之事不可不慎。凡是有人犯罪，一定要详查，如果是功臣的子孙，应死者当免死，应罚者当免罚。各位贝勒在讨论国家大事时，不要随声附和，该说是的就说是，该说不是的就说不是，当直言匡正之。我国家能有此基业，缔造艰难，当征战之时，如山中熊虎，互相搏杀，而盗贼充斥如豺狼遍野，又有同气相残，群争相斗，但这些人都被朕收服了，天地鉴我大公之心，俾众国归附，强者服，乱者定，后世子孙尚其善守之哉！

"一个人应该作战时勇猛，但平时说话还是以谦让为上，机智之人遇敌而后出奇计，勇武之人临阵而后施展其勇敢，不然虽有智勇，去哪用呢？

"一个人在困顿时，都会有智慧，都会善良，如果富贵安逸的话，就容易变其心。朕训诫你们的这些话，后世子孙愚者把这些话看作一般的话，那就完了，如果是聪明人，见到这些话就如同看见我的心一样，服膺而不敢忘。如果遵守我说的这些话，崇尚公道，敬承基业，勿至荒废，那么就能一直当一国之君。如若不然，放弃公道而把钱财看重，未有不发生动乱的。凡是身危业败，国家丧亡，都是因为心的不善。昊天眷顾，国政修明，都是因为心的善良。强敌可以抵御，而天命难以违抗，惟勉持公诚，以俟天命可也。"（《清太祖圣训》）

努尔哈赤说得很好听，那么他心善吗？对辽东百姓好吗？看看他的所作所为就知道了。

努尔哈赤迁都辽阳后，在太子河畔修建新城，旧城住汉人，新城住旗人，这是清朝旗民分城居住的开始。后来清军入关，占领北京，在北京实行旗民分城居住。清朝北京城墙就是现在二环，旗民住二环内宣武门西大街、前门大街、崇文门东大街一线以北区域，汉民住这一线以南区域。日后清朝统一中国，杭州、西安、成都、广州等城市都是建立“满城”，汉人与满人分开居住。

此外，努尔哈赤还开始实行六大弊政：

（一）圈地。将整个辽东的土地都给了清廷诸王、勋臣、兵丁，把汉族农民全部赶走，使其无家可归。

（二）颁布剃发令。努尔哈赤令汉民剃发，以示归顺，但此时还没有“留头不留发，留发不留头”的严令，在辽东如果不剃发，也未必会被杀头。

（三）颁布投充法。努尔哈赤允许各旗招收贫民役使，满洲贵族任意逼迫汉人为奴。投充法规定，投充人是奴仆，主人可以买卖他们。一个强壮汉人可卖十八两银子，或者换一头耕牛（据王钟翰《满族在努尔哈赤时代的社会经济形态》）。

（四）逃人法。八旗官兵将所俘的汉人和投充者当奴仆。由于忍受不了虐待，大批奴隶逃亡。努尔哈赤下令对逃跑的奴仆严厉惩罚并株连他人，将逃人鞭一百之后归还原主。凡窝藏逃人，处死籍没，还要罪及邻居和地方官员。

（五）屠城。辽阳城破后努尔哈赤将城内五万人砍死，随后努尔哈赤让城内大户人家留九件衣服，中户人家留五件衣服，小户人家留三件衣服，其余衣服全部交出。上交时女真人疯抢衣服，并把许多年轻女人的衣服当场扒下抢走，女人们不胜其辱，多自缢而死。

（六）杀儒。努尔哈赤下令将辽东几乎所有儒生杀死，只留下三百人为奴隶，与汉人知识分子彻底结下死仇。

努尔哈赤在辽东进行大屠杀，“或全城死，全营死，全寨死，全村死，全家死，或家死其半，子死其父，兄死其弟，妻死其夫，山骸川血，鬼哭人嚎”。“黄沙百草，一望凄然，偶有村落，寥若晨星”。

沈阳、辽阳失守后，明朝举国震惊，明熹宗与魏忠贤认为：熊廷弼守辽东一年，没有什么大过错，刚换袁应泰，就一败涂地，于是二次启用熊廷弼任辽东经略。熊廷弼这次出山后，提出如下战略部署：

一，集中辽东陆军主力，扼守广宁（辽宁北镇），使之成为可战可守的前沿基地，从正面与后金军对峙，并牵制其主力行动。

二，以天津为基地，集中海军主力，随时准备经辽东湾，由辽河口北上，进击后金控制下的辽阳。

三，在登州（山东蓬莱）建立舰船基地，集中一部水陆两栖部队，随时准备经黄海、由鸭绿江口北上，袭扰后金以赫图阿拉城为中心的腹心地区。

四，除以上三方面外，派游击队潜入敌后，进行扰乱、破坏。

看起来，如果按熊廷弼这套进行，那么努尔哈赤肯定就完了，但事实上，如此配置需要二十万有战斗力的部队，本书第四章中，熊廷弼在奏折中都说了辽东军队的实情，这种军队岂能完成熊廷弼的战略规划？因此，实际上熊廷弼的战略部署成了一纸空文。

拿下辽阳、沈阳后，努尔哈赤开始对辽西发难了，广宁成了他的首选。

广宁巡抚是王化贞，他面对努尔哈赤，打算主动进攻，他说只要有六万精兵就能荡平努尔哈赤。但辽东经略熊廷弼却不同意，熊廷弼主张集中力量坚守广宁以控制辽西走廊，等后金军疲惫时再反击。于是两人争了起来，熊廷弼虽然是经略，节制辽东，但是他驻扎在山海关，实际上只能指挥山海关的明军，而王化贞却能指挥得动整个辽东的明军，此外，内阁首辅叶向高、兵部尚书张鹤鸣、魏忠贤等都是王化贞的坚强后盾，所以熊廷弼根本无法让仅仅在官位上是自己下级的王化贞听招呼，于是只能按照王化贞的方案来。

天启二年（1622 年）正月十八日，努尔哈赤率军五万进攻广宁。

面对努尔哈赤的兵锋，王化贞布置了三道防线：

第一道，三岔河。沿河呈一字形防线。

第二道，镇武堡、西平堡、闾阳驿。呈品字形防线。

第三道，广宁城的国字形城池防线。外围两道防线总兵力才三万人，不可能挡住努尔哈赤。

相比之下，还是熊廷弼的方案可行，广宁城墙坚固，附近有山可以作依托，对于善于野战的后金军来说，是可以挫败其攻势的，可惜熊廷弼没有实权。

二十日，努尔哈赤对广宁开战，他迅速突破第一道防线。

二十一日，努尔哈赤进攻西平堡。罗一贯坚决抵抗，李永芳在城下招降，派使臣劝说，罗一贯说："难道不知罗一贯是义士吗？"随后斩杀来使，并针锋相对，在城上竖起招降旗，让李永芳投降，因而遭到后金更猛烈的进攻。此时熊廷弼派刘渠来援，王化贞派孙得功、祁秉忠增援，三路会师前进。努尔哈赤分兵一半拦截援军。

二十二日，刘渠率军与后金军交战。八旗铁骑拈弓搭箭万箭齐发，明军几百人被箭镞射伤，于是明军纷纷举起盾牌，此时孙得功却大喊："兵败了！为何不逃，难道兄弟们不要性命吗？"

打仗的时候，对于处弱势的一方，如果有人喊一嗓子兵败了，后果就会像家禽听见鞭炮声炸了窝一样。孙得功边喊边逃，明军迅速溃散。刘渠的坐骑被绊倒，他栽下来后惨遭杀害。祁秉忠身中两刀、三箭而死，援军三万人全军覆没，孙得功仅以身免，他趁乱逃入广宁城。

努尔哈赤在歼灭援军后，集中兵力攻西平堡，后金军用楯车撞城、竖云梯攻城。罗一贯知道，不会再有援军，不会再有希望，对于胜利，他已不再奢求。但他仍然决定坚守，因为他认为自己有这个责任，于是他下令坚决用火炮和弓箭抵抗，后金的死尸堆得与城墙齐平。激战中，罗一贯的眼睛中箭，此时城内的士兵已放出了最后一支箭，发射了最后一枚火炮。后金军一听没炮声了，纷纷竖起云梯登城，罗一贯对京城行叩拜礼，说："臣力竭矣！"自刎而死。剩余将士继续抵抗，在城墙上短兵相接，在城里巷战，肉搏厮杀，明军全部战死，血肉横飞，尸横遍野。罗一贯以三千人抵御后金五万人的进攻，杀敌七千人（据王在晋《三朝辽事实录》），为广宁的陷落书写了悲壮的一笔。

得知西平堡失守消息后，王化贞连夜督促加强防御，然后就睡觉了。但还没等他睡着，就听见随从大叫："快跑！"王化贞跑出卧室，看见城内士兵百姓夺路而逃，于是也跟着跑了。到了城外，却发现一个敌军都没有。这莫名其妙的一切，起源于两个月前王化贞派孙得功劝降李永芳，而孙得功却被李永芳策反成功。于是就有了前文他喊败了的一幕，他这次逃回广宁后将城门打开，于是有了城内的混乱。

随后孙得功派人请努尔哈赤入城，努尔哈赤不信广宁来得这么容易。他率军来到城外，让大军进城，他自己则在城外观望，怕中伏兵。

此时孙得功带着剃成猪尾巴辫子头型的一帮人，吹喇叭，奏唢呐欢迎努尔哈赤入城，努尔哈赤还是不信。几十年戎马生涯，使得努尔哈赤除了自己之外，不会相信任何人，幼年不幸的他只认可经过殊死搏杀后取得的胜利，胜利来之不易是常态，来得太容易的东西，往往并不应该属于自己，所以努尔哈赤仍旧拒绝进城。

就在孙得功等人吹拉弹唱的同时，在广宁居住的女真人也来迎接努尔哈赤，欢庆广宁城“回到人民的怀抱”，可他仍半信半疑。毕竟这些女真人已经在广宁城多年，是否归化明朝都是未知数。

最后，努尔哈赤派自己的儿子们入城搜查，得报一切正常，他才放心进城了。努尔哈赤几十年戎马倥偬，到目前未尝一败，与他生性谨慎有很大关系，谨小慎微地周密计划下一步的行动，而真到了危急时刻也敢于放手一搏，押上赌注，正是这种胆大心细的风格使得努尔哈赤每战必胜，而政治与军事的手段往往是不同的，就打仗而言需要的是心思细，而就搞政治而言需要的则是心胸宽，从而能得人心，这一点，都被努尔哈赤拿捏得恰到好处。

就在努尔哈赤进入广宁城的同时，仓皇逃窜的王化贞与率军五千来援的熊廷弼在大凌河相遇，熊廷弼说：“你不是说六万大军荡平努尔哈赤吗？现在如何？”王化贞脸红了。

广宁已经失守，该怎么办呢？王化贞想趁努尔哈赤立足未稳，夺回广宁，熊廷弼说：“现在讲这个为时太晚，只有护送溃逃民众入关这一种选择。”于是，他把手下五千官兵交给王化贞殿后，然后尽焚军资，掩护广宁城死里逃生的难民撤退，辽人相随逃入关内者有数十万之多。当时正是隆冬时节，数十万辽西难民，“携妻抱子，露宿霜眠，朝乏炊烟，暮无野火，前虞溃兵之劫掠，后忧塞虏之抢夺，啼哭之声，震动天地”。

本来，此时如果熊廷弼安排得当，仍可坚守锦州、宁远等地，步步为营阻击清军。

然而熊廷弼不知怎么想的，一路撤回关内。至此，关外只剩宁远一座孤城。朝廷斥巨资在辽西打造的各种战备物资，不是被努尔哈赤抢走，就是被熊廷弼烧了。熊廷弼的做法给自己带来了杀身之祸，广宁之战战败后，明熹宗追究责任，王化贞由于魏忠贤的袒护没被追究，熊廷弼则被斩首。本来能够在辽东力挽狂澜的第一个人物熊廷弼没有死在沙场，连将功折罪的机会都没有，就这样死在了自己人手中。

袁崇焕得知熊廷弼遇害后，作诗道：

记得相逢一笑迎，亲承指授夜谈兵。才兼文武无余子，功到雄奇即罪名。慷慨裂眦须欲动，模糊热血面如生。背人痛极为私祭，洒泪深宵苦失声。（《哭熊经略》）

太息弓藏狗又烹，狐悲兔死最关情。家贫资罄身难赎，贿赂公行杀有名。脱帻愤深檀道济，爰书冤及魏元成。备遭惨毒缘何事，想为登坛善将兵。（《无题》）

至此，抚顺清河之战、萨尔浒之战、开城铁岭之战、沈辽之战、广宁之战，明朝五战五败，明熹宗觉得既然在地面上要想击败努尔哈赤不太容易了，那就往地底下入手吧。他派人到房山金国陵墓群，欲挖断后金龙脉，明军把金国陵墓地面建筑全部砸坏，然后掘开墓道、地宫，把完颜阿骨打的睿陵所依靠的九龙山的主龙龙脉（也就是最突出的一条山脊）的龙头部分砍掉半截，在咽喉部位挖了一个洞，里面填满了鹅卵石。此外明熹宗还下令在金国陵墓群中建了多个关帝庙，想以关羽来压住金国王气，以关羽来镇住阿骨打，在睿陵建牛皋坟一座，牛皋是岳飞部下抗金名将。打仗打不过敌人，刨人家祖坟，也可见明熹宗想象力非常丰富，你这辈子牛是因为你祖上阴德，我把你祖坟刨了，让你的王气无所依托，那你就败了。起码明熹宗是这么想的。

得知祖坟被刨的消息后，努尔哈赤雷霆震怒，他率领八旗铁骑兵锋直指关外孤城宁远，只有扫平辽东，才能杀进山海关，最终为父祖报仇，恢复女真先代帝王陵寝。

然而在宁远城下，四十三年戎马生涯未尝一败的努尔哈赤的连胜脚步被一个书生终结。关于这场书生的胜利，有人说他干掉努尔哈赤一万七千人，也有人说他干掉努尔哈赤五百人，甚至有人对这场战役这个书生是否胜利都有所怀疑。这仅仅是针对这场战役，对于这个书生将近四百年来的争议更是从未停止，有人说崇祯因为杀了他而自毁长城，最终导致了明朝灭亡，也有人说，他杀毛文龙就像秦桧杀岳飞一样，最终自毁长城，导致明朝灭亡。一个人身上兼具秦桧与岳飞的评价，在中国历史上只有他一人，关于他，人们已经争论得太多，现在就让我们来还原他的真面目。

第八章
袁崇焕的奋斗

先看一份个人简历。

出生地：广东东莞。

学历：进士。

生平事迹：上得了百姓平房，下不了自家厨房。写得了作战大纲，查不出四周异常。斗不过朝廷肮脏，打不过东北野狼。百年后清秀面庞，真面目丑陋皮囊。本想要扬帆起航，最终是全都白忙。真历史古籍掩藏，三百年早已沧桑。

性格：穿别人的鞋，走自己的路，让别人找去吧，让后人猜去吧。

相貌：当时人说他是矮穷矬，后世人画他是高富帅。

座右铭:一生事业总成空，半世功名在梦中。死后不愁无勇将，忠魂依旧守辽东。

死亡方式：被一千五百刀凌迟处死。

生卒年：1584—1630 年

姓名：袁崇焕。

袁崇焕小时候跟那时大多数读书人没什么两样，走科举方为正途，科举考试首先要报名，报名表叫“家状”，上面写籍贯、三代名讳、本人体貌特征（此项包括高矮胖瘦，眼睛大小，鼻梁高低，有无胡须等，因为古代没有照片，所以擅长自述相貌很重要）。填完“家状”后还要上交结保文书，结保文书有两种途径，如果你有当官的朋友，就让他给你写，如果没有的话，就让已经考上举人的三个人给你写，写的内容就是担保你人品上没问题，如果没有人担保你的话，对不住了，你没有报名资格。

报完名后就能参加考试了，但能参加考试不代表你就能答卷子，科举考试最缺德的是避讳，唐代大诗人李贺就因为他去世的父亲叫李晋肃，“晋肃”与“进士”谐音，所以他就终生不能参加科举考试了。等进考场后，考卷发下的那一刻是最紧张的，因为如果考试题目有跟自己的父亲和爷爷的名字的字相同或重音的，那么你就不能答卷了，只能离场，来年再战，当然，无论如何这也比李贺一辈子都不能科举要强。那你会说，重名怕什么，我接着写就是了。别忘了，科举报名时就写了三代名讳，混是混不过去的。

明朝时科举分为童试、乡试、会试、殿试。童试分为三个阶段：知县主持的县考、知府主持的府考和省学政主持的院考，这三道关考下来者方为秀才。

乡试逢子、午、卯、酉年在各省城举行，每三年一次。考中者为举人，第一名称解元。

会试是各省乡试胜利的举人参加的考试，会试考中者称为进士，会试的第一名称为会元。

殿试在会试后举行，是最高一级的科举考试。殿试考中者分为三个等级：一甲、二甲、三甲，一甲取三名，即状元、榜眼、探花，二甲、三甲共取人不等。二甲、三甲中的第一人又称传胪。

乡试和会试都考八股文，这是明朝朱元璋定下的规矩，殿试则真正考策论，考军国大事。八股文由破题、承题、起讲、入手、起股、中股、后股、束股八部分组成。破题是用两句话将题目的意义破开，承题是承接破题的意义而说明之，起讲为议论的开始，首二字用“意谓”、“若曰”、“且夫”、“尝思”开头，入手为起讲后入手之处，起股、中股、后股、束股才是正式议论，以中股为全篇重心。在这四股中，每股又都有两股排比对偶的文字，合共八股，故名八股文。题目主要摘自“四书”、“五经”，所论内容完全据南宋朱熹《四书章句集注》，不得自由发挥、越雷池一步，如此极大束缚了读书人的思想。正因此，顾炎武说："八股之害，等于焚书，其败坏人才有甚于咸阳之坑。"

要想从秀才一直考到状元，几乎比登天还难，科举真称得上是千军万马过独木桥，十年寒窗无人问，一举成名天下知，这是多少读书人的期待啊！

详细介绍科举的过程，就是为了让您明白袁崇焕的青年时代有多么不容易，袁崇焕十四岁时就通过了县考、府考和院考，成了秀才，二十三岁通过了乡试，考中举人，下一步就该参加会试了。

会试考试的地点在贡院，就是现在的北京站北面，有九千多间号舍，这是全国各省参加高考的前九千多名，号房如同蜂房一样密密麻麻，每间号房只能供一个人勉强容身，房顶高六尺，有人则因此说个子高的人一抬头就会被撞晕，从而考不了试了，其实不然。中国历朝历代的度量衡是不同的，吴承洛《中国度量衡史》记载，商朝一尺 =16.95 厘米（一丈 =1.695 米，大约相当于当时男人的普通身高，因此管男人叫丈夫）。秦朝一尺 =23.1 厘米。三国两晋一尺 =24.2 厘米。北魏一尺 =30.9 厘米。隋朝一尺 =29.6 厘米。唐朝一尺 =30.7 厘米。宋元一尺 =31.68 厘米。明朝一尺 =34.1 厘米。清朝一尺 =35 厘米。

所以明朝时六尺大约是 2.046 米，除非姚明那样的考生，不然不会在号房里撞头的。

考试分三场，每场三天。贡院的号舍每间里面有上下两块板，下面的板做凳子用，上面的板作书桌用，晚上把上面那个板撤下来，两块板拼到一起，做一个简单的床，供休息用。

考生进去之后，就被关在里面，每一间号舍门口有一个兵看守，防止作弊。每天只有到吃饭的时候才可以出来，伙食当然要自己解决，没有人给你准备，你要提前带好九天的干粮，到饭点可以到房外南墙檐下的锅灶去煮饭，或者到巷尾上厕所。最靠近厕所的号房从来都是臭气熏天。

考生进入考场时必须搜身进入，我们根据明朝艾南英《天佣子文集》的记载可以想象袁崇焕在参加会试时的场景。会试三年一次，袁崇焕二十三岁第一次参加会试不中，之后二十六岁、二十九岁、三十二岁、三十五岁先后五次参加会试方才胜利。

这期间有时在冬天考试，有时在夏天考试，冬天督学在堂里烤着火炉，而秀才们却必须脱光衣服让人全身检查一遍，要好几个时辰才能全部检查完，最后个个冻得够呛。夏天考试时督学在阴凉地喝茶扇扇子，秀才们却挤在太阳底下。秀才们只许带笔墨、干粮、卧具进考场，进考场后更是被臭气与秽气熏蒸，大汗淋漓，考试时不能乱动、说话、歪坐，因为如果有上述任何举动，就会被在卷子上打个记号，文章写得再好也要降级。此外也不敢喝水，除非到饭点才能上厕所，可是胃口与肾从来都不一定是同步的，那时也没有成人纸尿裤，喝水多了就只能汗尿齐流了。

总之是“三场辛苦磨成鬼，两字功名误煞人”，多少青年学子就期待着这几天最后冲刺后的大功告成啊！

以上这些苦难袁崇焕经历了五次，他也想过放弃，有一次他没考上之后，作《下第》诗云：“遇主人多易，逢时我独难。八千怜客路，三十尚儒冠。出岫云应懒，还枝鸟亦安。故园泉石好，归去把渔竿。”他有一点灰心了，不想考了，想回去持竿钓鱼了。

古往今来有多少人屡试不第，最终鲤鱼跳龙门都没成功，都被挡在门外，李白、杜甫因为没有名人举荐而科举失败，因为唐代取士，不仅看考试成绩，还要有著名人士的推荐。

张继连续六次参加科举失败而作《枫桥夜泊》，那是一个深秋之夜，明月西沉，树影朦胧，寒鸦啼叫，渔火闪烁，寒山寺的钟声沉重而悠远。张继愁思满怀，提笔写下：“月落乌啼霜满天，江枫渔火对愁眠。姑苏城外寒山寺，夜半钟声到客船。”然而在三年后的科举考试中张继一举胜利，此后却再也写不出一首好诗了。

黄巢屡试不第，便怒从心头起，恶向胆边生，离开长安时赋诗《咏菊》：“待到秋来九月八，我花开尽百花杀。冲天香阵透长安，满城尽带黄金甲。”随后他就造反了，最终带兵杀进长安，“天街踏尽公卿骨”。

与黄巢经历完全一样的还有洪秀全，四次参加科举失败后洪秀全也赋诗一首：“手持三尺定山河，四海为家共饮和。擒尽妖邪扫地网，收残奸宄落天罗。东西南北敦皇极，日月星辰奏凯歌。虎啸龙吟光世界，太平一平乐如何。”于是创立了拜上帝会，最终建太平天国，走上造反道路。

但毕竟不是所有参加科举失败的人都会去造反的，医药学家李时珍与袁崇焕一样，十几岁就中了秀才，但之后的九年中三次落榜。最终他放弃了考举人的梦想，开始立志从医，在历经二十七年的潜心钻研后，终于写成药物学巨著《本草纲目》。

吴承恩考秀才时成绩优异，但考举人时首战名落孙山，之后连战连败，直到四十岁时，他才补得一个岁贡生。于是吴承恩不再参加科举，而是写出了中国四大名著之一《西游记》。

吴敬梓二十三岁考取秀才，再往后就什么也考不上了，于是他把自己一生考科举所见所闻写成了《儒林外史》。

《聊斋志异》作者蒲松龄，十九岁中秀才后，参加乡试，屡试屡败，“三年复三年，所望尽虚悬”，到老也没有考中举人。

左宗棠二十岁就考取了举人，但此后三次考进士都没考上，多亏他生逢乱世，最终从军建功立业，这就是本书第五卷、第六卷要写的了。

袁世凯参加科举考中秀才后，两次乡试失败，他堂叔看了袁世凯的文章后说袁世凯天分不高，前途不大。袁世凯于是将以前所作诗文付之一炬，然后说：“大丈夫当效命疆场，安内攘外，岂能龌龊久困笔砚间？”就在落第后的郁闷期间，他的叔叔天津海关道袁保恒带袁世凯去见李鸿章，几句话工夫李鸿章就要给袁世凯官职，袁保恒说：“我侄儿年纪小，并无才学，大人如果给他差使，怕他成事不足败事有余。”李鸿章：“你真这样看不起你侄儿吗？我看他将来功名事业恐怕在你百倍以上呢！”于是李鸿章派袁世凯去朝鲜带兵，最终袁世凯成了近代枭雄。

成功其实就是在最困难的时候再坚持一下，以上科举失败者的遭遇与心理袁崇焕都体验过，但袁崇焕没有放弃，我不一定能证明我能，但起码我要彻底证明我不行，我才会死心。失败对于懦夫而言是绊脚石，对于强者而言则是垫脚石，没有多次失败，就不会有破茧成蝶的那一刻。

先后五次参加会试，那就是说袁崇焕先后五次从广东来到北京，读万卷书袁崇焕已然通过科举复习而做到，而行万里路在此过程中也做到了，以明朝的交通状况，袁崇焕在广东与北京之间往返五次，其旅程未必比徐霞客要少。

人生有三境界：看清人生，看透人生，不看破人生。看清人生靠的是读万卷书行万里路，看透人生靠的是阅人无数，不看破人生则要靠一种心性，一种胸襟。袁崇焕通过科举生涯已经完成了看清人生，至于看透人生与不看破人生，他直到生命的最后一息也没有实现。

1619 年，三十五岁的袁崇焕终于中了进士，最后参加殿试，考取三甲第四十名，达到了学业的巅峰。袁崇焕在广西藤县参加高考，查《藤县志》，整个有明一代共二百七十六年，广西藤县只有五人中进士，平均五十五年才出一名进士，也就是说全县大约两代人才出一名进士。可见袁崇焕的出类拔萃。

历史上没有记载袁崇焕的入学年龄，假设他七岁入学，到如今三十五岁，为了科举已经奋斗了整整二十八年，然而他却还没有为国家、为社会做出丝毫的贡献。其实袁崇焕还算是幸运儿，中国古代有太多的人因为科举而“一生事业总成空”。道光时广东三水县考生陆云从到一百岁才考取秀才，一百零三岁进京参加会试，道光皇帝怜其年老，恩赐他在国子监为官，不久他就去世了。康熙年间广东顺德考生黄章已经一百岁了，他还让他的曾孙提着灯笼带路进考场，灯笼上写着“百岁观场”四字。

多少年轻人皓首穷经最终熬到白头都没能考中啊！

但科举制在中国历史上对中国进步和稳定的贡献几乎是压倒性的，正因为有科举，从根本上结束了两晋南北朝世家大族把持朝政的时代，除了唐朝时科举考中还需要名人推荐外，宋朝开始出身寒门的人也有通向巅峰的机会了。

正因为有科举，实现了中国社会各阶层之间的社会分层和社会流动，避免了阶级固化，比如跟秦桧的孙子秦埙同一届考试的日后南宋大词人张孝祥就是“奋起荒凉寂寞之乡”的穷棒子出身，但他力压被秦桧内定的秦埙而成为那一届的状元，正是科举让底层的人们看到了公平，给了最底层人民凭着自己的寒窗苦读赤手空拳爬向巅峰的机会。

正因为有科举，才有了士绅阶层，他们在农村倡导着晴耕雨读，倡导着忠孝传家久，有这些熟读四书五经的乡绅在农村维持中国传统社会农村文化与城市文化的平衡。

正因为有科举，才选拔出来一系列非常优秀的精英，房玄龄、贞观年间军事家侯君集、白居易、杜牧、韩愈、柳宗元、颜真卿、刘禹锡、李商隐、寇准、司马光、欧阳修、苏轼、苏辙、范仲淹、韩琦、王安石、曾巩、秦桧（虽曰奸相，也堪称精英）、朱熹、陆秀夫、刘伯温、张居正、于谦、戚继光、熊廷弼、孙承宗、史可法、徐光启、严嵩（理同秦桧）、林则徐、曾国藩、李鸿章、张之洞等都是科举考出来的进士，至于说张九龄、王维、文天祥、吕蒙正、陈亮、杨慎、张謇更是状元郎，全国第一名。

正因为有科举，才使得在民主制度诞生前世界上最先进的思想——儒学保持了作为主流文化一统天下的地位，从而对政治的稳定性产生巨大的维护作用。

北宋汪洙作《神童诗》更是成为激励矮穷矬通过科举变身高富帅的一剂良药：“朝为田舍郎，暮登天子堂。将相本无种，男儿当自强……久旱逢甘霖，他乡遇故知。洞房花烛夜，金榜题名时。”

考中进士的袁崇焕此时的心情绝对没有《神童诗》里这般轻松，金榜题名时也就是先天下之忧而忧的开始，对袁崇焕而言，考中进士既是个人学业生涯的胜利结束，也是从此为国事殚精竭虑的开始。就在他中进士的当年，大明萨尔浒之战被努尔哈赤打得大败，从此明与后金辽东混战进入白热化。

但此时辽东的局势显然还无法让袁崇焕插手，1620 年，袁崇焕被任命为邵武知县。乾隆年间的《邵武府志》记载袁崇焕在百姓家着火后曾亲自上房救火，身为地方官在百姓房子着火后亲自救火的，他是中国历史上第一人。

邵武知县袁崇焕任职不久，遵照朝廷的规定，于天启二年（1622 年），到北京朝觐，接受朝廷的政绩考核。

朝觐是明朝定制，朝觐就是京外的地方官员，每三年由布政使率其府、州、县正官到北京，接受朝廷考核。考核结果分为八类：（1）称职，（2）平常，（3）老疾，（4）罢软，（5）贪酷，（6）才力不及，（7）素行不谨，（8）浮躁浅露。对待接受考核的官员的方法有五种：（1）称职者晋升，（2）平常者复任，（3）老疾罢软无功者闲住，（4）浮躁和才力不及者调离，（5）贪酷者为民。

就在这次考核期间，广宁之战明朝惨败，广宁沦陷，在广宁失陷的第四天，御史侯恂觉得袁崇焕是个人才，提请破格擢用袁崇焕，具疏奏言：“见在朝觐邵武县知县袁崇焕，英风伟略，不妨破格留用。”明熹宗采纳侯恂的建议，授袁崇焕为兵部职方司主事、山海关监军。

袁崇焕不会想到，从这一刻起，以后八年间，他在辽东的故事会被后人争论将近四百年。拂去历史的沉沙，我们会发现要还原袁崇焕的这八年岁月殊非易事。

第九章
大搏杀

袁崇焕赴辽东上任，途中写下《边中送别》这一壮丽篇章：“五载离家别路悠，送君寒浸宝刀头。欲知肺腑同生死，何用安危问去留。杖策只因图雪耻，横戈原不为封侯。故园亲侣如相问，愧我边尘尚未收。”

到了辽东后，袁崇焕发现，原来这片北国边疆土地，这片饱受异族蹂躏的土地，这片不知经历多少战火与鲜血洗礼的土地竟这样如诗如画，美不胜收。长空透明如镜，黑土辽阔无垠，高粱红艳似火，谷穗灿黄如金，野花开遍山野，一切都令人心旷神怡，再加上头顶不时有大雁掠过，传来几声清脆的雁鸣，更令袁崇焕兴奋不已，这一切使袁崇焕深深地爱上了东北这片土地，他在心里树立了一个信念：只要他一息尚存，就不能让女真在辽东肆虐。

袁崇焕来到辽东后，通过实地考察，认为以宁远为基地，积蓄力量，收复辽东是上策。宁远位于山海关外二百里，居辽西走廊中部，在锦州与山海关之间，三面环山，东临大海，扼辽西走廊咽喉之地。宁远城东面为首山（以形似“人首”而得名），西面为螺峰山，两山相对，中间的通道最窄处仅有一百米宽，后金如果要沿着辽西走廊进攻山海关，必须由此经过。只要坚守宁远，后金就不可能来到山海关前。此外距宁远十五里有觉华岛，该岛筑有坚城，可以储存粮料、器械。为什么将物资储存在海岛呢？因为后金骑兵不能过海，相对安全；而且离宁远很近，便于补给；同时可以和宁远城互为犄角，彼此援应。

袁崇焕的上级辽东经略王在晋与袁崇焕的观点不同，他主张在山海关外八里的八里铺建一座城池，以拱卫山海关，反对在宁远屯重兵驻守。

袁崇焕因为王在晋不支持自己，于是越级上告，将奏折直接写给内阁首辅叶向高。袁崇焕一心为国，想要坚持自己的正确主张显然是好事，但从此他多次越级做事，不按朝廷政令套路出牌，最终也为自己招来了杀身之祸。做一切事情眼睛里要有上级，背着自己的领导越级奏事，事成之后领导脸上无光，自然今后会找机会收拾你，事败之后更是会让自己里外不是人。对于人情世故很不明了的袁崇焕，最终还是因此栽了大跟头，当然，这是后话。

叶向高不懂军事，拿不准袁崇焕和王在晋谁的观点正确，于是跟明熹宗的老师、兵部尚书孙承宗商议。

孙承宗，字稚绳，号恺阳，北直隶保定高阳（今属河北）人，相貌奇伟，“铁面剑眉，须髯戟张”，同时担任帝师和兵部尚书的孙承宗是明朝第三个出将入相的人，前两位分别是开国大将徐达和嘉靖年间的杨一清（曾以大学士身份总督三边军务）。

孙承宗认为没有调查就没有发言权，于是孙承宗来到山海关考察辽东防务，此时山海关除旧城外，还新修建了新城。孙承宗与王在晋谈话，孙承宗问：“你的新城建成后，是要把旧城的四万军队拉过来驻守吗？”

王在晋：“不是的，我打算再调集四万人来守城。”

孙承宗：“照你这么说，八里之内就有八万守军了，是吗？”

王在晋：“是。”

孙承宗：“只有八里，竟然有八万守军？你把新城修在旧城前面，那旧城前面的地雷、绊马坑，你打算让我们自己人去踩吗？”

王在晋：“新城离旧城那么近，如果新城守得住，还修旧城干什么？”

孙承宗：“如果新城守不住，四万守军败退到旧城下，你是准备开门让他们进来，还是闭关守城，看着他们死绝呀？”

王在晋愣了，半天才说一句话：“当然不能开门，但可以让他们从关外的三道关进来，此外，我还在山上建好了三座营寨，接应败退的部队。”

孙承宗怒了：“仗还没打，你就准备接应败军，这不是让他们做好准备打败仗吗？而且我军可以进入营寨，敌军就不能进吗？现在局势如此危急，不想着恢复国土，只想着躲进关内，京城永无宁日！”

此时孙承宗已经下定决心，不支持王在晋的意见，而后他又亲自实地考察，最终明智地支持袁崇焕的意见，由此开始在宁远筑坚城。

在修筑坚城的同时，袁崇焕也采购了许多红夷大炮。该炮是英国发明的加农炮，时常在中国沿海做生意的荷兰人的船上都配备这种火炮，当时明朝称荷兰为红夷，他们以为这种炮是荷兰人发明，故名红夷大炮。因清人避讳“夷”字，更名红衣大炮。该炮装炮身的木板成蓝色，炮身呈微红色，重 500 千克，口径 100~130 毫米，可一下攻击 17~29 个人，最大有效射程 1830 米。一看这个射程就知道这种火炮靠谱，此前明军的火炮射程都是几百米，只要这几百米内没有把后金铁骑炸死，敌人就冲到眼前，那么让炮兵与骑兵徒手格斗，无异于屠杀，这也是明军此前屡战屡败的原因。自从有了红夷大炮，1830 米的距离内，无论有多少后金铁骑，都会被炸得血肉横飞。

红夷大炮不装准星、照门，而用铳规决定发射仰角，铳规“以铜为之，其状如覆矩，阔四分，厚一分，股长一尺，勾长一寸五分。以勾股所交为心，用四分规之一规分十二度，中垂全线以取准”。此炮作为长身管远射圈的重型火炮，与西方同时期的长炮属于一个类型。

当时明朝用于红夷大炮发射的炮弹有三类：开花弹、实心弹、霰弹。开花弹是球体表面有一突出台体，高 0.6 厘米，直径 3 厘米，台面中间有直径约 0.4 厘米的圆形小孔，在小孔里插上药捻就行了。实心弹又称葡萄弹，是由铁或铅筑造而成，少量是由石块磨成球体，这种弹主要用于攻城洞穿城墙工事，射程远，但对杀伤人员而言威力不大，除非直接命中，而一旦被实心弹命中的话非死即残。霰弹在当时是野战火炮的大威力弹种，由数升铅铁小丸组成，射击时可形成弹幕，杀伤力极大，但霰弹有致命弱点，射程太近，一般不超过一里。

此后正是通过红夷大炮打出去的开花弹将八旗铁骑炸得血肉模糊。值得一提的是，在明朝大放异彩的开花弹，到鸦片战争时中国竟无人知晓，以至于李鸿章向德国克虏伯兵工厂订购开花弹，曾国藩设立安庆军械所重新引进开花弹。左宗棠在西北平叛时从明代炮台遗址挖出开花弹百余枚，不禁仰天长叹，“三百年前中华已有此物，到如今竟然失传，以至被列强欺凌”。那么开花弹日后究竟是如何失传的呢？本书会为您揭开真相。

除了配备红夷大炮这样的先进武器外，最核心的士兵方面袁崇焕也绝不懈怠，袁崇焕每日练兵，关宁铁骑就在此时开始打造。

袁崇焕在辽东、在宁远的一切部署都有孙承宗做坚强后盾。孙承宗在辽东选拔培养重用了袁崇焕、满桂、赵率教等一批很能打的将领。经过四年的苦心经营，招募训练了十几万辽军，收复了四百余里曾被后金军队占领的失地，修筑大城九座，小城堡四十余座，屯田五千多顷，安置了数十万战争难民，营造了一条令后金军队望而生畏的关宁锦（山海关、宁远、锦州）防线。

天启五年（1625 年）夏，孙承宗遣将分据锦州、松山、杏山、右屯及大凌河、小凌河各城。这样，自宁远又向前推进二百里，从而形成了以宁远为中心的宁锦防线。

鉴于孙承宗对辽东国防的杰出贡献，魏忠贤一心想把孙承宗也拉到自己的阵营，故进行过多次试探，均遭到拒绝，由此怀恨在心。不久，魏忠贤派太监刘应坤到山海关，他要以帑金十万两犒军，以此来收买孙承宗，被孙承宗拒绝，至此魏忠贤和孙承宗就算闹翻了。是年八月，山海关总兵马世龙误信自后金逃归的刘伯镪的话，派兵渡柳河，袭取耀州，中伏战败。魏忠贤借口马世龙损失马匹六百七十匹、甲胄等军用物资，令手下弹劾马世龙，并连带着在山海关的孙承宗一块参了。孙承宗知道，由于阉党的存在，已经容不下他，他多次请辞，被明熹宗批准。

孙承宗辞职以后，高第被明熹宗任命为辽东经略、兵部尚书。高第一介文人，既不懂军事，也没打过仗。他一到任上，即一反孙承宗的部署，下令拆撤关宁锦防线。关外驻防将士除镇守宁远的袁崇焕拒不从命外，其他诸城均撤一空。

1622 年到 1625 年，孙承宗、袁崇焕尽全力打造宁远这座城池，让其固若金汤，苦练精兵，期待着收复辽东；而努尔哈赤这四年怎么没动静了呢？原来因为一个人的存在，这四年努尔哈赤已经焦头烂额，寝食难安，然而袁崇焕日后却把他杀了，关于他与袁崇焕的恩怨将近四百年来的争论从未停止。究竟是袁崇焕杀他自毁长城而成历史罪人，还是他本就该杀，袁崇焕为国除害，崇祯误杀袁崇焕才自毁长城，扑朔迷离的真相就要从他本人说起。他的名字叫毛文龙。

毛文龙，浙江杭州人，万历四年正月十一日（1576 年 2 月 10 日）出生，他相貌奇伟，小时候曾有一个相面的人对她说：“你铁面银牙，髯虬而熊虎威，他日当立功万里外，就像霍去病、班超那样！”毛文龙听后心中窃喜，少时读书学习，但却屡试不第，一日喟然叹道：“丈夫当取功名如拾草芥，怎年纪三十，困于科场！”从此投笔从戎。1605 年，受舅舅沈光祚推荐去辽东历练，当了李成梁的亲兵。同年九月，中武举乡试第六名，授安山百户职，不久又升为千总，守备。万历四十七年（1619 年），熊廷弼经略辽东，毛文龙屡立战功，深受其赏识，被升为都司。

天启元年（1621 年）七月十四日，毛文龙侦得镇江（不是江苏镇江，而是今辽宁省丹东市）后金主力去双山屠杀不肯降后金的百姓，城中空虚，遂以镇江中军陈良策为内应，率一百余人夜袭镇江，擒后金游击佟养真（康熙的姥爷）及其子佟丰年、其侄佟松年等，而后毛文龙赶紧派陈忠杀至双山，阻止了后金军在当地的进一步屠杀，并将屠杀双山人民的后金军歼灭一部分，史称镇江大捷。

镇江大捷是自从 1618 年努尔哈赤“七大恨”与明朝撕破脸以来，明军的第一次胜利，极大地鼓舞了人心，国人终于意识到，后金也是可以战胜的。内阁首辅叶向高将毛文龙比作历史上的孤胆英雄班超，他说：“毛文龙收复镇江，人情踊跃，而或恐其寡弱难支，轻举取败，此亦老长考虑。但用兵之道，贵在出奇，班超以三十六人定西域，耿恭以百人守疏勒，皆奇功也……今幸有毛文龙，此举稍得兵家用奇用寡之法。”

御史、著名书画家董其昌则评价说：“毛文龙以二百人拿下镇江，擒逆贼，献之阙下，不费国家一把铁、一束草、一斗粮。立此奇功，真奇侠绝伦，如此胆略，真是难得，假如现在有三个毛文龙，那么努贼（努尔哈赤）就可被生擒，辽东就可收复了。”（《三朝辽事实录》）

时任辽东经略的王在晋则评价道：“毛文龙收复镇江，擒缚叛贼，四卫震动，人心响应。报闻之日，缙绅庆于朝，庶民庆于野。自清、抚（清河、抚顺）失陷以来，费千百万金钱，萃十数万兵力，不能擒其一贼。此一捷也，真为空谷之音，闻之而喜可知也。”

镇江大捷后，努尔哈赤派大军反扑，毛文龙兵少难支，退入朝鲜。朝鲜人延续了萨尔浒之战时的做法，朝鲜的节度使郑遵、朴烨引后金军包围毛文龙于林畔，双方进行了激烈战斗，“一日七战，杀伤相当”，最终毛文龙还是取得了胜利，后金撤兵。

此后，毛文龙以皮岛、铁山为基础，建立了东江抗金根据地。天启二年（1622 年）六月，明熹宗正式任命毛文龙为平辽将军总兵官、征虏前将军，开镇东江。

东江镇建立后，毛文龙一面招抚因战火而流离失所的辽东百姓，前后接济安置百万余人。一面遣将四出，不断深入后金腹地，消灭敌人的有生力量，逐渐成为后金心腹大患。后金官员称：“毛文龙之患，当速灭耳！文龙一日不灭，则奸叛一日不息，良民一日不宁。”

从 1621 年起，毛文龙派遣了大量人员到后金统治地区刺探情报，扰乱敌人后方，使得后金方面“疑惧益甚，凛凛终日，日惟追杀毛兵奸细”（汪汝淳《毛大将军海上情形》）。

女真人有被毛文龙派去的细作骗到家里杀死的，有一起喝酒时被毒死的，有被酒灌醉了之后杀死的。在后金境内设立的哨卡，晚上睡觉都不能点燃火堆，否则毛文龙派来的人看见火光后就会过去把后金士兵砍死。

正因此，天启三年（1623 年）四月二十三日，努尔哈赤在下达的一份命令中说：“驻各处之步兵马兵、哨卒，勿与汉人交往，勿去汉人之家。若与汉人交往，去汉人之家，则治以大罪。”（《满文老档》）

毛文龙不断策动在辽东的汉人用各种武器杀死后金士兵，于是努尔哈赤命令彻底没收汉人的一切军械武器，并且严禁向汉人售卖军械武器。天启三年四月初六他下令说：“汉人军士及百姓，凡有弓矢刀枪炮等军械，限于二十日内，送交各该管官。谕二十日隐匿不送者，被人首告，治以重罪。”（《满文老档》）

毛文龙还常给后金将领写信，然后故意泄露，用反间计除掉敌手，汪汝淳《毛大将军海上情形》记载努尔哈赤大将阿骨就是这样被杀死的。

在毛文龙不断派人打入后金内部的同时，毛文龙还派兵收复了金州和旅顺，使得辽南重新回到大明怀抱。

毛文龙的存在，导致后金都快崩溃了，辽民反抗几无休日，要以区区一个辽东，灾害连年不断之时，常年维持十万有战斗力的军队，谈何容易？据满族人自己的《满文老档》记载：

> 当时国中大饥荒，一金斗粮食买到八两银子，人民有人吃人肉，那个时候国中银两虽然很多，但是没有可供贸易的市场，所以银贱而物品十分昂贵，一匹好马，价值三百两银子，一头好牛，价值一百两银子，一匹蟒缎，价值一百五十两银子。到处都是盗贼，偷盗牛和马，人与人之间相互杀戮，国家十分混乱。[1]

鉴于后金即将崩溃，许多投降努尔哈赤的汉族将领都在思考自己的退路，甚至连李永芳都跟毛文龙私下接触了，当然这一切都瞒不过努尔哈赤。天启三年五月初七，努尔哈赤给李永芳写信：

“李永芳，当初你这厮在抚顺归顺朕时，朕觉得你小子是个明白事的人，所以收下你，把孙女嫁给你（李永芳的老婆是努尔哈赤第七子阿巴泰之女）。蒙上天眷佑，朕出兵叶赫、哈达、乌拉、辉发都打赢了，萨尔浒之战、抚顺清河之战、开原铁岭之战、沈阳辽阳之战、广宁之战都打赢了，朕打蒙古也赢了。但你李永芳却认为这只是朕一时得势，早晚天下还是明朝的。辽东汉人屡欲谋反，彼等密谋之书不断传来。朕每欲查抄之，因你这厮心向明朝，便总是阻拦，直到这批汉人叛逃到明朝那边，尔心始快，朕一经发觉而诛杀叛逃者，你就不爽。你要暗通明朝，可是最近北京城内护城河两次出现大片红血，北京各衙门的古树也在大风中被连根拔了，这是天象示警，告诉你投奔明朝是不吉利的。可是你还要叛逃到明朝这边，你既辜负了你的养身之父，也辜负了你的岳父（努尔哈赤之子）。然而现在既然你已经当了朕的孙女婿，而且蒙古、朝鲜他们都知道这件事，倘若朕对你治罪，恐为他人耻笑于我，亦耻笑于尔。

1 原文为：时国中大饥，其一金斗粮价银八两，民中有食人肉者。彼时国中银两虽多，然无处贸易，是以银两贱而诸物昂贵。良马一、值银三百两。壮牛一，值银一百两。蟒缎一，值银一百五十两。盗贼蜂起，偷窃牛马，人相惨杀，至国中大乱。

故不予治罪，默然处之，然我心怨恨，所以把这些心里话告诉你出口气痛快痛快！”（《满文老档》）

私通毛文龙，如果换了一般的汉奸，努尔哈赤肯定是要杀掉的，但无奈，李永芳是投靠他的头号汉奸，努尔哈赤还把自己第七子阿巴泰的女儿嫁给了他，他已成为投降后金的一个活广告。如果连李永芳都被自己杀了，那估计没有汉人再敢来效力了，光靠那点女真人，后金肯定不可能维持下去。所以明知道李永芳和毛文龙有联系，努尔哈赤也不能把李永芳杀掉，尤其这封信的最后一句话，真有哑巴吃黄连，有苦说不出，打碎牙和血吞的感觉！

一贯是后金在明朝内部有内应，而毛文龙也在后金内部安插内应。1623 年 9 月，毛文龙在后金的内应飞报，努尔哈赤准备西征攻打山海关一线。为了牵制后金，毛文龙率三万大军，直捣后金故都赫图阿拉，以攻其必救。后金在赫图阿拉以南设有董骨寨、牛毛寨、阎王寨三座要塞，深沟高垒，易守难攻，是其起家时的根本。九月十三日，毛文龙率部深入敌境，他说：“今日深入贼巢，不可不力战，如有退缩，即行斩首！”他的身先士卒很快使全军攻克董骨寨，激战至十六日，占领牛毛寨、阎王寨，将后金守敌全部消灭。十七日，后金军反攻，想夺回三寨，毛文龙设伏以待，在地里埋了许多地雷，后金军纷纷被地雷炸得血肉横飞，无法反攻。

得知败报，努尔哈赤不得不放弃进攻山海关的打算，率军四万来救，毛文龙不只完成了牵制作用，而且使得努尔哈赤攻山海关的计划破产，目的达到，毛文龙撤军。著名的第一次宁远大捷袁崇焕才斩下后金军二百六十九颗人头，而牛毛寨大捷毛文龙则斩下后金军三百七十一颗人头。

《辽海丹忠录》有诗写此战：

骊颔捋骊珠，虎穴夺虎子。奇功每向险中取，馘斩楼兰岂难事。长驱铁骑东海头，旌旗猎猎翻清秋。腰间宝剑血犹滴，阵云惨结单于愁。解鞍痛饮黄龙府，醉挽吴钩自起舞。功成何必封万户，拂衣归卧桃花坞。岂效韩彭徒，营营恋腐鼠。华亭鹤唳不可闻，惆怅藏弓泪如雨。

孙承宗在牛毛寨大捷之后，上奏说："臣接到平辽总兵毛文龙的大捷奏报，随行关外道袁崇焕逐一查验三次，共首级三百七十一颗，俱系真正壮夷。清点首级后将其示众，此举不仅告示边民，也昭告天下，表明尚有杀贼之人，贼自有可灭之日！一时人心，殊觉感动。孤胆英雄毛文龙临豺狼肆虐之穴，漂泊于风涛波浪之中，却能联合朝鲜，团结边民，屯田作战两不误，屡挫枭贼，且其志欲直捣努贼巢穴，世人皆懦弱观望，自守且惴惴不安，独毛文龙以为努贼可擒也，真足以激发天下英雄之义胆，顿令缩头乌龟裹足不前者愧死无地矣。"

此战后毛文龙又取得了乌鸡关大捷，斩下后金三百五十五颗人头，也比宁远大捷要多。

由于毛文龙连战连胜，1625 年明熹宗下诏嘉奖毛文龙：

> 仰赖你这位文武双全的大元帅，你竭尽全力为国尽忠，出奇制胜，一雪国耻。不对你加以重赏，如何能奖励你的忠贞？你率领孤军，驻守穷岛，领兵打仗，屡建奇功，使逆贼未能实现他们的计划，距今已经三年多了。你的才能，朕实在欣赏！[1]

明熹宗封毛文龙为平辽总兵官、太子太保，一品大员，赐给他尚方宝剑。

对于东江镇的作用，辽东经略王在晋认为："努贼（努尔哈赤）如果想长驱直入的话，他肘腋之下就有虿毒，那就是东江镇，努贼一动就毒发，这是天意制努贼于死命。"陈良训则认为毛文龙是"海上长城"。（温体仁《大明熹宗实录》）

由于毛文龙的存在，使得后金每次出兵都不敢走太远，明熹宗在批复中对毛文龙说："使奴狼顾而不敢西向，惟尔是赖！"（王在晋《三朝辽事实录》）

兵部对毛文龙有很客观的评估，毛文龙"灭奴不足，牵奴则有余。"（《明熹宗实录》卷二五）

---

1 原文为：惟赖尔文武大帅，殚力竭忠，设奇制胜，扫清夷氛，用雪国耻。匪颁厚赏，何励纯忠？尔提孤军，驻穷岛，将兵时出，奇捷屡闻，使逆酋狼顾未遂鸱张，已三年矣。惟尔之庸，朕实嘉尚！

给事中杨所修说："东方自逆奴狂逞以来，惟一毛文龙孤撑海上，日从奴酋肘腋间牵制之。""奴未出老寨则不时攻掠，以阻其来；奴窥关则乘机捣袭，以断其后。"（《明熹宗实录》卷四十）

由于此时努尔哈赤的首都辽阳距离毛文龙的游击区太近，为避其锐，1625 年努尔哈赤迁都沈阳，更名盛京。

孙承宗是明朝在辽东的总指挥，毛文龙太厉害，实在打不过，于是努尔哈赤只能把兵锋对准袁崇焕。天启六年（1626 年）正月，努尔哈赤率六万大军（号称二十万）连克右屯、大凌河、小凌河、锦州、松山、杏山、塔山、连山八座城堡，因为这些地方的明军已被高第下令撤回关内，所以后金军如入无人之境，直扑宁远（辽宁兴城），此时的宁远守将、殿前参政袁崇焕做了如下准备：他令满桂守东面，左辅守西面，祖大寿守南面，朱梅守北面，各将相互照应，他自己则亲自写血书激励大家。他在城中备足红夷大炮的弹药，用受葡萄牙人训练的官员执掌炮兵。此外他还坚壁清野，严防奸细，烧尽城外房舍，转移城外人民入城，杜绝了后金内应的出现。为了激励大家作战，他将库银一万一千一百两放在城上，并说：官兵只要勇敢作战就赏银一锭。于是士兵人人不要命。

努尔哈赤到了宁远城下，他写信给宁远守将袁崇焕："我带二十万人攻城，必破此城，如果你们投降，我给你们很高的爵位。"

袁崇焕送来了回信："可汗何故要来打这儿呢？宁远、锦州原本就是你不要的地方，我既然恢复，就应当死守，怎么可能投降呢？你说有二十万人，我知道是假的，只有十三万而已，不过我也不嫌少。"袁崇焕的情报有误，其实努尔哈赤只有六万人，但就冲他得到情报敌军有十三万，是自己的十倍，他依然敢于抗战，也足见袁崇焕之胆略。

得知袁崇焕的回复后，努尔哈赤大怒，六年前他在萨尔浒用四万人击溃明军十二万人，连在朝鲜打得日本人屁滚尿流的刘綎也死在他手上。现在他率六万人一路所向披靡，来到这座小城，面对仅一万多人的守军和一个叫袁崇焕的无名小卒，胜负毫无悬念，对这一点后金全军都持相同观点。

正月二十三日，努尔哈赤率军攻城，将到城下，听城上一声鼓响，竖起一杆大旗，旗上绣着一个大大的“袁”字。旗下立一员大将，金盔夺目，铁甲生威，站在高处的他掩盖了自己个子矮的弱点，虽长得不帅，眉间却隐藏杀气。努尔哈赤见了此人，也暗暗称赞。旁边一个贝勒大声问城上：“你是主将吗？”

城上大将答道：“我是东莞人袁崇焕，现任殿前参政，为国守城，不畏强敌。”

贝勒说：“关外各城，已成平地，只有区区宁远，能成什么事？我劝你不如献出城池，降我大金，报你高官厚禄，否则我大军一开战，宁远城将化为灰烬。”

袁崇焕厉声说:“汝辈屡次兴兵侵我边界，狂妄至极，我奉天子命令，誓死守城，怎能向你们鞑子投降？”随后一声令下：“开炮！”一炮下去，炸死数百敌军。努尔哈赤忙下令收兵。回营后他说：“我看这袁蛮子不好惹呀！”

二十四日，努尔哈赤对北城发动了进攻，袁崇焕随即还击，箭如飞蝗射向后金军，后金军大队人马上了，袁崇焕率军用巨石砸向敌军，传来了声声惨叫。此时后金军发现，除头顶挨炸外，他们的左侧、右侧甚至后方都有连绵不断的炮火袭击，可谓全方位、多角度、立体化、高清晰度地挨炸。原因何在？宁远城我没有去过，所以引用曾亲自去宁远实地考察的当年明月的观点，当年明月说：

> 一般城池是口字形，一方爬，一方不让爬，比较厚道。更猛一点的设计是凹字形，敌军进攻时，如进入凹口，就会受到左中右三个方向的攻击，相当难受。这种设计常见于大城的内城，比如北京的午门，西安的瓮城。或者是城内有点兵，没法拉出去打，又不甘心挨打的也这么修城，杀点敌人好过把瘾……而宁远城墙大致是个山字，也就是说在城墙外面伸出一道城楼，这样有很多好处，比如敌人刚进入山字的两个入口时就打他们的侧翼，敌人完全进入后，就打他们的屁股。如果敌人还没有进来，在城头架炮，可以提前把他们送上天。此外这个设计还有个好处，敌人冲过来的时候，有这个玩意可以把敌人分流成两截，分开打。

后金军就是在如此难啃的城墙下仍前仆后继，冒死不退，前锋工兵凿开高二丈的大洞三四处。袁崇焕在此危急关头身先士卒，不幸被后金军一枚箭镞射伤，他咬牙拔出箭镞，一看鲜血还是红的，还好，不是毒箭。他撕下战袍一角包扎伤口，继续督战，明军备受鼓舞。

后金军推着楯车前来进攻，什么是楯车呢？楯车是一种木车，在厚木板前面裹上几层厚牛皮，泼上水放火烧，由于木板和牛皮都很结实，明军火器和弓箭无法穿透，所以在楯车后面推车的后金军可以安然无恙地往前冲，此外楯车前面有坚硬的铁器，一旦推到城下，就可以用来撞城门。

推楯车的是第一拨，后面是弓箭手，他们躲在楯车后面以斜45度向天上射箭，箭镞呈抛物线的轨道往下落，如此就可以射中城上的明朝守军。

第三拨是骑兵，等明军被弓箭手射死不少人后，骑兵冲锋，无数明军就是这样被击败的。

可是，这次后金楯车上的牛皮破了。原来，明军从城头的每一个石堞间推出一个又长又大的木柜，这些大木柜一半在堞内，一半探出城外，大柜中伏有甲士，俯身射箭投石，投完了便将大木柜拉进来，再装矢石出去投掷。甲士在探出城外的大木柜内，无疑可以增加城上守军的向外延伸攻击距离，那些躲在楯车后面的后金军，离远了依然不会挨打，但只要到了城下，就会被探出城墙的大木柜中的甲士砸成肉泥。与此同时，宁远城头的红夷大炮把无数后金军队、楯车、牛皮都炸上了天。

原来万马奔腾、刀来枪往的战场被炸成了火海，后金铁骑被烧焦的煳味四处飘散，马匹禁不住炮声的刺激，不住地嘶鸣，被炮弹打中的人血肉模糊，残肢不时飞起来。马肉味、牛皮味、被烧煳的人肉味、炮火硝烟的味道混合在一起，除非身临其境，不然难以想象这究竟是什么滋味。

仗打到这还不算完，更猛的还在后面，随后袁崇焕命人用芦花、棉被装裹火药，以“缚柴浇油，并掺火药，用铁绳系下烧之”，这种东西叫“万人敌”。沾满了火药的棉被剧烈燃烧，随风四处飘散，飘到哪里就烧到哪里，只要沾上就会陷入火海，即使就地打滚也无济于事。在“万人敌”的燃烧下，后金工兵全军覆没。努尔哈赤见困难太大，于是转攻南城，后金弓箭手对城头射箭，南城守军死了三分之一以上。危急关头，袁崇焕赶到南城。明军除大炮、万人敌、火枪、火球外，凡是能点燃的都往下扔。据明军塘报记载，明军拉出了几条长铁索，用火烧红，甩到城下来攻击爬墙的敌军。铁索所过之处，传来后金军的声声惨叫，后金军在熊熊烈火中永生了，尸体堆满了城下，却未能前进一步。正月二十四日的宁远之战就这样结束了。

二十五日努尔哈赤继续下令攻城，城上袁崇焕继续下令开炮，这天后金军可是不敢像昨天那样玩命了，后金军畏葸不前，他们一面抢走城下的同胞尸体，一面胆战心惊地攻城。尽管努尔哈赤不断变换打法，环城寻找着薄弱处，但宁远就像铜墙铁壁，城上的明军个个都像超人一样。努尔哈赤有生以来第一次对自己的实力产生怀疑，他搞不清究竟是自己老了，还是自己的兵弱了。据朝鲜李星龄《春坡堂日月录》记载，就在努尔哈赤纠结之时，他被红夷大炮炸伤，遂下令停止攻击。第一次宁远之战结束。战后袁崇焕乘胜派兵收复右屯、大凌河、小凌河、锦州、松山、杏山、塔山、连山，此番努尔哈赤寸土未得。

七个月后，努尔哈赤驾崩，关于努尔哈赤是否在此战中被红夷大炮炸成重伤，努尔哈赤之死是否与此战有关等问题，我们后面再揭晓答案，咱们先看这场战役本身的一系列谜团。

“是役也，奴贼糜烂失亡者实计一万七千余人。”（《徐光启集》卷四《练兵疏稿二》）“天启六年正月宁远守城，歼贼一万七千余人。”（瞿式耜《瞿忠宣公集》卷二《请求火器疏》）

《辽海丹忠录》有诗写此战：

西风一夜来羌管，平沙一望胡骑满。投鞭已看河断流，靴尖更笑城如卵。城中士庶惊且啼，孤城围合归路迷。谁提一旅救水火，引领空自瞻云霓。纠纠守臣猛如虎，莫嫌文士不解武。手提长剑倚层楼，指点三军发强弩。飞蝗疑箭炮疑雷，一战俄叫劲敌馈。艰危历尽见利器，有将如是兮何怯匈奴来。

《崇祯实录》卷八记载：

强敌压境，人方疾呼而望援，而崇焕为关门必不可发一援宁之兵，法置之死地而后生。亦但是置将与卒耳。而崇焕置母妻子百口于军中。纸上甲兵，禁中颇牧（廉颇、李牧）人，可自命也。而实从矢石锋刃中，住奴而遏奴者，其胆气较练，而伎俩较实。

现在有一批人要把袁崇焕拉下神坛，因此就把袁崇焕贬得一无是处，本文在写作上的资料来源为明朝计六奇《明季北略》、明朝温体仁《明熹宗实录》，朝鲜李星龄《春坡堂日月录》，清朝官方编修的《清太祖武皇帝实录》。朝鲜人咱可以不信，明朝的记载都说此战袁崇焕打得不错，至于《清太祖武皇帝实录》嘛，对于此战则写得很简略，对于此战交战的全过程记载如下：

帝即令军中备攻具，于二十四日以战车覆城下进攻。时天寒土冻，凿城破坏而不堕。军士奋力攻打，宁远道袁崇焕、总兵满桂、参将祖大寿婴城固守，枪炮药罐雷石齐下，死战不退，满洲兵不能进，少却。次日复攻之，又不能克，乃收兵。二日攻城共折游击二员，备御二员，兵五百。

《清太祖武皇帝实录》中努尔哈赤打的那些胜仗都是大书特书，而此战一带而过，则反证此战努尔哈赤战败。质疑袁崇焕此战胜利的人拿出的一个证据就是《清太祖武皇帝实录》记载后金军此战只死了五百人，而不是一万七千人。于是一帮人就相信满人的记载，说袁崇焕此战说歼敌一万七千人是“亩产万斤”，等等，我就纳闷了，为什么他们就认为满人的记载那么靠谱呢?

这些人就举出例子，说宁远大捷明军斩获的后金军首级只有二百六十九颗，而后金军自己说自己死了五百人，如此证明后金军的记载靠谱。

这种说法看似有道理，实际上如果针对此战战况分析，就会将其戳穿，在这两天的战役中，明军始终没有派大量士兵出城抢尸体，而努尔哈赤即便六万人死了一万七千人，还是有四万三千人的。而且各书也记载努尔哈赤把尸体抢回去，因此等到努尔哈赤撤军后，袁崇焕的军队再出城，能割下的首级少之又少，此外，后金军有许多人被红衣大炮炸得“糜烂”或被火烧成炭、从城墙上栽下来摔成肉泥，这些情况下都是无法割下首级的。如果算上这些尸体被炸烂的，加上尸体被后金军抢走的，那么无论如何此战袁崇焕歼灭的后金军也应该有近一万了吧，不然难以解释文中袁崇焕用各种手段歼敌了。

也有人说了，努尔哈赤之所以撤军，是因为活动了位于努尔哈赤后方的明朝东江镇总兵毛文龙的作用，这种说法不全面。

努尔哈赤率兵进攻宁远时，毛文龙的确派部将林茂春、王辅率军进攻位于今辽宁鞍山南面的海州，派部将杜贵、曲承恩直入沈阳，并且行动极为迅速。袁崇焕也因此上奏说："孰知毛文龙径袭辽阳，故旋兵相应。使非毛帅捣虚，锦宁又受敌矣。"（王在晋《三朝辽事实录》）

毛文龙在塘报中也说：

> 又据鹿岛参将李茂春、宽奠参将王辅飞报：奉文会同率领官兵，正月二十二日夜晚，奔至连家庙，止差海州城八九里之地扎住，撞遇前哨郭加等回报：奴酋大虏，于十八日午时，过三岔河、红草头、丁字泊几路头，于过河二十里就下营，径下路西寇去了。小的放心前进海州城里，以曾通知辽民，约定大兵到日，一同杀贼东行。职即拨兵一千五百余员名，随于夜班官兵齐到海州城下，放炮攻城。鞑贼闻炮惊醒，奔入新城。官兵随围喊攻多时，枪炮打死鞑贼无数。贼见各山顶上炮火连天，又见城里城外兵民喊声动地，不知多少兵马。天将大亮，随即收兵，鞑贼恐惧，并不追赶。（毛承斗《东江疏揭塘报节抄》）

可见，毛文龙的确对于进攻宁远的努尔哈赤起到了很大的牵制作用。但如果像那些全盘否定袁崇焕的人一样，把宁远解围的功劳完全归功于毛文龙就有失偏颇了。如果袁崇焕守不住宁远，像此前开城、辽阳、沈阳的守将那样把城池丢了，那么毛文龙即便牵制又有何用？

此外，即便是对袁崇焕评价不高或评价很低的书，对于这次宁远之战也是赞不绝口的。

> 辽左发难，各城望风奔溃。八年来贼始一挫，乃知中国有人矣。盖缘道臣袁崇焕平日之恩威，有以慑之维之也。不然，何宁远独无夺门之叛民，内应之奸细乎？本官智勇兼全，宜优其职级，一切关外事权，悉以为之。而该道员缺，则听崇焕自择以代。(《明熹宗实录》卷六八)

> 初，虏势张甚。人心惶骇欲遁。自崇焕坚拒，气始振。关外九城得屹然拱护山海……藤县（袁崇焕广东藤县人）之于东陲，亦勋劳多矣！初，经略高第议弃宁前锦右。果如其说，则辽西将非国之有也。赖藤县力持，成宁远之功，士气少奋。(《国榷》)

《明熹宗实录》的作者温体仁和《国榷》的作者谈迁都是对袁崇焕整体持否定态度的，在此大背景下他们说袁崇焕宁远之战打得不错，更可见袁崇焕此战货真价实。战后，袁崇焕因功升任辽东巡抚。

综上，宁远之战，袁崇焕歼敌一万七千人的说法或许会有一定程度夸大，但保守估计袁崇焕歼敌也有近万，而清朝方面的记载则完全不靠谱，因此此战明军的胜利是货真价实的。对于宁远解围，袁崇焕的守城占了很大作用，而毛文龙的出击也使得努尔哈赤在攻城失败后没有继续围城，而是撤军了，因此毛文龙对于宁远之战也有不小作用。

宁远之战结束了，但本文并没结束，在努尔哈赤下令从宁远城下撤军的第二天，正月二十六日，努尔哈赤一面派少部分兵力继续攻打宁远城，一面命大部分骑兵进攻与宁远隔海相望的觉华岛（现在叫菊花岛）。觉华岛之战开始了。

时值隆冬，海面冰封，从冰上走就可直达岛上。守将姚抚民为加强防御，沿岛凿开一道长达十五里的冰壕，以阻挡后金骑兵的突入，由于过于寒冷，许多士兵在开凿冰壕的时候把手指头都冻掉了。然而，天气严寒，冰壕凿开之后，又冻上了。

努尔哈赤命武讷格率领蒙古骑兵及后金骑兵数万人，由冰上进攻觉华岛。岛上明军都是水军，没有盔甲和跟骑兵作战的武器，且寡不敌众，最终七千明军全军覆没。粮食八万余石和两千余艘战船都被后金军焚烧；主岛作为明朝关外的后勤基地也被后金军摧毁。

此战有一个动人的故事，觉华岛明军游击金冠在战前去世，他的儿子金世林是武林高手，到北京参加考试，听说父亲去世，就带了三百人到觉华岛，要把老父的遗体运回老家安葬。此时正赶上觉华岛之战，金世林一面护卫父亲的棺木，一面指挥三百人同后金军作战，结果三百义士无一生还。

战后，袁崇焕作了《祭觉华岛阵亡兵将文》，文曰：

慨自战守乖方，屡失疆土。天子赫然震怒，调南北水陆舟师。谓尔乘船如马，遂调之来，为进取也。据尔等间关远至，岂不欲灭此朝食，一帆而金、复归，再帆而黄龙扫哉！奈未尽其用而敌即来。冱寒之月，冰结舟胶。窘尔之所长，乌得不及于难。说者谓谋之不臧，不臧固不臧矣，然排山倒海之势，以十八万而临数千之水卒，即臧可奈何？而尔等计无复之，愤然以死，略无芥蒂。视当年之弃曳倒奔者加一等也。人之罪，至死而免；人之品，至死而定。今将略尔罪而嘉乃忠。请命于天子，谅为之恤，所以不没汝等者，良有在也。吁嗟！巨浪茫茫，空山寂寂，皆汝等忠灵之所洒荡也。望故乡以何日，即转劫而无期，苒苒游魂，何不相结为厉，歼仇泄愤？在生之志，藉死以伸，则虽死之日，犹生之年也。尔其勉之！不腆之奠，涕与俱之。尚飨！

第十章
努尔哈赤死亡调查

天启六年(1626年)正月,努尔哈赤战败。七个月后的八月二十日,努尔哈赤驾崩。现在主流的一种说法认为,努尔哈赤是在宁远之战中因被红夷大炮击中,受重伤而死,那么真相是这样吗?

张岱《石匮书后集》记载:"炮过处,打死北骑无算,并及黄龙幕,伤一裨王,北骑谓出兵不利,以皮革裹尸,号哭奔去。"这本书说有一个后金的王重伤,但没说是谁。

辽东经略高第奏报:"奴贼(努尔哈赤)攻宁远,炮毙一大头目,用红布包裹,众贼抬去。"被火炮炸死的大头目是谁,没明说,不知道。

朝鲜人李星龄的《春坡堂日月录》,记载了努尔哈赤在宁远之战中受重伤。据该书记载,朝鲜译官韩瑗随使团来明时,碰巧与袁崇焕相见,袁崇焕很喜欢他,第一次宁远之战时曾把他带在身边,于是韩瑗得以亲眼目击第一次宁远之战的全过程。此战结束后,袁崇焕曾经派遣使臣带着礼物前往后金营寨与努尔哈赤见面,无非是胜利者的嘚瑟,来嘲讽失败者,使者说:"老将(努尔哈赤)横行天下久矣,今日见败于小子(袁崇焕),岂其数耶?"

"努尔哈赤先已重伤,及是具礼物及名马回谢,请借再战之期,因懑恚而毙云。"

这条史料明确记载努尔哈赤是在宁远之战中受了重伤,并由于宁远兵败,精神上也受到很大的打击，最终抑郁而终。

朝鲜申锡愚《入燕记》记载：

世传袁经略（袁崇焕）之守此城（宁远）也，我使浮海入朝，泊于海口，登陆抵城下。经略传言开门。我使入现，军中方演杂剧，一少年倚人肩而观场，即经略也。使臣暗叹曰："大敌相拒，乃使如此少年督师耶？"留几日，城中忽戒严，盖敌至也。我译因干入谒，门士露刃而立。入门，军校列侍经略，发气满容，英威肃肃，不敢仰视。俄命军校一人出视敌，须臾，又命一人出，侍立者次第受命出，惟两校捧剑而立左右。居顷之，忽有大声震天，经略测远镜照见骑白马者，跳腾于黑烟红焰中而去。愕然呼曰：老酋逸矣。仍使人持羊酒劳曰：慎勿更来。清太祖忿恚呕血云。我使始知预埋红夷炮于城外，觇敌来阵，从地道引线，火发地坼，虏骑如掀炙坠。

这段话说，宁远大战时，一声巨响后，袁崇焕拿起望远镜看到一个骑白马的人（骑白马的不只是王子，也可能是唐僧，还可以是努尔哈赤），在黑烟与红色的火焰中"跳腾"了一下，然后跑了，袁崇焕说："老贼跑了！"之后袁崇焕派人去拿着酒来见努尔哈赤，说："你们今后永远别再来了！"努尔哈赤就被气得吐血了。事后笔者知道，此前是把红夷大炮埋设在城外，等敌人来后，通过地道埋设的引线，努尔哈赤踩上就炸了。总之，朝鲜人的说法是：努尔哈赤踩地雷上了。

朝鲜人金景善《燕辕直指》记载：

世传袁崇焕守宁远城，清太祖引兵袭之时，我国译官适过此，入见袁公，公积书万卷，静坐一室，城中皆寂然。夜深一小将入白事，公点头而已。引我译上小楼，拓窗俯瞰，少顷，城外炮声如雷，无数清兵飘腾于烟焰之中。盖预埋地雷炮于城外，敌至而发也。翌日，公登城临视，叹曰："杀人此多，吾不免乎！"清太祖仅以身免，与十余骑逸走。公使人送羊酒慰之曰："后勿更来。"已而悔曰："人之冒硝药气者，饮酒则死，吾之送酒有若诱人致死，非义也。令追还而不及。”清太祖果愤恚至此，呕血而殂。

这段记载中，袁崇焕就有诸葛亮空城计时的范儿了，袁崇焕在万卷书斋中静坐，夜晚一个小将前来报告事情，袁崇焕只是点头而已。然后袁崇焕带着笔者来到小楼，打开窗户俯瞰城外，少顷，城外炮声如雷，无数后金军队被炸死。原来是袁崇焕事先埋设了地雷。努尔哈赤仅以身免，带着十几个骑兵跑了。第二天，袁崇焕派人去拿着酒来见努尔哈赤，说："你们今后永远别再来了！"努尔哈赤就被气得吐血了。不久，袁崇焕就后悔了，说："人在冒炮火硝烟气时，喝酒就死，我给他送酒而把他害死，是不义。"然后袁崇焕派人去追酒，但是已经来不及了，没几天就传来努尔哈赤死亡的消息。

关于努尔哈赤在宁远被炸死，只有这三条史料，那么这三条史料可信吗？这可都是朝鲜人记载的，而他们笔下的历史……朝鲜人的史料记载疑点多多。

疑点一：既然朝鲜人都知道努尔哈赤"先已重伤"，那么守卫宁远的最高统帅袁崇焕就应更加清楚，何况袁崇焕还曾派遣使臣前往后金营中察看过。如果努尔哈赤确实身负重伤，这当然是袁崇焕的特大功劳，也是明军的重大胜利，不仅袁崇焕本人，而且朝廷上下、文武百官都将对此事大书特书，以便激励军民的士气。但是，无论是袁崇焕本人报告宁远大捷的折奏，还是朝廷表彰袁崇焕的圣旨，抑或朝臣祝贺袁崇焕宁远大捷的奏疏，其中都只字不提努尔哈赤受伤之事，只是说敌军有一个重要人物受伤了。疑点二：努尔哈赤战败于宁远，是天启六年正月（1626年），至八月二十日死，其间七个月时间努尔哈赤是在养病吗？当然不是。

《清太祖武皇帝实录》记载，这七个月间，努尔哈赤"整修舟车，试演火器"，并且到"远边射猎，挑选披甲"，积极准备再进攻宁远，以复前仇。

四月，努尔哈赤亲率大军，征蒙古喀尔喀部，"（努尔哈赤）率诸王臣统大军征之。初五日出十方寺边，渡辽河安营。选精骑令诸王率之急进，寻其居处，亲率众军继之。于初六日，大兵星夜前驱，次日天明，分兵八路并进。……帝率兵回至科坤河边安营。"还能从沈阳骑马带兵出发到内蒙草原作战，可见努尔哈赤身体状态不错。

五月，毛文龙趁努尔哈赤宁远之战新败，对后金腹地的扰乱、进攻加剧，整个后金人心浮动，努尔哈赤一看打不过，便想出招降的臭棋，他写信给毛文龙：

大金国皇帝致书毛大将军麾下：

自古国家兴亡，皆天运循环，其将亡也，必灾异屡降，刀兵四起；其将兴也，必苍天护佑，动而成功。昔日伊尹见夏朝气数将尽，弃夏而归商汤；姜子牙见商朝气数将尽，弃商而归周。今闻将军说我何必杀人如此之多，若不杀人，何人不来归顺。我想说，辽东原是贵国朱家王朝之民，天乃赐我，我甚喜悦，此地让我兵精粮足，我对南至旅顺，北至开原，东至镇江，西至广宁的子民，皆抚养之。然而其中有人不识抬举，杀我命官及各差人，又有奸细来往，逃亡不已，是其自取诛戮，我诛杀他们乃正义之举。这些奸民逃到你那边后，你不分好歹，皆将其并入行伍，然后逼他们进攻我，最终被我军杀死，因此他们之死是将军杀之过也。我原以诚开国，故自东海各处人民，皆心悦归服。又南关（叶赫）、北兀喇（乌拉）、辉发三部与我敌对，作战中箭射刀砍，而我大军战胜后尤不杀他们，只是擒而抚养之也。前日我率军征讨蒙古，蒙古人自来归顺的倒比被我大军打败后投降者多，其归顺者至今不断，是亦知我对子民之抚养之德而慕义归来。若是我真滥杀无辜，蒙古人为何来归我？素谓毛将军明智通达，何其昏然不知天时耶？南朝（明朝）国运将终，只是气数未尽，苟延残喘而已，何处不滥杀无辜，云南的安邦彦、奢寅（指奢安之乱，详见后文），安南、贵州、云南、广西邹县藤县等处的民变，南朝镇压时杀死人岂少？此南朝丧之时也。天使丧亡，将军岂能救乎？昔周朝国运将终，以孔孟之圣，尚不能救，最终改朝换代，这些将军都知道。良禽择木而栖，贤臣择主而事，韩信、陈平弃楚归汉，刘整、吕文焕弃宋而归元，此皆默识天时，择主而事，名垂没世者，人何尝说他不忠。自古英明之君不念旧仇，只论新功。管仲，桓公之仇也，不杀而以之为相国，遂成霸业；敬德（尉迟敬德），唐太宗之仇也，不杀而以之为将，以有天下。今将军纵然竭力为南朝办事，然而君臣昏迷，将军反受祸患，哪有好处？南朝气数尽矣，各处起兵，又丙辰年（1616）大风，破坊拔树，各殿楼台脊兽都被吹飞了，戊午御河雨流血水（1618

年北京故宫御河里水成红色)，此乃天示将亡之兆耶！天运循环，前代良将贤才弃暗投明之故事，将军岂不知么？时势如此，机会错过，悔之不及。佟驸马（佟养性）、刘将军（刘兴祚）单身来投，李驸马（李永芳）与边东广宁诸将，皆临阵倒戈，今皆为显官，将军若来，又非他将之比也。利害昭然，将军量之。

天命丙寅年（1626 年）五月二十日。

毛文龙看完信后大怒，说:“这奴酋敢如此胡说！我文龙自出广宁来，但知有死，不知有降，但知灭胡，恢复辽东，别的一概不知！”

招降毛文龙失败，让努尔哈赤隐隐感到，自己有生之年怕是无法解决毛文龙的问题了。

在努尔哈赤招降毛文龙的同月，蒙古科尔沁部台吉来见，努尔哈赤出城十里迎接，并且说:“今我无恙，得相会足矣。”能出城十里迎接，可见伤得不重。

一些人说清朝要极力掩盖努尔哈赤被袁崇焕打死的事实，所以清方史料不可信。然而，明朝方面的史料也有努尔哈赤在宁远之战“重伤”后活动的记载。比如明人陈建所编写的《皇明通纪辑要》记载:天启六年五月,“奴酋（努尔哈赤）掩袭炒花，杀其名王，掠其牛马”，即是讲努尔哈赤在正月受伤后远征蒙古之事。

而明兵部尚书王在晋所著《三朝辽事实录》记载，天启六年四月间，“奴酋攻杀昂奴”、“奴酋将炒花台吉杀死”等记载，这也是努尔哈赤“重伤”后征战蒙古的明方记录。

所以综上，明清双方的史料都记载了努尔哈赤在第一次宁远之战“受重伤”后北征蒙古的各种活动。

因此，努尔哈赤在宁远之战中没有身受“重伤”，更没因受重伤而死，那么，努尔哈赤到底是因何致死的呢?

我觉得有如下原因：

一,一个四十三年每战必胜的人，已经六十八岁了，突然一下子遭遇失败，心理承受不了。这就像一个北大学生，从小到大一直被保送，最后大四时因为毕业论文而跳楼是一个道理。一个人只有经过多次失败，练就一颗坚强的心脏，才能够扛得住打击。而一直胜利的人一下子经历一次失败，往往会导致心理失调，尤其是到了迟暮之年的人，更容易出问题。努尔哈赤少年不幸，但自从起兵以来每战必胜，一个四十三年没经历过失败的人，一下子被初出茅庐的人打得大败，心情是可想而知的。赫赫有名的沙场老将败在初历战阵的青年将领手中，精神上受到很大的创伤，整日心情郁愤。《清太祖实录》记载三月初三日，沉默寡言的努尔哈赤变得唠叨起来，他不厌其烦地问身边的大臣："难道是我对国势的安危、民情的甘苦不省察吗？难道是我心生怠惰吗？难道是我对那些立过功勋、为人正直的人没有重用吗？"不然何以会打败仗呢？他百思不得其解。他不时问自己："我的儿子中真有像我这样尽心为国的吗？我的大臣们都是勤于政事的吗？我的对手明朝是怎样的情形呢？"《清史稿》则记载努尔哈赤说："朕用兵以来，未有抗颜行者。袁崇焕何人，乃能尔耶！"这是努尔哈赤死亡的心理原因。

二，努尔哈赤因为年迈体衰，长期驰骋疆场，鞍马劳累，积劳成疾。这年七月，努尔哈赤身患毒疽，这是努尔哈赤死亡的身体原因。

1626 年 9 月 30 日（农历八月二十日）努尔哈赤病死，时年六十八岁，谥号"承天广运圣德神功肇纪立极仁孝睿武端毅钦安弘文定业高皇帝"。

盖棺定论，我们该对努尔哈赤作总结了。

清朝官方写的《清实录》这样评价努尔哈赤：

> （努尔哈赤）诚以居心，公以御物，惜才勇，虽仇必用，考功罪，虽亲必惩。逆者临之以兵，诛除不施无罪，顺着绥之以德，凶顽罔不倾向。

> 创国书，立兵制，设官属，严法令，平狱讼，尚义理，进忠直，退邪佞，崇节俭，厚风俗，睦宗族，重农桑，赈穷乏，真是天生圣人，超越古今而登峰造极。

这些评价有的是中肯的，但总体上极度美化了努尔哈赤，那么努尔哈赤究竟是个什么人呢？与努尔哈赤同时代的李民奂《建州闻见录》记载："努尔哈赤为人猜忌、严厉、残暴，即便是他的妻子和一贯不错的下属，稍微惹努尔哈赤不高兴，就遭杀害。"

该书还记载：满洲人最高兴的事是出兵抢劫。战争是满洲人的节日，一听说有仗可打，每个满洲人脸上都是抑制不住的亢奋。全城的满洲人都兴高采烈地穿上自家准备的原始的盔甲，相互传告说："抢西边儿（明朝在后金地盘以西）去！"

与努尔哈赤打过交道的朝鲜人的《光海君日记》记载："努尔哈赤本性凶恶，如果想要别人的财物就用兵来威胁，人人欲食其肉，怨恨他的人满街都是。"

对女真人而言，努尔哈赤的确堪称民族英雄，但对辽东的汉民百姓而言，努尔哈赤则是死敌。努尔哈赤的爷爷、姥爷、舅舅（堂姐夫）、舅母（堂姐）、父亲，一家五位亲人被明朝杀害，他的复仇之心我可以理解，真正造成悲剧的是明朝政府，他如果报仇雪恨也应该去拿罪恶的政府开刀，百姓何辜？

在1625年努尔哈赤迁都沈阳之前，为了确保他自己的安全，努尔哈赤对辽东进行了大屠杀，大屠杀前他发了一份布告，这份布告记载在《满文老档》里，本人不懂满文，但《满文老档》由于被中国第一历史档案馆译成汉文了，所以可以看，可以用。

布告节选如下：

> 我取辽东之后，未杀尔等，亦未动房舍耕地，未侵家室什物，皆豢养之。如此恩养，竟成不是。古河之人，杀我所遣之人而叛。马前寨之人，杀我使者而叛。镇江之人，执我委任之佟游击送明而叛。长山岛之人执我所遣之人送广宁。双山之人，暗通敌兵，杀我之人。岫岩之人叛逃，为费书生首告之。复州之人反叛，带领明船前来。平顶山隘口之人，杀我四十人而叛。不思我养育之恩，仍向明朝，故杀此有罪地方之人。无罪之人居住日久，难免不乱，故迁至北方，给以房舍田地食粮豢养之。虽如此养育，然窝藏奸细，接受扎付，叛逃而去者仍然不绝。本年船城之人，耀州之人，欲带户口投明，遣人勾兵前来领取之。彰义站之人，为明兵来时，棒击诸申而备置棍棒。鞍山、海州、金川、首山等周围之堡人，皆曾窝藏奸细，勾兵前来带领而去。我等驻扎时，尔等尚如此杀我诸申而去，以及备置棍棒。我等往猎或出兵之后，尔等岂能安然处之？窝藏明遣之奸细、接受扎付、备置棍棒等种种恶行，皆在外书生、官员亲戚及前大臣尔等之所为也。至于在沈阳之官员及筑城、及充役之人知

> 之何妨？无非为尔等之恶牵连而被杀耳。尔等既不思养育之恩，心仍向明，故杀尔等外乡之头人者，即为是也。

布告完毕，“八旗大臣分路前往，下于各屯堡杀之。杀完后甄别之，当养者，以男丁十三人，牛七头编为一庄。此次屠杀，使贤良书生，亦被杀绝。”

努尔哈赤怕穷人造反，于是把辽东所有穷人杀光，又怕富人聚众叛乱，便把所有富人屠杀了，最后辽东只剩下鞋匠、木匠、裁缝和戏子，因为这帮人活着对他们的生活有用。比利时人南怀仁在康熙年间来到辽东，他在《鞑靼旅行记》中这样记载：“辽东地区村镇全已荒芜，到处是残垣断壁，瓦砾成堆，一片狼藉，战前的许多村镇都已消失，目力所及都是老虎和熊以及其他猛兽，很少看见人家。”

《鞑靼旅行记》是南怀仁 1682 年写的，距离努尔哈赤的大屠杀已经过去五十七年，五十七年下来，辽东依然如此，足见努尔哈赤对辽东破坏的严重程度。

据《平寇志》记载，努尔哈赤部下兴安总兵抢了一百个美女，制作长押床，把她们全裸后放在床上，“次第奸淫”，然后在地上插木桩，把女人们绑在木桩上，之后用刀剜下阴部，“以线贯之为玩弄”，随后杀尽妇女，把她们的遗体抛尸江中。事后努尔哈赤并不追究此人责任。

努尔哈赤如此暴虐无道，其罪行罄南山之竹，书罪未穷。决东海之波，流恶难尽，如此暴君，我不想多言，就以当年明月对努尔哈赤的评价来结尾吧：

> 遍览他的一生，我没有看到进步、发展、只看到了抢掠、杀戮和破坏。我不清楚什么伟大的历史意义，我只明白，他的马队所到之处，没有先进生产力，没有国民生产指数，没有经济贸易，只有尸横遍野、残屋破瓦，农田变成荒地，平民成为奴隶。我不知道什么必定取代的新兴霸业，我只知道，说这种话的人，应该自己到后金军的马刀下面亲身体验。马刀下的冤魂和马鞍上的得意，没有丝毫区别，所有的生命，都是平等的，任何人都没有无故剥夺的权力。

第十一章
棋逢对手，攻防大战

努尔哈赤死前没有指定接班人，他死后，究竟由谁来继位呢？努尔哈赤总共有十六个儿子，其中封为贝勒的有八人，当然是从这八人中来选。八人包括四大贝勒：代善（次子）、阿敏（努尔哈赤的侄子）、莽古尔泰（五子）、皇太极（八子）；四小贝勒：阿济格（十二子）、多尔衮（十四子）、济尔哈朗（努尔哈赤的侄子）、多铎（十五子）。

咱们一个个看。

代善：本来努尔哈赤定代善为自己的接班人，代善性格宽厚，深得人心，且军功多，努尔哈赤曾说："我百年后幼子和大妃就交给代善抚养。"皇太极玩了个阴招，他得知努尔哈赤的大妃两次派人送佳肴给代善，代善都收下了，大妃经常派人去代善家，还在深夜外出。于是皇太极让一直对大妃得宠吃醋的努尔哈赤的小福晋，把这些情况告诉努尔哈赤，努尔哈赤派人调查属实，于是代善被努尔哈赤从接班人的名册里拿掉，但代善始终不知道此番自己倒霉的幕后黑手是皇太极。代善手中有兵权，统领正红旗，在权力争夺中不可小视。

阿敏：他是努尔哈赤的侄子，自然没戏。但他统领镶蓝旗。

莽古尔泰：他是那位跟代善眉来眼去的大妃富察氏的儿子，政治资本大打折扣，但是他统领正蓝旗。

皇太极：1592 年 11 月 28 日出生，他面色赤红，眉清目秀，行动稳健，举止端庄，聪明伶俐，耳目所经，一听不忘，一见即识。他很爱看书学习，在努尔哈赤的儿子中唯有他既能说汉语也能写汉字，看得懂汉文书，其他人大多会说汉语而不会写汉字。满族及先世女真人素以尚武著称，皇太极从小就喜欢打猎，当皇帝以后，皇太极还对小时候这种生活记忆犹新，曾说："太祖时，朕听说第二天要外出打猎，提前先踢足球做好准备活动，如到时不让去，哭着也要请求前往。那时仆从很少，人人各自牧马披鞍，劈柴做饭，即使这样艰苦，也乐于跟着为主效力，国家之有今日兴隆正是这种努力奋斗的结果。"皇太极弓马娴熟，能百步穿杨，《清太宗实录》记载，有一次他一箭射穿了奔跑中的三只黄羊。努尔哈赤的儿子中，他实力最强，无任何"劣迹"，统领正白旗。

阿济格、多尔衮、多铎都是努尔哈赤晚年最宠爱的大妃阿巴亥所生，大妃相当于皇后，所以此三人对皇位竞争不可小视，但他们三人都没有军队。

济尔哈朗：他是努尔哈赤的侄子，自然没戏。

总而言之，对于最高权力的角逐有希望的是代善、皇太极、阿济格、多尔衮、多铎。代善知道自己的实力和能力远不如皇太极，且自己本身就有丑闻，皇太极在萨尔浒之战、沈辽之战、征服叶赫部之战、征讨科尔沁之战中立下赫赫战功，有杰出的军事才能，所以代善支持皇太极。现在关键问题就是阿巴亥的三个孩子了，阿济格二十一岁、多尔衮十四岁、多铎十二岁，就阿济格成熟。为了消除隐患，代善和皇太极假传努尔哈赤遗志，说努尔哈赤临终遗命赐死阿巴亥，阿巴亥的三个儿子都没有兵权，所以只能眼巴巴地看着母亲被逼殉葬。

阿巴亥一死，没有兵权的阿济格三兄弟只得退出权力争夺，皇太极继位，定年号天聪。

他发布诏书曰：

若谓我国褊小，不宜称帝，古之辽、金、元，俱自小国而成帝业，亦曾禁其称帝耶？且尔朱太祖，昔曾为僧，赖天佑之，俾成帝业。岂有一姓受命，永久不移之理乎！天运循环，无往不复。有天子而废为匹夫者，亦有匹夫起

而为天子者。此皆天意，非人之所能为也！（《清太宗实录》卷五）

至此，皇太极已经公开暴露了彻底掀翻大明的野心。

皇太极继位后，即对后金体制做了一系列改革，努尔哈赤时，汉满矛盾十分尖锐，汉人有的向饮水、食盐里投毒，有的把猪毒死后卖给满人，有的拦路砍杀单独出行的满人，皇太极有鉴于此，对汉人要比努尔哈赤时代好很多，他下令对汉人壮丁分屯别居，对汉族投降的人编为民户。与努尔哈赤屠杀儒生不同，皇太极开设科举。努尔哈赤把辽东的汉人知识分子杀得就剩三百个了，全都给八旗当奴隶，皇太极把他们恢复为平民，开科取士，考上的有二百人，这些人一下子由奴隶变为官吏，自然乐于为皇太极卖命。在这批汉奸的帮助下，后金政权不断发展，走向汉化。

这些汉奸中最著名的就是范文程了，每次议论国事时，皇太极总会问："范章京（清朝对武官的称呼）知道这件事吗？"如果国事议论不决，皇太极就说："为什么咱们不去跟范章京商量一下呢？"一次范文程跟皇太极一起吃饭，范文程看着一桌子珍馐美味，若有所思，便停下筷子不吃。皇太极猜到范文程是在思念老父亲，于是立即派人把这桌子菜打包送到范文程家里给他父亲吃。

在范文程辅佐下，皇太极还仿效明朝，设立六部（吏部、户部、兵部、礼部、刑部、工部）、内三院（内国史院、内秘书院、内弘文院）、都察院，后来由于皇太极征服了蒙古人，所以他设立蒙古衙门（崇德三年改称理藩院），专门处理民族事务，随着日后清朝统治地区增多，最终理藩院管辖包括内外蒙古、青海、西藏、新疆的少数民族事务，俄罗斯事务也归理藩院管辖。正是在皇太极统治时期，清国的政治体制确立。

皇太极初年的改革史称"天聪新政"，在他刚即位时，明朝这边就立刻做出反应，袁崇焕得到明熹宗的批准后，派遣使者前往祝贺，以刺探虚实。这是明朝与后金第一次正式的外交活动，十年你死我活的战争之后，明朝不得不正视后金的存在，可见要想让敌人承认你，除非你自己足够强大。

皇太极自然明白袁崇焕使者的来意，于是将计就计，对明朝使者盛情款待。双方就议和事项展开谈判，皇太极深刻明白一个道理，"南朝（明朝）虽师老财匮，然以天下之全力，毕注于一隅之间，盖犹裕如也。”后金的汉族官员对皇太极说：“（和议）成不成亦何损于吾国？和而成，吾坐收其利，以待天时，和而不成，急乘此时长驱直捣……”“我国利于和，彼国不利于和，我国和，而皇上不肯一日不观兵，彼国和，则易为因循，易为怠惰。”于是皇太极坚定地主和，在与明朝议和的过程中，皇太极为增加更多筹码，派镶蓝旗旗主阿敏、镶白旗旗主阿济格、镶红旗旗主岳托、贝勒济尔哈朗、总兵李永芳等人率大军十万攻打毛文龙的东江镇。

东江镇，就是鸭绿江以东地区，这一带是明朝大将毛文龙所控制，紧贴后金腹地，只要有东江镇在，皇太极就不可能安枕。

朝鲜认为毛文龙必败，为自保倒向后金，向后金大军提供朝鲜服装，于是后金军穿上朝鲜人的衣服来到东江镇的铁山，由于敌人穿的是朝鲜服装，一开始没有引起毛文龙部下的重视，等到后金军发起进攻时，已经晚了。铁山都司、毛文龙的养孙毛有俊等率千余名守军与后金大军血战，战至最后一卒，无人肯降，毛有俊拔刀自刎，壮烈殉国。皇太极不像努尔哈赤那样残忍好杀，此番出兵前皇太极特意嘱咐不可乱杀，所以攻陷铁山后，后金军没有遵循此前努尔哈赤时代每攻陷一座城市就大屠杀的惯例，而是说：“我们此番出兵只要杀毛文龙，你们各安生业。”

随后，后金铁骑因为冬天冰冻得结实，从冰上进攻与铁山仅三里之隔的云从岛。毛文龙率部英勇反击，双方在冰面上展开激烈战斗。毛文龙大喝一声：“生死在此一举，富贵在此一时，必须放开手脚，大干一场，才能死中求生！”说罢冲向了敌军，毛文龙所部面对武器和人数都占优势的后金军，毫不畏惧，浴血拼杀。

毛文龙身先士卒，左右臂、身上，中了三箭，犹浴血拼杀，此时天上下起冰雹，于是双方只得罢兵。当晚，毛文龙派兵夜袭后金军，后金人数数倍于毛文龙，压根儿没想到毛文龙敢派人来夜袭，不曾防备，被杀得大败。

后金军毕竟来了八万人（袁崇焕上奏说是十万），而云从岛的毛文龙所部只有不到三万，一场胜利无法改变力量对比，云从岛上有一千多以前被毛文龙所部生擒后归降的女真人，他们想趁机里应外合干掉毛文龙。这一切自然骗不过毛帅，一天毛文龙的几个亲兵公开向他禀报，说这一千多女真降卒一个个身穿铠甲，形迹可疑。

毛文龙将计就计，推说：“他们是要为我出战，不必怀疑。”说罢将几个女真降卒首领叫来，问道：“我最近几天吩咐每天给你们每人酒一瓶，肉一斤，你们收到了吗？”

其实毛文龙哪下过这种命令，岛上饿得都快人吃人了，怎么可能每天一人一斤肉，故而这几个人自然回答没有。

毛文龙假装大怒，把负责伙食的人叫来打了三十军棍。

这几个女真降卒头目见状，都觉得到目前为止自己要造反的情况没有被毛文龙察觉，于是放心睡去。当晚，毛文龙派人将几个降卒头目斩首，而后把一千多以前投降的女真人“俱行砍杀”，里应外合计划失败，后金军最终没能攻陷云从岛，后金将领阿敏大怒，一看，打毛文龙我打不过，我也不能白来，于是去打朝鲜人，朝鲜人这才叫自作自受，本来想把祸水引向别处，不成想祸水还是来了。阿敏率军攻入平壤，朝鲜国王李倧一面仓皇出逃，一面遣使向明朝和毛文龙请罪，说给后金军朝鲜人军服不是自己的主意，而是臣子所为，请求援救。

明熹宗认为，朝鲜跟明朝唇亡齿寒，于是要求毛文龙不计前嫌，出兵援朝。毛文龙接到诏书以后，不顾自身粮饷短缺，毅然率部进入朝鲜，反击后金大军。在天寒地冻的环境中，东江军衣不蔽体，食不果腹，由于没粮食，只能吃战死的人的尸体（据《东江疏揭塘报节抄》），但毛文龙依旧死战不退。

在相持阶段，皇太极要派军队支持在朝后金军，当然这一切都瞒不过毛文龙，毕竟东江军在后金的间谍太多了。由于朝鲜北部多崇山峻岭，冬日大雪封山，后金援军只能从冰封的黄海海面过来，于是毛文龙派兵将海上冰面全都凿开，所有船只一定接受管制。此番天助毛帅，没有发生觉华岛之战那样冰面被凿开后又被冻上的情况，皇太极的援军于是只得望洋兴叹。

随着天气转暖，战事逐渐向有利东江军的方面转变。随着河水、海水的解冻，东江军逐渐依靠朝鲜境内的大小河流，把以骑兵为主的后金军困住，多次重创敌军，三战三捷，于千家庄、瓶山一带与后金主力展开决战，斩六千余后金军。用《鞑靼战纪》的话说，阿敏最后“杀出一条血路回到本土”，八万后金大军险些全军覆没，毛文龙大获全胜。在胜利的同时毛文龙还派兵收复了铁山等此战沦陷的全部失地，而此时赴朝作战的后金军并不知道铁山已被毛文龙夺占，撤兵时还大摇大摆地经过铁山，毛文龙派项选伏兵铁山，后金军路过时火炮齐发，最终将后金在朝鲜掳掠的金银财宝全都截住，后金残兵败将此番只得空手而回。

由于1627年是丁卯年，此战史称“丁卯之役”，镶蓝旗几乎被全歼。对此，登莱巡抚孙国祯评价说：

> 臣看得毛帅孤悬绝岛，远泊水乡，溟雾胡风，侵肌扑面，寒烟冷月，泣昼怜宵。七年正月以来，五战而五胜，谛观宣州、车辇、义州西门、龙山诸役，皆令人舌咋心惊，色飞神动。然义州西门之捷，独雄而奇，盖其俘获者皆名酋，今之系纽而献者，此也。宣州诸路之捷，又险而奇，盖毛帅亲中二矢，不为少动。自五、六年以来，大小几近百战，积俘至四百七十有零，抢获器械、马匹累百，近日续报者不与焉。（王在晋《三朝辽事实录》）

“丁卯之役”是万历抗倭援朝战争以来，大明又一次帮助朝鲜免于亡国的军事行动。毛文龙战时说：“职惟知尽忠报国，决不肯偷身自免！”就连在中国的意大利传教士卫匡国在《鞑靼战记》一书说：“此次战役之激烈为中国所未曾见。抗拒鞑靼人最有力的要数英勇盖世的大将毛文龙。”

值得一提的是，《大明熹宗实录》卷三十八天启七年四月上，记载着“毛镇援丽截奴，三战三捷，已困奴与银杏江矣”，并对毛文龙做出了很高的评价，称其为“力遏狂锋之毛文龙”。

同时在这一页上，还有一则记载是关于袁崇焕的，当毛文龙在前线与后金军浴血奋战的时候，“巡抚袁崇焕疏颂魏忠贤功德请于宁前建祠”，原来袁崇焕这时候忙着写文章歌颂魏忠贤并申请在宁远给魏修生祠堂，这种对比实在是太鲜明了。

毛文龙和袁崇焕，很巧合地出现在一页史书上，留下了两种不同的记录，今天，读到这些记录，实在是百感交集、感慨万千啊！一个是立功异域，一个是歌颂宦官。虽然当时全国绝大多数官员都在给魏忠贤修生祠，所以袁崇焕也并不该受到太大指责，无非跟风而已，但这些官员里绝不包括毛文龙，屯田主事徐尔一称赞毛帅说：“当魏忠贤擅权，督抚节镇，称诵建祠者比比，而文龙耿介自守，不一濡足……可不谓今天下一奇男子哉？”（朱溶《表忠录》）当然了，其实我们也不该因此事就太歌颂毛文龙，毕竟，毛文龙在鸭绿江那一带，朝廷根本管不到他，他不给魏忠贤修生祠，也没什么，而袁崇焕就不同了，各地都修，他不修就要倒霉了。

丁卯之役失败后，皇太极继续跟明朝议和，重新坐到谈判桌前。皇太极提出，明朝出五万两黄金、五十万两白银、五十万匹绸缎、五百万匹绫罗给后金，后金以十颗东珠（产自东北的珍珠）、两张黑狐皮、十张元狐皮、两千张貂皮、一千斤人参作为回报，自己的地位可以比明朝皇帝低一级，书写文书时自己的名字低于明朝皇帝，但要高于其他明朝所有臣子，从此两家和好。和好后，明朝每年给后金一万两黄金、十万两白银、十万匹绸缎、三十万匹绫罗，后金每年给明朝十颗东珠、一千斤人参、五百张貂皮为回报。从此明朝与后金两家就不再战了。

皇太极也不想想，自己的八万大军在朝鲜被毛文龙揍成这样，他还有什么资格找大明要钱呢？袁崇焕把皇太极的议和条件扣下，压根儿不往上报。

皇太极见议和无果，写信到处在辽西张贴：

> 若我不愿和好，贪财好杀，则尔等理应尽忠死守，以报国恩。现我只愿和好，你南朝皇帝不肯，不惜将死兵伤，不顾国脉民命，父子离散，天地荒芜，一无挂碍，藐视将士如草芥，驱之必死。尔等应何去何从，不待我言自当知晓。

皇太极跟明朝打起了心理战，与此同时，天启七年（1627 年）五月十一日，皇太极率军六万进军辽西，真正的军事战也要打响。锦州成为第一个目标。

锦州守将赵率教、监军太监纪用（这太监不错，是个好人）准备不足，于是决定先与皇太极议和，以拖延时间，探听虚实，他俩派人跟皇太极谈判，皇太极说：“尔欲降则降，欲战则战！”没有谈判余地。十二日，皇太极挥军攻城，攻城主要依靠两种器械，云梯和楯车，楯车前面说过，这里不再详述。后金的云梯叫筒梯，就是云梯上蒙好几层牛皮，呈筒状，人往上爬，有牛皮保护，可防箭镞，对于小的滚木礌石也都能扛得住。

但后金军的攻城器械肯定是干不过大明的红夷大炮的，后金军死伤惨重，而此时城内的日子其实更不好过，守军也死伤惨重，快顶不住了，只是皇太极不知道。皇太极也想速战速决，他打起了攻心战，他写信给纪用和赵率教，说："如果你真的勇猛的话，为什么不出城决战？现在你们就像野獾钻进洞穴里，藏了起来，嗷嗷叫还挺自得，以为谁也不能把你们怎么样，而不知猎人拿铁锹一铲，就把你们办了。现在我和你们约定，你出城一千人交战，我就派十个人跟你们打，我跟你谁胜谁败，胜负立决。如果你自知守不住这座城，那就应该弃城而去，城内人民我都会放他们走，不杀一人，不然的话，你就把城内所有金币、牲畜给我们，我也可以退兵，此外没有第三条道可走。"（《清太宗实录》）

城内纪用和赵率教强挺着表现出镇定，根本不鸟皇太极，于是皇太极还真没耐心了，除留一部兵力在此，五月二十八日皇太极率主力军攻宁远。

那么就在五月十一日至五月二十八日期间，袁崇焕在干什么呢？

五月十六日，袁崇焕给赵率教写的一封信被皇太极截获，信中说"（大明）调集水师援兵六七万，将至山海；蓟州、宣府兵亦至前屯；沙河、中后所兵俱至宁远；各处蒙古兵已至台楼山，我不时进兵。"袁崇焕写这封信有两个打算，他知道皇太极把锦州围得水泄不通，这封信很可能被皇太极截获，他想诈一下皇太极，因为压根儿就没有这些援兵。而万一这封信要是送到城内，他也想以此来让赵率教、纪用心理有希望，好能多撑些日子。

但才打了五天，袁崇焕心中的胜利信心就没了，五月二十一日，袁崇焕上奏说："敌人对锦州的包围如铁桶一般，关外精兵尽在前锋，今为贼拦腰截断为两股。敌人积累连战连胜的气势，而我军积贫积弱，十年来战栗不定，现在能做的只有一个'守'字。让我军主动进攻的话，力所不及。而且宁远、杏山、松山、塔山四城是山海关的屏障，若宁远守不住则山海关必危，此天下安危所系，故不敢用四城的守军来救锦州，只能发奇兵逼之。"（《明熹宗实录》）

换句话说，袁崇焕的意思就是虽然锦州被围了，但宁远是绝对不能出动主力前去援救的，因为根本打不过对方。因此袁崇焕面对皇太极六万大军，只派了四千人去救援，无异于羊入虎口。但宁远城内的满桂（蒙古族人）违背袁崇焕的命令，自己带一支部队出城去救锦州，最终为锦州得以坚守立下大功。

在袁崇焕刚派出四千人之后，他给朝廷上的奏折中说：

此行决一死战，或可得志。若彼分番迭攻，而我兵战不可透，则锦为必破，又以困锦者困宁，虽城守素备，而食乏援绝。(《明熹宗实录》)

袁崇焕的意思是这次跟后金决一死战，也许有可能成功，如果敌人轮番攻击，那么锦州必然沦陷，然后敌军全军来打宁远，宁远坚守也难了，换句话说，袁崇焕对于宁远、锦州能否守住根本没底。

袁崇焕在奏折中还说：

"如果敌人退去，是靠皇上的威灵，万一锦州守不住，则宁远必然被围攻，这是心腹大患，现在应该急调蓟州、宣府的军队赶来山海关作为救援宁远的援兵，此外要速给军粮，有粮食才能行军快。现除调将遣兵之外，更别无他法。"

由此可见，袁崇焕都慌到什么地步了。

到五月二十八日，皇太极打宁远的第一天，袁崇焕在奏折中说：

"如果锦州失守，敌人必然以围困锦州的军队围困宁远，宁远孤掌难鸣，很快也会失守。敌军乘胜而下，就会兵临山海关，与其届时倾天下之兵与敌人在山海关会战，何如现在与其在宁远锦州决战？臣的意思是令三屯总兵孙祖寿，于蓟镇挑选马步精兵一万五千，赶紧来援。宁远城内守军三万五千人，兵士精而武器锐，满桂和孙祖寿两位将军既可以分别驻扎于宁远城的前后来御敌，也可以在宁远城的左右来御敌……骑兵步兵并进，与敌人决一死战。然后让援兵与锦州城内守军联合奋击，足能令敌人片甲不还。拼此三万五千人殉敌，则敌无不克。"

袁崇焕的意思是为了宁远，把辽东明军全部搭上，跟后金军拼了，这是在拿明朝东北国防力量的最后一点家底在赌呀！

明熹宗很快否决了袁崇焕的提议，发昏当不了死，于是袁崇焕只得完全靠自己来守住宁远了。为抵御后金军，袁崇焕除"凭坚城以用大炮"外，还布兵列阵城外，同后金骑兵野战争锋。他派李春华率两百人在城外掘壕沟作为屏障，总兵孙祖寿守西面，总兵满桂（他在增援锦州的时候英勇作战，但寡不敌众，战败退回）、副将祖大寿守东面，自己亲率一支部队出发，准备迎战。因为袁崇焕明白，此时害怕已经没有用了，干脆就拼他一下子，或许能守得住。

此时皇太极率军来到宁远城下，见城上旌旗不整，无声无息，说："这是袁蛮子驻守的城池，难道没有防备吗？必然有诈。"他话音未落，一支部队打着一杆大旗"袁"出现在他的眼前。皇太极下令迎战，不一会儿这股明军后退。满桂的军队上前，他背靠城垣列阵，士气高涨，严阵以待。皇太极见满桂离城垣近，自己的骑兵难以驰骋，于是令军队退到山冈，以观明军动向。但没多长时间皇太极还是沉不住气了，他与贝勒阿济格要攻城，代善、阿敏、莽古尔泰鉴于第一次宁远之战的教训，都劝他不要打。他说："皇考打这没打下来，我连打都不打，怎么扬我国威？"说罢，他率军进攻明军，代善、阿敏、莽古尔泰来不及披铠甲仓促跟从作战。满桂率军迎战，两支骑兵在宁远城下展开了激战。

皇太极认为，骑兵作战明军不是后金的对手，明军放弃拿手的大炮，偏要用骑兵，正好，可以用自己的八旗铁骑废了明军。且当双方骑兵交战时，大炮是无法发射的，因为那样可能伤害自己的军队。

而事实上，皇太极还是不知道明军大炮的射程，此时明军的红夷大炮的最大射程是1830米，袁崇焕的战术是双方骑兵展开厮杀时用炮轰击后金的后续部队。换句话说就是引诱皇太极骑兵进攻，等上钩的人差不多了，就用大炮轰击他们的后队，截断援军，前面跟自己骑兵作战的后金骑兵永远是那些人，而后面的后金骑兵上不来，始终保持人多打人少。

整个宁远城下，草木燃烧，硝烟弥漫，只见纷纷扬扬的尘埃中，后金的骑兵和他们身上的战刀被红夷大炮的炮弹炸到空中，又从半空中陆续落下来，东一堆西一堆的，有的是断臂，有的是断腿，有的是半截尸体，黄澄澄的泥土上，一摊摊后金军的鲜血在凝固。

在火炮轰击的同时，明军关宁铁骑与后金八旗铁骑在城下血战，明军铁骑抡起铁制大棒来呼呼作响，碰上就皮开肉绽。更可怕的是这些大棒还能发射火器，打着打着冷不丁就开枪，后金军死伤惨重，明军铁骑战斗力极强，见人就往死里打，身中数箭数刀，依然死战不退。

孙承宗、袁崇焕几年来苦练精兵的努力终于没有白费，此时的明军骑兵已经与萨尔浒之战时的明军骑兵截然不同了，这一切都因为关宁铁骑的横空出世。两军共有上万人混战厮杀，劲风卷着尘土像流动的烟雾，增加了战场的悲壮。明军铁骑带着鲜血的战刀闪烁着一道道寒光，刀锋闪过，满地是八旗军的尸体，被砍下的八旗军的头颅在关宁铁骑脚下被踢得滚来滚去，血污和沙砾凝固在一起，糊得死人的五官难辨。八旗军惨败。

只见明军骑兵在城下发威，炮兵在城上发威，袁崇焕令士兵红夷大炮、木龙虎炮、灭虏炮一块上。激战中两军尸横遍野，从早晨到中午，明军死战不退，后金伤亡很大，死几千人。满桂也身中数箭，坐骑受伤。后金军无法靠近城池，甚至无法打到城下，死伤惨重。袁崇焕率军杀出，其部下一箭射中阿济格右肩，阿济格险些落马。皇太极说："这个袁蛮子是厉害，怪不得我爸败在他手里。"随后他下令停止进攻。

当后金军在宁远城下激战时，锦州守军趁后金主力不在。势单力薄之际突然大开城门，蜂拥冲杀出来，大破后金，获胜后迅速退回城内。皇太极感到宁锦前后腹背受敌，于是他率军从宁远撤退，全力围攻锦州。

六月初四，皇太极一声令下，数万后金军发起冲锋，明军用红夷大炮和滚木礌石来对付后金军，后金军经历惨痛的伤亡后才打到城下壕沟边，壕沟很深，必须将云梯架在壕沟上，晃晃悠悠踩着云梯才能过去。后金军密集地拥挤在壕沟边反倒成了城上明军的活靶子，在火炮轰击下纷纷倒毙，尸积如山。

农历六月相当于公历七月，此时东北的天气虽不像现在这样炎热，但身穿铠甲的情况下冒着炮火发起进攻，也是常人难以忍受的。

最终皇太极只得下令撤军，此战结束，史称"宁锦大捷"。战后袁崇焕欣喜地奏道：

> 十年来，尽天下之兵，未尝敢与奴战，合马交锋。今始一刀一枪拼命，不知有夷之凶狠剽悍。职复凭堞大呼，分路进追，诸军忿恨此贼，一战挫之，满镇之力居多。

《辽海丹忠录》有诗写此战：

分崩虏骑如潮泻，鼓声雷动宁远下。长围虹亘百余里，靴尖踢处无宗罅。将军神武世莫伦，怒须张戟双目眦。剑锋扫虏秋箨卷，纷纷聚蚁无坚屯。尸沉马革亦何畏，流矢薄身惊集猬。大呼直欲尽敌止，风雷疑是军声沸。胡奴走尽壁垒开，一城士女欢如雷。十年积馁一时破，虏马应自忘南来。捷书飞入明光里，天子披之当色喜。安得将士皆如此，恢复两河须臾尔。

宁锦大捷，袁崇焕在战前手忙脚乱，想搬救兵，等到敌人真的大军压境时，他却能坚决抵抗，并用正确的战术将敌人击退，可见有时候，人是需要压力的，只有把他的所有指望都堵死，才能激发出他的潜能，让他去拼。总之，此战袁崇焕不救锦州，有过，守住宁远，有大功。但是战后，魏忠贤将袁崇焕在宁锦大捷中的功劳排在第八十六位，且朝中东林党人都被魏忠贤诛杀殆尽，袁崇焕愤然辞职。

说到这，我们该好好讲讲魏忠贤了，明宫三案中的移宫案跟魏忠贤有关，熊廷弼先是在魏忠贤的支持下得到启用，后因为得罪了魏忠贤而被杀，孙承宗也因为得罪了魏忠贤而被免去兵部尚书的职务。前文丁卯之役的时候，全国都在为魏忠贤建生祠，人死后才建祠庙，除非大家对于特别爱戴的人才在生前修建祠庙，像对一个人进行全国性建生祠的情况，中国历史上只有魏忠贤这一个例子，那么魏忠贤究竟是何方神圣，能有如此神通广大呢？

第十二章
"爱国贼"魏忠贤的兴衰

1625年冬日某一天，北京城内的一个小客栈，五个来京城做小买卖的商客聚在一起饮酒。其中一人酒过三巡，菜过五味，胆气壮了不少，高声说："魏忠贤作恶多端，用不了多久就会倒霉！"其余四人一听这话，谁也没敢多说话，胆小的一位还劝他谨慎，没想到这个人却说："魏忠贤虽然横，难道还能把我的皮剥了吗？我怕什么？"其他几个人没说话。

夜半时分，客栈门突然被踹开，数十名锦衣卫士兵，以手中火把照诸位旅客的脸，然后把在一起喝酒的那五个人都捉走了。其中四个人被摁着跪在地上，只见说魏忠贤作恶多端的那个客商手足四肢都被钉在一块门板上。魏忠贤对这四个人说："这小子说我不能剥他的皮，现在姑且一试。"魏忠贤让手下的小太监用沥青把那个人的全身浇了一遍，连每个指尖都不放过。一时间，焦煳味、肉香味飘散于空气之中。

待受刑人身上沥青干透，魏忠贤让人用锥子把人皮剥下来，整个人皮被完整地剥下来，由于有沥青绷着，人皮立在地上，几乎就是个完整的中空的人站在那里。被剥皮的人还没有咽气，他的双眼还看见自己的皮立在面前，惊恐惶骇的神情还能从没有面皮只有肌肉的脸上看得出。

此刻，另外四个人被吓得都快死了，他们觉得自己的下场也会如此。这时，魏忠贤并没杀他们，而是给他们每人五两银子压惊，然后把他们放了。

此事出自明末夏允彝（夏完淳之父）《幸存录》的下卷，由一徐姓算卦者讲给他听。当时，这个算卦的正住在那个客栈，事情经过为其耳闻目睹。

魏忠贤，1568年出生，河北肃宁人，农民出身，但精通射箭，能左右开弓，喜欢骑马。十七岁那年娶了媳妇，生了女儿。按理说男人自从当了爸爸，应该有责任感了吧，可是魏忠贤却从此开始天天赌博，几年下来就把家中财产输光了，一次债主逼上门来要债，魏忠贤环顾四周，发现家徒四壁的家中并非一无所有，因为还有两个女人，自己的女儿和妻子，被自己玩剩下的女人自然没人要，于是魏忠贤把女儿卖了，还清赌债。如果说到此为止，魏忠贤从此金盆洗手，老老实实种地，那么就不会有以后的事了。赌博这种事让人上瘾，只要有一次尝到甜头，就会赌下去，多次失败后，就会想着只要再赢一次就不干了，可是等到真赢了之后，就又欲罢不能了。

历朝历代明智的统治者都对赌博严厉打击，李斯制定的秦律规定，赌博的人轻者脸上刺字，重者“挞其股”，把你屁股打得皮开肉绽，让你这辈子都不能坐着赌博了。

宋朝赵光义则规定只要赌博，一律处斩（《宋史．太宗纪》载：“淳化二年闰二月己丑，诏京城蒲博者，开封府捕之，犯者斩。”）。

忽必烈规定赌博者轻者杖刑，重者流放，他对赌博的人说：“朕已用我的兵力征服你们，你们的一切都是我们的，如果你赌博，你就是拿朕的财产来做孤注一掷的输赢了。”

《金陵锁志》记载朱元璋为了治赌博，把南京城所有赌徒聚在一起，让他们在秦淮河畔赌博，赌徒们都很高兴，有人赌赢了一大笔钱，要出去买吃的，此时却被朱元璋的士兵挡住，士兵说：“皇上有令，只许赌，不许吃饭。”最后所有赌徒都被饿死，从此南京城没赌博的了。

明朝前期一直禁赌，到了魏忠贤所处的明末，辽东烽烟四起，中原流民遍地，压根儿不会有人禁赌了。赌博成了所有想不劳而获的人发家致富的捷径。

继续赌博的魏忠贤终于有一次输光了所有，连裤子都卖了，他躲进街上的酒馆，被人揪出来当街痛打一顿，差点丢了性命，魏忠贤情急之下说：“我他妈进宫当太监还你还不行吗？”

作为一个不甘心在土地上苦熬挣扎一辈子的年轻人，他的前途是那样黯淡，参加科举吧，自己不识字，靠辛勤劳动致富吧，自己吃不了苦，靠其他方式往上爬吧，自己在上面又没人。此时，也许，“我他妈进宫当太监还你还不行吗？”这句话倒是唯一的出路，是呀，与其饿一辈子肚子，还不如进宫当太监，把这也当成一回赌博吧，本钱不过是胯下的二两肉。但决心不是说下就能下的，阉了下边，第一，你不是爷们了，这辈子再也无法享受女人了，也不可能再有后代了，如此失去了一个男人最起码的尊严。第二，据说当太监的人，死后阎王爷不收，因此不能进祖坟，只能找地方随便埋了，做永远的孤魂野鬼。

但是，假如入宫当太监，魏忠贤有希望逐渐接近皇上，从而改变自己的命运，而如果依旧这样下去，则不可能改变自己的命运。在命运与命根二者中，魏忠贤选择了命运。

魏忠贤最后决定阉割当太监。许多人对这方面感兴趣，但又无法亲身经历，下面让我们根据清代笔记《宸垣杂识》来介绍一下当太监的过程。关于太监阉割过程，历朝历代都差不多，无论如何都是割去关键部位，所以清代记载的明朝太监阉割法照样靠谱。

愿意当太监的要有地位的太监引荐，然后立下婚书，把自己当女人嫁到皇宫，交十两银子。在春末夏初做阉割手术，因为手术后一个月下身不能穿衣服，还不能感染，所以选这个不冷不热的时候。净身前要斋戒三天，做手术前操刀者问：“你是自愿净身吗？”

“是。”

“假如你后悔，现在还来得及。”

“绝不后悔。”

“那么你断子绝孙可和我毫无关系吧？”

“毫无关系。”

随后被阉割人把《自愿阉割书》念一遍，然后被蒙上眼睛，手脚像“大”字一样被捆得结结实实，于是手术开始了。

先给被阉割人喝臭大麻汤麻醉，之后用胡椒汤将被阉割部位清洗消毒，然后就把该割下的地方砍下来，再用麦秆插入尿道，手术就结束了。被阉割人醒来后一开始感觉自己全身跟没了一样，等麻醉劲逐渐下去后就发现自己其他地方都还在，只有下边跟没了一样，其实也的确没了，当麻醉劲完全消失后会感到剧烈疼痛，操刀者用猪苦胆敷在伤口上缓解疼痛，之后让被阉割人再喝臭大麻汤，让他泻肚，减轻小便排泄量，保证手术成功，手术后三天内不许喝水，再往后被阉割人胡须脱落，声音变尖，就成了太监了。

这是变成太监的急性方法，还有慢性方法，那就是在男孩还是婴儿时，揉搓男孩的睾丸，每天三次，每次用力到男孩痛哭为止，这样做就破坏了男孩的生殖机能，时间一长生殖器就萎缩了，也成了太监。

太监的玩意儿被割下后用油炸透，包好，再放进器皿里，太监死后跟身体一起埋了。中国古代讲究身体发肤受之父母，有这个东西跟自己一起下葬，也勉强算完整的人。

做手术共需要五两银子，合人民币大约四千块钱，魏忠贤连裤子都输光了，还能做得起手术？所以他只能挥刀自宫。通过我的介绍，您会感到阉割手术是很复杂的事，然而魏忠贤却做成了，可见此人如生在现在，有进医科大学学外科的潜质。

挥刀自宫后的魏忠贤入宫当了宦官，注意，不是太监，因为要想当太监可没那么容易，太监是宦官的最高级别，明朝宦官级别分为：太监、中监、少监、监丞、长随、当差、火者。宫内历来按资排辈，初来乍到的魏忠贤自然是当火者了，火者的工作当然不是救火也不是放火，火者的工作是扫地、打水、刷马桶、开大门等等。

魏忠贤“不识文字，人多以傻子称之，亦担当能断，顾猜很自用，喜事尚谀”（《酌中志》）。这正是魏忠贤的优点，在宫中傻吃傻喝，看起来还傻实在，长相忠厚老实，比自己级别高的太监让他干吗他干吗，别人欺负他，占他便宜，他都毫不在乎。他的做法看起来傻，其实这是最精明的表现，宫中关系错综复杂，即便你反抗又能如何？只有看起来厚道，能被人信任，别人才有可能把机会给你，你才可能借机改变命运。果然宫中负责伙食的太监魏朝看中了魏忠贤，把魏忠贤拉到自己门下。

魏朝负责伙食的人是王氏，也就是王才人，王才人后来生了个孩子，叫朱常洛。

朱常洛二十三岁时有了儿子——朱由校，此后魏忠贤就天天陪着朱由校，和朱由校在一起玩耍。

假如历史就这样平静地发展下去，那么估计现在就没有人听说过魏忠贤这个名字了，1620 年，万历皇帝去世，朱常洛继位，年号泰昌，立朱由校为太子。魏忠贤一下子成了太子身边的太监，顿由熊市变为牛市。

二十九天后，朱常洛吃红药丸吃死了。他儿子朱由校继位，年号天启，史称明熹宗。三十天内换了三个皇帝，魏忠贤由皇孙身边的太监升级为皇帝身边的太监，三代人的辈分升迁只用了三十天，这其实并非中国历史上最快的皇位更迭。战国时秦昭襄王死后其子继位，三天后秦昭襄王之子暴卒，秦始皇他爸异人就继位了，三天内换三个皇帝。

对于这种速度的皇位更迭，想事先投机者压根儿不可能，受益者往往只能靠运气，魏忠贤就是如此。

其实如果单单是陪明熹宗一起玩大，魏忠贤不可能日后代替皇帝批奏折，因为陪明熹宗长起来的太监多了，魏忠贤绝非跟自己关系最好的。关键时刻魏忠贤跟一个女人拉上了关系，这个女人叫客印月，史称客氏。

客氏是明熹宗的奶妈，从小明熹宗就吃着她的奶长大，自然奶妈说什么就是什么。明朝宫中有一种叫"对食"的传统，就是太监和宫女结为夫妇，您没看错，我也没写错，就是这样。深宫寂寞难耐，宫女又不能出去，下雨天打孩子，闲着也是闲着，所以就跟太监做个伴。毕竟，身边没有男人的话女人一般是会寂寞的，男女搭配，干活不累嘛，既然皇帝离自己太远，找个太监在一起生活也不错。

当然，"对食"一段时间后就出事儿了，永乐十八年（1420 年），朱棣准备立为皇后的宠妃王氏暴死，而恰于此时，皇宫内又有人告发贾氏、吕氏与太监"对食"，朱棣勃然大怒。贾氏、吕氏惧祸，上吊自杀。朱棣并不罢休，拘捕与贾氏、吕氏亲近的宫婢，亲自审讯，看是否还有其他阴谋。宫婢受了酷刑，竟诬称后宫有人要谋害皇帝。于是，接连有更多的人被抓，最终竟然达近三千人之多。朱棣下令将这三千宫女凌迟处死，一个又一个二十岁左右的花样年华的妙龄宫女被剥下衣服，露出雪白的肌肤，随后被刽子手用无情的钢刀细割慢切。雪白的皮肤上鲜红的血格外刺目，鲜血无声地流淌在土地上，直到被砍得露出白骨和内脏朱棣才罢手。朝鲜《李朝实录》记载，有宫女临死前当着朱棣的面说 ：“你年老体衰，不能照顾我们（他照顾得过来吗？），宫女与宦官相好有什么罪过？”朱棣大怒，此时雷电打到宫殿檐角，宫女以为苍天有眼要阻止朱棣暴行。然而朱棣不为所动，继续屠杀。

此后明仁宗、明宣宗时期对食现象已基本不存在，再往后，明朝皇帝一个比一个懒，管好自己床上能睡的女人就完了，剩下的宫女与太监“对食”的事就都充耳不闻了，到了魏忠贤时代更是如此。

一开始与客氏对食的太监正是魏忠贤的老上级魏朝，魏忠贤把这些年在宫中挣的全部家当拿出来去搞定客氏，隔三岔五请她吃饭，“六十肴一席，费至五百金”，每顿饭六十个菜，酒足饭饱之后，魏忠贤便与客氏翻云覆雨了。有人会问，魏忠贤一个太监，有何本事颠鸾倒凤，其实这就涉及另一个问题了，魏忠贤同时代的人宋起凤在《稗说》一书中记载，“魏虽腐余，势未尽，又挟房中术以媚，得客欢”。换句话说，魏忠贤没有割干净，有时还是能干一票的，毕竟是他自己阉割的，不像宫中其他太监那样经过了严格手术，就靠这一点，魏忠贤就比魏朝有竞争力。很快魏忠贤拿下了客氏，与客氏一起将魏朝充军，并派人在半路干掉了魏朝。

客氏是明熹宗的奶妈，搞定了客氏就彻底搞定明熹宗，自然，贪玩的明熹宗就让从小陪自己长大的魏忠贤代替自己处理朝政。这个不识字的太监被任命为司礼监秉笔，职责是代替皇帝批答奏折。

身为司礼监秉笔的魏忠贤虽然一字不识，但他有他的办法 ：他让别人替他讲解奏折，把艰深的古文翻译成浅显的白话，然后，他发号施令，再让人把他的命令翻成文言文，用朱笔书写在奏折上。

明熹宗朱由校跟元顺帝一样，都喜欢干木匠活，他手造的漆器、床、梳匣等，都精巧绝伦。明末太监刘若愚《酌中志》记载 ：宫里工匠所造的床极其笨重，十几个人才能移动，样式也极普通。明熹宗便自己琢磨，设计图样，亲自锯木钉板，一年多工夫造出一张床来，床板可以折叠，携带移动都很方便，一个人就能搬动，床架上还雕镂有各种花纹，为当时的工匠所叹服。

明熹宗还善用木材做小玩具，他做的小木人，男女老少，表情各异，五官四肢，无不备具，动作亦很惟妙惟肖。明熹宗做完后还派太监拿到市面上去出售，市人都以重价购买，明熹宗更加有成就感，此后往往干到半夜也不休息，为了干木匠活而废寝忘食。

明熹宗喜欢看傀儡戏，于是自己就亲自动手做傀儡戏的道具。他做的傀儡戏木像有男有女，约高二尺，均涂上五色油漆，每个小木人下面的平底处用长三尺多的竹板支撑着。另外还有一个用大木头钉成的长宽各一丈的方木池，里面添水七分满，水内放有活鱼、蟹虾、海藻之类的海货。再用凳子支起小方木池，周围用纱围成屏幕，竹板在围屏下，游移转动，这样就形成了水傀儡戏的戏台。这样一演，那真是惟妙惟肖。

每到冬季，故宫西苑水池结冰。明熹宗便命一群太监随他一起玩冰戏。他为自己设计了一个小拖床，床面仅容一人，涂上红漆，上有一顶篷，周围用红绸缎为栏杆，前后都设有挂绳的小钩。明熹宗坐在拖床上，让太监们拉着绳子，一部分人在岸上用绳子牵引，一部分人在床前引导，一部分人在床后推行。这种床运行方便，很快就可往返数里。

明熹宗除了擅长建筑学外，还喜欢踢足球，明熹宗觉着玩起来不过瘾，就亲手设计，建造了五所足球场（蹴园堂）。明熹宗还喜欢造其他玩具，他曾用大缸盛满水，水面盖上圆桶，在缸下钻孔，通于桶底形成水喷，再放置许多小木球于喷水处，灌水后，水到一定高度碰到木球，水打木球，木球盘旋，久而不息。

如此，明熹宗把治国平天下的事，早就抛到脑后，无暇过问。魏忠贤当然不会错过这个良机，他常趁明熹宗玩得正高兴时，拿上公文请明熹宗批示，明熹宗便随口说道：“朕已经知道了，你尽心照章办理就是了。”

在这里我们说一下明朝皇帝理政的程序，朱元璋规定每天上三次朝来处理政务，称早朝、午朝、晚朝，早上天不亮就朝会，皇帝也须黎明即起，等到太阳出来便散会了。这样高强度工作，也就朱元璋、朱棣受得了，再往后的皇帝，晚上玩女人，早晨是起不来的，所以早朝就免了，后来连午朝、晚朝也一块免了。那么政务谁干？内阁！因此明朝的内阁比以往的任何丞相都更专权。朱元璋、朱棣，自己发号施令，口头吩咐内阁大学士代笔，内阁学士就像秘书一样。再往后的皇帝，要么不懂政治，要么就不那么独断专行，因此奏折先由内阁大学士看过，拿一张小纸条，写出他们意见，附贴在奏折上，送进宫里，再由皇帝看后决定，这在当时叫作“条旨”，就是向皇帝分条贡献意见的意思，又称“票拟”，是说用一个小条子（即票）拟具意见，送皇帝斟酌。待皇帝看过，把这条子撕了，用红笔批下，名为“批红”，亦称“朱批”。批好拿出去，这便是正式的圣旨。

但是在内阁与皇帝之间还有一类人，那就是太监，由太监作为过渡，皇帝有事交付与太监，再由太监交给内阁。内阁有事，也同样送太监，再由太监上呈与皇帝。这样，太监就能专权了，明熹宗嫌麻烦，自己许多时候不批奏折，叫太监批，魏忠贤就是如此。

看到这有人会问，那你前面写的明熹宗在宁锦之战中对袁崇焕的正确指示和主张出兵援朝等一系列军事指挥，究竟是怎么回事？这就要感谢魏忠贤了，虽然魏忠贤这个人很混蛋，但是，魏忠贤起码是爱国的，在事关国家民族存亡的大事上，还是在一定程度上讲原则的，绝非卖国贼。凡是辽东重要的军国大事，魏忠贤一律会交给明熹宗来决策，而明熹宗除了擅长“土木工程”外，聪明的他对于治国理政也是有两下子的，我们前面已经多次交代明熹宗对于辽东问题的正确批示，而且他对于辽东问题也基本保持着清醒头脑，天启六年（1626 年）十一月，袁崇焕上奏说皇太极正在请求议和之事，一边说靠在辽东屯垦戍边长期相持最终可以让后金投降，一边给魏忠贤大拍马屁，“由此行之，奴子不降，必为臣成擒矣。况厂臣魏忠贤与阁部诸臣，俱一时稷契夔龙之选，臣所遇非偶，故敢卜事之必成”（《明熹宗实录》）。

袁崇焕把魏忠贤比作“稷契夔龙”，稷指的是周文王祖先后稷，他是五帝中帝喾的长子，中国农耕的始祖。契是唐尧的异母弟，是商汤的先祖。夔龙则是盘古开天辟地时出生的神兽。袁崇焕如此肉麻的吹捧却没能让明熹宗高兴。

相反明熹宗训斥了他一顿，告诫他后金的议和压根儿不可信：“以朕计之，奴未必降，降不足信也；战未必能胜，胜无轻谈也。”

天启朝最大的战争失利，是沈辽之战袁应泰失守辽阳。而袁应泰之所以被起用，是因为之前的督师熊廷弼遭到了文官集团的弹劾，当时魏忠贤还未掌权。辽阳失陷后魏忠贤把给事中姚宗文、魏应嘉、御史顾慥、冯三元、张修德这些当初弹劾熊廷弼的文官都给办了，固然有打击文官集团的私心，但是这些文官误国，居然把大战略家熊廷弼的兵权夺了，导致辽东不可挽回的损失，也实在罪有应得。而后魏忠贤立刻支持明熹宗起用熊廷弼为兵部尚书，让他负责辽东防务。可见魏忠贤还是会用人的，但之后王化贞失陷广宁，魏忠贤包庇王化贞，杀熊廷弼就不光彩了。

此后，魏忠贤接连支持起用的兵部尚书赵南星、孙承宗及兵部左侍郎袁可立等，都是直臣、能臣，而且是和自己作对的，但魏忠贤在边关大事上还是容忍了这些清流官员。只是后来到了明熹宗晏驾前为了抢班夺权的根本利益，才临时起用了自己的私人崔呈秀，这些至少说明魏忠贤也是爱国的，因此，崇祯皇帝在亡国前又想到了这位已被自己赐死的魏忠贤也不是没有道理的。

袁崇焕曾经在一封给明熹宗的奏折里这样评价魏忠贤：

> 魏忠贤对社稷的功劳，是海内外都有目共睹的，也已经刻石勒碑，无需多说。在他分管边疆事宜的时候，为了消灭外敌，任用了刘应干、陶文、纪用等人，而抵御敌人所用的盔甲、兵器、马匹、悬帐等物品，都是他用自己的家产置办的，每天都有资助，还对军需进行资助。正是由于他的帮助，我才能专心从严治军，下属营中将领官兵才不敢贪赃营私，不敢欺上瞒下，才将务虚改为务实，将假的变成真的，由怯懦变为勇敢，所以才有今天的胜利。从古至今，没有一个内臣能超过他的。[1]

虽然有极度夸张的成分，但所有事都是多多少少有一定出处的，他也的确动用自己的钱来用于辽东战局。

对于辽东战局魏忠贤是着急的，他认为辽东打不过后金是因为缺乏马匹，明朝对于皇帝最喜欢的大臣，是赐其有在紫禁城内骑马的权利，于是魏忠贤下令但凡有在紫禁城内骑马权利的大臣都要交出一匹马来调拨辽东。此外魏忠贤又一下子赐给几百个太监在宫中骑马的权利，让他们每人交一匹马给辽东。区区几百匹马起不了

---

1 功在社稷，海内之共见共闻，业已铭刻金石，无容职赘。至其身任边事，誓图恢复，枭灭逆虏，任用刘应干、陶文、纪用等，而关内外御敌之伏甲、军器、马匹、悬帘等项俱以家资置办，日逐解来，又助军需。臣方一意巡缉严警，诸营将吏不敢贪懦营私，不敢馈遗隐串，改虚为实，化赝为真；易怯而勇，以有今日。从古内臣谁有出其右者?

什么作用，但也可见魏忠贤多少还是有点爱国心。

对明熹宗而言，治国是治国，玩耍是玩耍，他还是尽量希望两不误的。一次，明熹宗在西苑湖里与两个小太监划船玩，边玩边与岸上饮酒的魏忠贤开玩笑。忽然刮来一阵大风，把小船掀翻了，明熹宗掉入水中。幸亏明熹宗会几下狗刨，扑腾上岸。两个小太监旱鸭子，被淹死了。这次很悬，明熹宗差点步昔日正德皇帝后尘，正德皇帝就是一次掉进水里后不久就死了。

爱国归爱国，其实也并不值得表扬，因为这是做人最起码的，一个人如果连自己的祖国都不爱，那实在是无可救药了。

就像现在突然暴富的土豪烧钱以显示自己的富有一样，一人之下万人之上的魏忠贤不放过任何一个炫耀自己的机会。他特别喜欢炫耀自己的排场，每次出行，他都要“坐文轩，羽幢青盖，四马若飞。铙鼓鸣镝之声，轰隐黄尘中。锦衣玉带靴裤握刀者，夹左右驰，厨传、优伶、百戏、舆隶相随属以万数”，随从多达万人。

在穿着上，魏忠贤经常穿龙袍（不只皇帝能穿龙袍，藩王也能，但是龙爪数量比皇帝少），魏忠贤的龙袍的纹样则比藩王差一爪。甚至连内衣内裤上，都要绣上金线蟒龙。

就此时魏忠贤的表现而言，可以说他缺乏最起码的常识，明朝太监没有兵权，根本不能像唐朝太监那样掌握皇帝的废立，此前专权的太监没有一个得好死的，最著名的例子就是明英宗时的王振和明武宗时的刘瑾，前者被军人拿锤子砸死，后者死得更惨。

正德皇帝下令对刘瑾砍三千三百五十七刀，要分三天割完。第一天，要割刘瑾三百五十七刀。随着行刑官一声令下，刽子手先从刘瑾的胸膛上动手，割了十刀。然后对着刘瑾大喝，怕他昏死过去，刽子手也借机休息一下，等刘瑾苏醒过来，再割十刀，如此反复。第一天割完三百五十七刀，刘瑾被押回牢里，他非但没死，居然胃口很好，喝了两大碗粥。第二天，依旧是每十刀一歇，这天，没割完规定的数目，只割了数十刀，刘瑾气绝身亡。但是，按照刑律，就是犯人死了也不能放过，因此，刘瑾依然被割足了刀。割满刀数后，还要剖心挖肝，削去首级，把割下来的肉捣烂，把骨头捣碎才算完事。

刘瑾是中国历史上死得最惨的人，换句话说，中国历史上死得最惨的人就是明朝的专权太监，假如魏忠贤知道这件事的话，无论如何他都不会这样作的，不作死，就不会死。读史使人明智，殆非虚言。

由于魏忠贤本身缺乏最基本的政治素质，犯下的政治错误越来越多，一夜暴富的这种心理，加上太监本身扭曲的性格，他渐渐作恶多端，对所有看不起他或者挡他的道的人一个个斩尽杀绝，最终成了本章开头那样的杀人魔王，也激起了文人们的群起而攻之。

1625 年东林党人杨涟上奏弹劾魏忠贤，奏折说：“太祖皇帝曾下令，太监不许干预朝政，只能扫大街，违令者杀无赦。先帝圣令在先，但仍有人肆无忌惮、扰乱朝纲，东厂太监魏忠贤就是其中之一。臣列其罪状，请圣上过目。魏忠贤本是市井无赖，净身后入宫当了太监。起初在一些小方面略显忠诚，博得了皇上的信任，但后来他惑乱朝政，成为大奸大恶之徒。祖宗的制度，由内阁大臣来拟定圣旨。魏忠贤擅自专权，多次假传圣旨，有时甚至直接自己批折子。破坏祖宗两百余年的政体，这是第一项大罪。

“……在朝中没有比官员的推举、任命更重要的了，但去年，南太宰、北少宰都按魏忠贤的意思任命，一时间名人贤士都不能各安其位。魏忠贤玩弄权术，使得朝廷任用官员黑白颠倒、权诈横行，这是第六项大罪。

“皇上推行新政，正需要忠正贤明之士，而文震孟等贤明之士的言论只要让魏忠贤觉得不顺耳，那么他们就不‘贤明’了，就被罢官。这真是天子之怒易解，忠贤之怒难调啊，这是第七项大罪。

“去年去城南郊祀的那天，传闻宫中有位贵人，因为性情贞静，受到皇上的宠爱。魏忠贤害怕她揭发自己的丑事儿，就谎称贵人得了急病，置她于死地。使陛下不能保护自己非常宠幸的人，这是第八项大罪。

“裕妃因为怀孕准备加封，朝廷内外都为皇上感到高兴。但魏忠贤却因她不肯依附自己，假传圣旨，命她自尽。使陛下不能保护自己的妃嫔，这是第九项大罪。

“皇后有喜，怀上了皇子，却忽然离奇流产，传闻是魏忠贤与客氏谋划的。使陛下不能保护自己的儿子，这是第十项大罪。

“先帝做皇子四十余年，一直保着先帝的却只有王安一人。先帝突然驾崩，王安拥护陛下登基有很大功劳，但魏忠贤因为一些私人恩怨，假传圣旨，在南苑将他杀了。这不是仇视王安，而是仇视所有跟随先帝的大臣们，而那些无罪而被他杀害、赶走的人，更不知有几千几百人，这是第十一项大罪。

“魏忠贤要挟众人，今天要个奖赏，明天又要赐个牌匾。最近又在河间地区毁坏民居，修建牌坊，镂凤雕龙，然后又开始拟定修建其陵寝的占地方案，这是第十二项大罪。

“魏忠贤胡乱给小太监们封官，亵渎朝廷，超越了任何朝代，这是第十三项大罪。

“……北镇巡抚刘侨因为遵守朝廷法度，不肯杀人向魏忠贤献媚，魏忠贤认为他不善锻炼，便将其罢官。这等于是说，大明的律令可以不遵守，但魏忠贤的律令却不能不遵守，这是第十八项大罪。

“朝廷设立东厂，原本是用来捉拿奸人的。自从魏忠贤负责东厂之后，每天都在做一些公报私仇、诬陷忠良的事。只要是有片言只语违背了魏忠贤，就会被捉拿，受迫害，这是第二十项大罪。

“祖宗的规定，不准蓄养内兵，是很有深谋远虑的。魏忠贤和奸相沈纮在大内练自己的军队，藏匿奸人，一旦发生变故，是很大的忧虑啊，这是第二十二项大罪。

“魏忠贤去涿州时，开路清道，禁止他人通行，百姓都以为是皇上出行。他回京的时候，驾四马，羽幢青盖，夹护环遮，俨然一副皇上御驾的样子，这是第二十三项大罪。

“听说今年春天的时候，魏忠贤在皇上面前违制骑马，皇上射杀了他的马，但没有治他的罪。当时魏忠贤不但不伏地认罪，反而还面带傲色，颇多怨言。向来乱臣贼子，谋反只在一念之间，总是肆无忌惮就会发展到不可收拾的地步。即使把魏忠贤凌迟处死，也不足以抵偿他的罪过。这是第二十四项大罪。最后杨涟请求熹宗召集文武大臣共议此事，并命刑部对魏忠贤严加审问，对所涉及的案件查明真相，以正国法。”

杨涟上奏的内容真实性如何呢？就我节选的这些条而言，咱们随便摘几条看，第一条，秉笔太监是收发文件的经手人。明朝从正统皇帝朱祁镇开始，叫太监代为批红。此后，成化皇帝、正德皇帝、隆庆皇帝都经常这样做。明熹宗照着干，只是援引惯例而已。如果要说太监批红和口头传达圣旨是犯罪，那么，首犯只能是成化皇帝，不是朱由校，更不是魏忠贤。

第六条，属实。

第七条，文震孟是天启二年的进士，当年十月因上《勤政讲学疏》，被明熹宗下令廷杖后开除公职。对文震孟的廷杖，在午门外当众进行。朱由校下令全体官员到现场观看文震孟受刑。这是一个轰动朝野的事件，不可能是魏忠贤个人操控得了的，事件的整个过程，都是明熹宗起的主导作用，基本上未见魏忠贤的身影。

第八条，是传闻，无法考证。

第九条，与真相有一定出入，真相是，裕妃与客氏不合，在裕妃怀孕后，通过魏忠贤向明熹宗进谗言，说裕妃平时作风就有问题，这个孩子恐怕不是明熹宗的，于是明熹宗把裕妃打入冷宫。而后客氏禁止给裕妃食物，最后裕妃被活活饿死。

第十条，传闻属实，皇后腰疼，魏忠贤找“医生”给她治病，治病按摩腰部时就把孩子搞流产了。

第十一条，王安被杀，据考证，不排除与魏忠贤有关，但没有确凿证据。

第十二条，无确凿证据。

第十三条，属实。

第十八条，属实。

第二十条，属实。

第二十二条，组建内兵不是一件小事，也不是可以偷偷摸摸干的。魏忠贤的确组建内兵了，但即使不是出于朱由校的主意，也必定得到了朱由校的批准。因此这条不算罪状。

第二十三条，属实。

第二十四条，属实。

总之，除了那些“听说”的以外，其他的有铁证如山的，也有有水分的。当然，这封奏折明熹宗不可能看到，魏忠贤看到此奏折后大怒，他立即下令将杨涟逮捕，让人用铜锤砸杨涟的胸膛，几乎砸断了他的所有肋骨，但杨涟没死。而后魏忠贤又派人趁杨涟睡觉时把一袋土压在他身上，这种办法是中国古代处理那些按律不能杀，但对当权者而言还必须死的人。对一个肋骨被压断多根的人而言，一袋土压在胸口上，足能让人窒息而死。

但杨涟这样的真正的中国士大夫就是命大，一袋土就跟盖被子一样，白天一拍土就站起来了。这下丧心病狂的魏忠贤最终让死党许显纯以一枚大铁钉钉入杨涟的耳朵里。杨涟头痛欲裂，知道自己快死了，于是他用手指蘸着自己头上的血写了一封血书，如此忠臣义士，自然当把他的血书录入：

> 欲以性命归之朝廷，不图妻子一环泣耳。……身非铁石，有命而已。雷霆雨露，莫非天恩，仁义一生，死于诏狱，难言不得死所。何憾于天？何怨于人？惟我身副宪臣，曾受顾命（杨涟是明光宗的托孤大臣）。孔子云：“托孤寄命，临大节而不可夺！”持此一念，终可以见先帝于在天，对二祖十宗与皇天后土、天下万世矣。大笑，大笑，还大笑！刀砍东风，于我何有哉？

太潇洒了，这就是中国古代真正的士大夫，对于这种人的存在，魏忠贤是压根儿不可能理解的，与杨涟一同被魏忠贤残酷杀害的还有东林党人左光斗、魏大中等。

魏忠贤为斩草除根，炮制了《东林点将录》，就是像《水浒传》那样把东林党人按次序排名，列了一百零八人，我举几个例子您就明白这是什么东西了，“开山元帅托塔天王南京户部尚书李三才，天魁星及时雨大学士叶向高，天罡星玉麒麟吏部尚书赵南星……”

炮制了《东林点将录》后，魏忠贤拿给明熹宗看，希望他能按名单抓人，明熹宗却问出了一个足以让魏忠贤跳河的问题，“什么是《水浒传》？”

问出这个问题并不奇怪，明熹宗的老师是孙承宗，孙承宗让他读的书无非是四书五经、《资治通鉴》或其他正统的书籍，对于《水浒传》这种写造反的小说，他在深宫之内没看过也不足为奇。

没看过没关系，魏忠贤继续给明熹宗耐心解释，详细解说了《水浒传》的内容，魏忠贤虽然不识字，但对于《水浒传》，通过听评书等途径还是基本知道的。魏忠贤刚讲完《水浒传》的内容，明熹宗翻开《东林点将录》的第一页后，就又问了一个让魏忠贤崩溃的问题，"谁是托塔天王？"

无论是晁盖还是哪吒他爸，明熹宗都没听说过，于是魏忠贤只得秀出自己的"学问"，什么智取生辰纲、夜打曾头市等，都说一遍，最后明熹宗点评了一句："好！托塔天王，有勇有谋！"

既然明熹宗都夸晁盖了，再想让他来收拾被自己比作晁盖的人，显然是没戏了，于是魏忠贤只得收起《东林点将录》，再也不拿出来了。

残害了杨涟等人后，朝廷一时万马齐喑，更没人敢公开与魏忠贤叫板了，非但如此，越来越多的人投奔了魏忠贤，魏忠贤手下重要党羽被人称作五虎、五彪、十狗、十孩儿、四十孙，冲这些名字，就可想而知这帮人都是什么货色。

越来越多的人去捧魏忠贤的臭脚，天启五年（1625 年），东厂太监抓到了一个后金奸细。这本是一件寻常之事，但由于东厂是魏忠贤控制的，于是就被升华到异乎寻常的高度，内阁大臣起草的圣旨说："魏忠贤赤心为国，殚力筹边，前此屡着奇勋，今又潜消大衅，不烦亡矢遗镞之费，可比斩将搴旗之功，劳在封疆，赏宜超格。""捷音里报于边塞，胜算实出于庙堂。"

天启六年（1626 年）闰六月，京师中府草场失火，魏忠贤亲自带着太监扑救。对这场火灾，主管草场的官员薛贞有不可推卸的责任。然而，这位薛贞很善于"把坏事变成好事"，他在火灾结束后上奏说魏忠贤在扑救火灾时"尽心竭力，别具一应变之才而布置安排"，并且就此大发了一通议论："可见天下无难事，特患无实作事之人耳。使人人皆能如引实做，何遽谓天灾不可挽回哉？"魏忠贤看到这封奏折后大喜，薛贞非但没有被处分，反而被提升为刑部尚书。薛贞也因此被称为"火逼尚书"。

同年，国子监监生集体上书，要求以魏忠贤与孔子并祀，并说他"复重光之圣学，其功不在孟子下"，大字不识一个的魏忠贤就这样被中国最高级的知识分子与孔孟并称，读史至此，足以为整个明朝历史蒙羞。1626 年夏，浙江巡抚潘汝桢开头，在当地为魏忠贤建生祠，地点位于杭州关羽庙和岳王庙之间。江南一带的魏忠贤祠内坐像多以沉香木为体，眼耳口鼻手足皆栩栩如生，连坐像肚子中也按真实比例用金玉珠宝雕成肠子心肝脾肺肾和杂碎，充斥其中，以拟真人。河南省的魏忠贤生祠贴着这样的对联，"至圣至神，中乾坤而立极；多福多寿，同日月以长明"。南京的生祠就修在朱元璋明孝陵旁，朱元璋生前在故宫曾立一块牌子，“宦官干预政事者，斩！”现如今宦官的生祠就在自己的坟头边，他九泉有知，说不定会把棺材啃穿了爬出来。江西的魏忠贤生祠则是江西巡抚把朱熹的祠堂砸了之后在其原址重修，以显示魏忠贤盖过朱熹之意。

现在普遍的说法是魏忠贤当时被称作九千岁，其实这不全面，魏忠贤只是在一段时间内被叫作九千岁，最后他到巅峰时被称作“九千九百岁爷爷”，这是中国历史上唯一的九千九百岁。

虽然魏忠贤都已经被叫作九千九百岁了，但事实上他自己还是很心虚的，魏忠贤喜欢看戏，但不喜欢看到戏里的奸臣，每次宫里演戏只要遇到秦桧这样的角色出场，魏忠贤就坐立不安，甚至溜之大吉。

在魏忠贤势头最盛之时，中国古代史最大的一场爆炸使得魏忠贤也备感心虚，在他心中暗暗觉得，或许这是苍天对他不满的表示。

天启六年五月初六日巳时（1626 年 5 月 30 日上午 9 时），在北京王恭厂一带发生了一次惊天动地的大爆炸。

王恭厂所在位置是大约今西城区新文化街以南、象来街以北、闹市口南街以东、民族宫南街以西的永宁胡同与光彩胡同一带。当时为工部制造、储存火药的仓库就在王恭厂。

据《明季北略》引《天变邸抄》描述：

（当日）天色皎洁，忽有声如吼，从东北方渐至京城西南角，灰气涌起，屋宇动荡。须臾，大震一声，天崩地塌，昏黑如夜，万室平沉。东自顺城门大街（今宣武门内大街），北至刑部街（今西长安街），西及平则门（今阜成门）南，长三四里，周围二十三里，尽为齑粉，屋以数万计，人以万计。王恭厂一带，糜烂尤甚。僵尸层叠，秽气熏天，瓦砾盈空而下，无从辨别。衙道门户，震声南由河西务，东自通州，北自密云、昌平、告变相同。城中屋宇无不震烈，举国狂奔。象房倾圮，象俱逸出。遥望云气，有如乱丝者，有如五色者，有如灵芝黑色者，冲天而起，经时方散。

北京城中东南西北四个方向，都受到了影响，连象房里的大象都跑出来了（城内类似于动物园的象房），估计有这几头大象的加盟，当时北京就真成名副其实的一片乱象了。

“两万多居民非死即伤，断臂者、折足者、破头者无数，尸骸遍地，秽气熏天，一片狼藉，惨不忍睹”。一时间人畜、树木、砖石突然腾空而起，不知去向，“长安街空中飞堕人头，或眉毛和鼻或连一额，纷纷而下”。爆炸力之大，乃至炸飞的木头都飞到了密云,石驸马大街上有一五千斤重的大石狮竟被掀出顺成门（今宣武门）外，被炸飞的木头、石块、人的尸体从天上如下雨一样落下来，衣物、银钱、器皿等更是飘至昌平的阅武场中，或是散落到西山上以及东北郊去了。灾后，“所伤男妇俱赤体，寸丝不挂，不知何故”，爆炸炸得把衣服都炸没了，但人还活着。

钦天监周司历说：爆炸当时“地鸣声如霹雳”，“ 有云气障天，良久散”，他占卜了一下，卜卦的结果是“地鸣”意味着天下会发生大战。此外周司历还奏报地底下“汹汹有声，是谓凶象，其地有殃。地中有声混混，其邑必亡”。本就知道自己搞得天怒人怨的魏忠贤听此报告，更是大怒，说他是妖言惑众，廷杖一百下把他打死。

后宰门守门内侍在爆炸开始前，突然听见音乐声，“一番粗乐过，又一番细乐，如此三叠”，诸位内侍非常惊异，于是进入殿中，看见一个像红球的东西从殿中滚出，腾空而上，而后就有了这次大爆炸。

此时明熹宗正在乾清宫用早膳，突然地动殿摇，“干清宫御座、御案俱翻倒”，明熹宗起身冲出干清宫直奔交泰殿，明熹宗跑得比兔子还快，只有一个侍卫跟上了，途中赶上建极殿的瓦片被震飞，正中近侍头部，脑浆迸裂倒地而亡。飞溅的脑浆打在明熹宗身上，顾不得惊恐的明熹宗继续跑到一片开阔地方止。紫禁城中正修建大殿的工匠，因“震而下堕者二千人，俱成肉袋”。

绍兴一个姓周的官吏的弟弟在菜市口遇到六个朋友，互相作揖，此时发生大爆炸，姓周的官吏的弟弟的人头一下子飞了，另外六个人没事儿。

冯铨的妻子在大爆炸时坐在轿子里，爆炸过后，从轿子里一出来，已经赤身裸体了。

“又石忽入云霄，磨转不下，非常怪异，笔难尽述。”

此次爆炸除记载在《明季北略》外，在其他许多很靠谱的史料中也都有记载，如《明熹宗实录》卷七一记载，北京平谷的一位官吏上奏说“忽听响声如雷，初疑其为地震也，差夜役张忠飞马往探，始知为王恭厂之变，切思平谷离京一百八十里，尚声洪如雷，况深宫大内相隔咫尺，不知如何震动”。

此外谈迁《国榷》、刘若愚《酌中志》等都有记载，因此绝对靠谱。那么这次大爆炸究竟是何原因呢？

有说是地震的，但地震怎么可能会震得男女老少一丝不挂呢？有说是火药爆炸的，毕竟爆炸中心王恭厂就是火药厂，但这也无法解释一丝不挂的现象，要炸就是把人和衣服都炸飞了，不可能衣服没了，人还活着。有说是陨石撞击地球的，可是爆炸中心却“不焚寸木，无焚烧之迹”，如果是陨石撞击的话，爆炸中心应该情况最剧烈才对，那究竟此番爆炸是为什么呢？总之各种观点都无法百分之百自圆其说。据后人估算，此次爆炸产生的威力相当于一万吨至两万吨当量的 TNT 炸药爆炸的威力，此事与印度死丘事件、1908 年俄罗斯西伯利亚通古斯大爆炸并称世界三大自然灾难之谜。

此事后，明熹宗下了一道罪己诏，但也只是象征性的，他并没真正深切反思自己的过失，至于魏忠贤嘛，没有任何科学文化知识的他在此事后更是变本加厉，继续让全国各地为他修生祠，享受着最后的疯狂。

此番爆炸一年后，1627 年，尚书霍维华献给明熹宗长生不老药，名叫灵露饮。这种药是用粳米、糯米跟水和在一起，然后把这些米和水放进甑（一种碗，碗底有小洞）里，用柴火烤甑，在甑下面放一个空口银瓶，等到甑里面的糯米和粳米融化成液体顺小孔流入银瓶后，银瓶里的东西就叫灵露饮。在吃了几天灵露饮后，明熹宗感觉很爽。天启七年八月十一日（1627 年 9 月 19 日）明熹宗挂了。

明熹宗的三个孩子先后夭折，所以此时他已没有孩子，他的父亲明光宗共生了七个孩子，可是活到现在的只有他和弟弟朱由检，他快死了，朱由检自然成了独一无二的继承人。

十七岁的朱由检继位，年号崇祯。一开始崇祯装出一副与世无争的样子，以免被魏忠贤加害，他"衣冠不整，不见内侍，坐不倚侧，目不旁视，不疾言，不苟笑"（郑达《野史无文》卷三）。当然，光靠装傻还是不够的，他进宫时带着干粮、炒米饭，不吃宫中一粒米，不喝宫中一口水，对宫中的一切都保持着高度警惕。入宫后的第一个夜晚，崇祯一晚上都没睡着，不是因为即将"一朝权在手便把令来行"的兴奋，而是恐惧，因为这座宫殿里绝大多数人都是魏忠贤的人，当夜崇祯秉烛而坐，突然一个太监手拿宝剑从一侧经过，崇祯误以为是魏忠贤派来杀自己的人，立即站起身来。他看到太监并无加害之意，这才放心，找太监把宝剑要过来，放在自己桌子上。

过了一会儿，他听到夜间打更的声音，于是他把所有的皇宫值夜班的太监和侍卫都叫来，让御膳房值夜班的太监做夜宵，所有人在一起吃一顿，吃到第二天早晨。毕竟，人多的地方总是会让人有安全感。这就是崇祯继位后的第一夜，记载在《崇祯长编》里。

魏忠贤为了让崇祯受自己摆布，于是打算用美人计，他让一个女子服侍崇祯。崇祯有洁癖，这个女子刚来，崇祯就说："快去沐浴！"女子草草洗了一下，刚披上一件白纱浴巾，崇祯便冲了过来。

此时的女子本来就风流妩媚，加之刚沐浴后飘散的一头秀发，白里透红的肌肤以及高耸的乳峰上那若隐若现的乳晕，这一切都强烈吸引着崇祯的眼球，崇祯感到浑身在燃烧，血液犹如沸腾一般，他把女子一把抱住，放到床上，一把撕开白纱浴巾……两人很快便疾风骤雨般在龙床上颠鸾倒凤，欲死欲仙。

崇祯本来是不好色的，那么这一幕又是如何发生呢？原来在屋外有一个小太监一直在夹墙内往屋里吹迷魂香，这是一种能使男人爆发性欲的香。这个小太监最终被揪出。经审问，这个小太监是魏忠贤的人，崇祯说："皇考和皇兄都是误在这上面呀！"崇祯在心里埋下了废掉魏忠贤的种子。

崇祯知道魏忠贤树大根深，轻举妄动无异于自取灭亡。果然，他还没行动，魏忠贤就开始行动了，九月初一，魏忠贤提出辞呈，崇祯当然明白，这是在试探自己，假如自己批准了魏忠贤的辞呈，就说明自己想让魏忠贤滚蛋，那么此时滚蛋的一定是崇祯。

崇祯亲自召见魏忠贤，说："先帝临终前嘱托朕，国事一定要靠两个人：您和张皇后，所以爱卿怎好弃朕而去呢？”

魏忠贤听后感动不已，但老奸巨猾的他还是不敢掉以轻心，九月初三，魏忠贤让客氏试探着提出辞呈，崇祯顺水推舟批准了，魏忠贤的左膀由此离开。

魏忠贤不敢相信自己的眼睛，于是再让自己的头号死党司礼监掌印太监王体乾提出辞呈，崇祯此时虽然才十七岁，但其心理年龄四十七岁都不只，他一眼看出魏忠贤的心理，自然拒绝了王体乾的辞呈。

九月十六日，都察院御史杨所修上奏弹劾兵部尚书崔呈秀、工部尚书李养德等四人，此四人都是阉党，其中崔呈秀是魏忠贤集团第二号人物，杨所修弹劾他们的内容却是他们在父母死时都没有回家守孝。不要小看这点，当初张居正死后就因为没有回家为父守孝而被扳倒，中国古代以孝治天下，父母死后守孝三年是天经地义之举。

自从杨涟等人惨死后已经许久没有人弹劾过魏忠贤了，魏忠贤知道这一定是崇祯指使干的，可是崇祯却做出批示，否决了杨所修的奏折，而后又赐给魏忠贤的侄子魏良卿免死铁券（免死铁券并不是什么罪都能免，谋反除外），而崇祯此举就是为了给魏忠贤吃定心丸。

就在魏忠贤觉得云山雾罩之时，给事中陈尔翼上奏，大骂杨所修，并为崔呈秀辩护，说那些不回家守孝的事都是已经死了的东林党人栽赃的，请求崇祯严查。

崇祯以为陈尔翼的奏折是魏忠贤指使下写的，而魏忠贤则压根儿搞不清陈尔翼为什么写这封奏折。魏忠贤以为杨所修的奏折是崇祯指使下写的，而崇祯则压根儿搞不清杨所修为什么写这封奏折。

看起来越来越乱，事情的真相是这样的：阉党杨所修看出崇祯一定要干掉魏忠贤，他弹劾崔呈秀就是为了此时跟阉党划清界限，而且不把矛头对准魏忠贤，也可以让自己万一玩砸了还有退路。可是他这么一封奏折自然得罪了崔呈秀，同为阉党崔呈秀掌握了大量杨所修的劣迹，他便威胁杨所修，杨所修无奈，只得让陈尔翼写封奏折，把责任推给已经死去的东林党，这样就死无对证了。

就在事情被杨所修和陈尔翼搅乱了的时候，越来越多的人抱着跟杨所修一样的心理，看出崇祯城府极深，知道魏忠贤必挂，于是纷纷上奏弹劾崔呈秀，魏忠贤明白，必须牺牲崔呈秀了。他让崔呈秀提出辞呈，崇祯也顺水推舟批准了，兵部尚书被罢官，由此兵权收归崇祯己有。

见魏忠贤的手下阉党二号人物就这样被魏忠贤抛弃了，其他人纷纷上奏与魏忠贤划清界限，领导不够意思，那就休怪员工翻脸了，墙倒众人推的时刻到了。此时，已经胜券在握的崇祯夺去魏忠贤一切职务，但是保留了他的爵位，把他发配到朱元璋祖坟凤阳。可是被罢官的魏忠贤依然拥有一千名卫兵，一个待罪的宦官还如此跋扈，崇祯大怒，下令将魏忠贤缉拿回京。

魏忠贤的死党李永贞得知崇祯帝的谕旨后，连夜派心腹李朝钦飞骑追赶魏忠贤密报。李朝钦在一个名叫新店的地方赶上了魏忠贤一行。此日晚上，他们一行人到达阜城（今河北阜城，当时属京畿）投宿。魏忠贤与李朝钦两人举杯痛饮。据说两人酒至酣处，忽听窗外有人唱起一首小曲《挂枝儿》。曲云：

听初更，鼓正敲，心儿懊恼。想当初，开夜宴，何等奢豪。进羊羔，斟美酒，笙歌聒噪。如今寂寥荒店里，只好醉村醪。又怕酒淡愁浓也，怎把愁肠扫？

二更时，辗转愁，梦儿难就。想当初，睡牙床，锦绣衾裯。如今芦为帷，土为炕，寒风入牖。壁穿寒月冷，檐浅夜蛩愁。可怜满枕凄凉也，重起绕房走。

夜将中，鼓咚咚，更锣三下。梦才成，又惊觉，无限嗟呀。想当初，势倾朝，谁人不敬？九卿称晚辈，宰相谒私衙。如今势去时衰也，零落如飘草。

城楼上，鼓四敲，星移斗转。思量起，当日里，蟒玉朝天。如今别龙楼，辞凤阁，凄凄孤馆。鸡声茅店月，月影草桥烟。真个目断长途也，一望一回远。

闹嚷嚷，人催起，五更天气。正寒冬，风凛冽，霜拂征衣。更何人，效殷勤，寒温彼此。随行的是寒月影，吆喝的是马声嘶。似这般荒凉也，真个不如死！

据说这是京师一位姓白的书生所作。当时魏忠贤、李朝钦在房中喝酒时，这位白书生在外厢房彻夜吟唱，听得魏忠贤是无限感慨，万念俱灰。于是魏忠贤说道："似这般荒凉也，真个不如死！"

魏忠贤选择了死！天启七年十一月四日（1627 年 12 月 11 日）凌晨，魏忠贤在寓所上吊自杀，他的死党李朝钦也在一旁上吊。一代巨阉结束了一生。在此前几天，魏忠贤死党崔呈秀也上吊自杀。

魏忠贤死后，崇祯为被魏忠贤迫害致死的东林党人杨涟、左光斗（史可法的老师）等人平反，将客氏斩首，将魏忠贤的尸体刨出来凌迟。而后崇祯重新整理了一下最近一段时间所有与魏忠贤划清界限的奏折，本来崇祯不知道谁是阉党，这下可好，按名单抓人即可，魏忠贤手下五虎除崔呈秀已死外，其余四人斩杀，崔呈秀被从棺材里刨出来戮尸，五彪全杀，十狗、十孩儿、四十孙分别处以斩首、流放、充军、罢官的处罚，此外还有除此之外的那些上奏跟魏忠贤划清界限的，一律罢官，阉党总共有二百六十一人受到死刑到罢官不等的处罚，朝堂之上，重新见了尧天舜日。

关于魏忠贤的记载众多，本文主要参考资料为刘若愚《酌中志》和朱长祚《玉镜新谭》。

从继位到除掉魏忠贤，三个月都不到，崇祯显示出了作为一个成熟的政治家的本色，此时，内部肃清，崇祯把目光投向了辽东。

皇太极成了他的头号敌人，但如果与皇太极相比，崇祯就逊色多了。

崇祯不如皇太极的有三点：

一，崇祯即位时才十七岁，皇太极即位时三十五岁，崇祯当权时还是个孩子，而皇太极已经是成熟的中年人了，虽然崇祯在除掉魏忠贤的表现上堪称天才，但如果与久经沙场的皇太极相比，他还是有太多该学习的地方。

二，崇祯生于深宫之中，长于妇人之手，而皇太极长在马背上，沙场拼杀多年，崇祯在阅历、军事上远差于皇太极。

三，崇祯是在没有任何竞争者的情况下，喜从天降，得了皇位，而皇太极是在努尔哈赤的十六个儿子中经过激烈角逐脱颖而出的。换句话说，皇太极的皇位是竞争出来的，而崇祯的皇位是天上掉下来的，由此崇祯又输了一回。

此时大明王朝传到崇祯手里，就像一座曾经豪华美不胜收的庄园，几经风吹雨打，渐渐走向衰败腐朽，雕栏玉砌犹在，只是已经斑斑驳驳，曾经遮风避雨的房顶已经是外边小雨屋里中雨，外边中雨屋里大雨，外边大雨屋里暴雨了。

但实际上暴雨只来自东北一个方向，内部祸患魏忠贤刚刚平定，东北只是辽东被后金占据，整个中国几乎都还在大明控制范围内，此时只要有一个成熟稳重、精通战略、手腕非凡的领袖来驾驭的话，加之东北有毛文龙在，那么一定能攻灭后金，实现大明中兴。然而十七岁就显出政治天才的崇祯却最终使得那些虽然腐朽，但还能维持若干时间的梁柱加速坍塌，明朝在崇祯领导下一天不如一天，一会儿不如一会儿，一阵不如一阵，那么究竟为什么会这样？这一切都要从袁崇焕杀毛文龙说起。

第十三章
悲情英雄毛文龙

1627 年，崇祯皇帝在罢黜全部阉党后，开始组阁。《崇祯长编》记载：十二月二十三日，崇祯帝要朝廷大臣推举内阁大臣，大家共推举出十位候选人，然后从中确定七位。由于旧的大臣大多因为是阉党而被罢黜，新的朝臣都是东林党人，这些人崇祯都不了解，他就采纳了《尚书》记载的“枚卜功臣”的办法，即通过占卜来最终确定人选。具体做法是，崇祯在小桌上摆设笔砚和十张红纸，将十位候选人的名字分别写在红纸上，每张纸写一人姓名做阄，团成一个小纸团，然后把十个纸团装进小金瓶里。崇祯亲自用筷子从里面夹取七个纸团，每夹出来一个，就展开遍示众臣，就这样选出了六个大臣。不是说需要选七个吗？那一个纸团崇祯刚夹出来，就被风吹走找不到了。当然，后来这个纸团又找到了，就这样崇祯的内阁大臣就齐装满员了。

此时内阁大臣是清一色的东林党人，然而这些人并没能使大明中兴。在此说一下我们究竟该如何看待东林党人，一方面东林党领袖品德高尚，但另一方面中下层东林党人败类很多；一方面东林党主张广开言路，减轻赋税，发展经济，但另一方面对明朝复兴大业，他们并没真正做出任何大的功绩。夏允彝的评论最为公允，他说：“平心而论，东林党人中也有很多败类，攻击东林党人的人当中也有很多节操清高独立的人，只是反东林党的人的领袖比起东林党的领袖的道德操守差若天渊而已。东林党人很在行清议，在筹谋杀敌制约胡虏上却完全没有实际行动；攻击东林党人的人说自己被孤立被怨怼，但是他们也没有为朝廷振兴哪怕一条法规或朝纲，只是以刻薄的攻击技巧取胜罢了。这些人都有什么好埋怨的呢？都是对国家大事于事无补的人啊！”[1]

内阁大臣搞定，崇祯开始任命六部大臣，别不多说，咱们只讲跟辽东战局有关的兵部。崇祯在罢免阉党出身的兵部尚书崔呈秀后，因两次宁远大捷的功劳而任命袁崇焕为兵部尚书，在接见袁崇焕时，崇祯问袁崇焕有何恢复辽东的良策。

袁崇焕说："臣关于收复辽东的思路有三点：一，以辽人守辽土，以辽土养辽人。当前守辽部队来自四面八方，尤其南方士兵，既不适应北方天气，又不愿在边关久留，因为辽东和自己利益毫不相关，因此作战贪生怕死。而如果用辽东本地士兵，则他们为保护妻儿，退无可退，必然死战。圣上如果要和女真决战，就必须训练一支精兵，这非一朝一夕之功，因此守辽土用辽人是最佳选择，这样既省粮饷，又可克敌。”

崇祯："好一个以辽人守辽土，朕准奏。爱卿接着说。”

袁崇焕："第二点，守为正着，战为奇着，和为旁着。我军和女真贼寇作战，此前所以屡败就因为我军短于野战，女真铁骑天下无敌，我军强项是红夷大炮，但这只能用来守城，臣所以两次大败后金，全凭以己之长攻敌之短，在需要时出其不意，攻其不备，偶尔也可与女真野战，然而必需速战速决，不能拖延。另外所谓和为旁着就是要争取时间加固城防时甚至不得不主动与敌人议和，这是辅动性战略，一切都为以后彻底消灭敌人做准备，圣上以为如何？”

崇祯听到“议和”后稍稍迟疑了一下，但还是说："或守或战，全凭爱卿。”

袁崇焕继续说，“三，法在渐不在急，在实不在虚，必须稳扎稳打，不能给敌人任何可乘之机。”

崇祯："朕既然封爱卿为督师，节制天下兵马，自然相信爱卿，这些具体战术不必细陈，朕只关心一点，多长时间能收复辽东？”

1　平心而论，东林中亦多败类，攻东林者间亦有清操独立之人，然其领袖之人殆天渊也。东林之持论甚高，而于筹虏制寇卒无实着。攻东林者自谓孤立任怨，然未尝为朝廷振一法纪，徒以忮刻胜耳。特可谓之聚怨哉？无济国事殆同矣。

袁崇焕："只要圣上始终如一相信臣，五年复辽。"

崇祯："好，请爱卿以国家天下为重，早日凯旋。"

袁崇焕："可是臣还有事放心不下。"

崇祯："什么事？爱卿只管奏来。"

袁崇焕："臣在外带兵，必会遭小人妒忌和敌人的反间计，圣上在朝中，臣在关外，还请圣上与臣同心，臣不顾自己性命，一定要兑现承诺，请圣上在未来五年内不要听信他人挑唆，只等成败来对待臣。"

崇祯："朕既然用爱卿，自然信任有加，至于说中敌人反间计，朕自信还是有明辨是非的能力，爱卿尽管放心。"

袁崇焕："五年复辽是各方面都达到最佳时方能做到，这需要户部转运军饷，工部供应器械，吏部用人，兵部调兵选将，必须朝廷内外事事配合，才能有所成功。"

崇祯："爱卿放心，朕会下旨让各部配合你的。"

袁崇焕："既然圣上答应臣的一切要求，臣再没什么可说的，唯有以死报答圣上知遇之恩！"

袁崇焕所说的五年复辽如同儿戏，强大的后金岂是五年就能打败的？事实上，五年平辽梦未醒，后金铁骑已破关。当时在场的许誉卿就问袁崇焕，对于五年复辽有多大把握，袁崇焕说："聊慰上意。"——只不过是想让皇上高兴一下而已。一言既出驷马难追，更何况君前更无戏言。袁崇焕把自己在皇帝面前做的承诺都当儿戏，试问这种人有什么可能去在明末力挽狂澜？

这次谈话结束后崇祯赐给袁崇焕尚方宝剑，袁崇焕带着尚方宝剑到达辽东，途中刚出山海关后他作《再出关》诗云："重整旧戎衣，行途赋采薇。山河今尚是，城郭已全非。马自趋风去，戈应指日挥。臣心期报国，誓唱凯歌归。"字里行间透露着自信，然而后来的事实证明，袁崇焕其实并无可以自信的资本。

到辽东后袁崇焕让祖大寿镇守锦州，何可刚驻宁远，赵率教守山海关，袁崇焕自己也驻宁远，同时上书给崇祯极力称赞祖大寿等三人的才能，并说自己五年复辽的计划全靠这三人来实现，如果五年后没有实现，他亲手将这三人斩杀，自己则到刑部领罪服死。崇祯得到袁崇焕的保证后，非常满意，加封袁崇焕为太子太保。

袁崇焕说要五年复辽的第一年，他就先斩杀了毛文龙，关于袁崇焕与毛文龙的这段恩怨，袁崇焕为何杀毛文龙众说纷纭。

第一种说法：袁崇焕夸下五年复辽的海口后，自知没有能力达到，于是为了跟后金议和而杀毛文龙。由于毛文龙极力反对议和，上奏说："从古有款虏之事，独此奴决不可款！"袁崇焕遂决心除之，他说："关东款议，庙堂主张已有其人。文龙能协心一意，自当无嫌无猜；否则，斩其首，崇焕当效提刀之力。"此说记载在汪辑《崇祯长编》。

袁崇焕已经明确跟崇祯保证五年复辽，如果他要跟后金议和的话，也必然会偷偷摸摸的，就袁崇焕杀毛文龙后崇祯对袁崇焕的批示看，崇祯压根儿不知道袁崇焕在跟后金议和。而通过毛文龙写给崇祯的这封奏折，可以判明两点：一，崇祯因此奏折而知道袁崇焕在跟后金议和。二，毛文龙知道袁崇焕在跟后金议和。这显然跟前面崇祯不知道袁崇焕在跟后金议和的推论矛盾。由此，《崇祯长编》的说法不合逻辑。

除《崇祯长编》外，当时在中国的意大利传教士卫匡国在《鞑靼战纪》中也持此说。他说："袁崇焕是个机智、善于耍手腕的人，长于谈吐和文笔；他以自己的军事经验，用巧妙的言辞打动了皇帝和所有的阁臣，他们对他深信不疑。这个狡猾的人自私、爱财，不顾公务，不忠于君王，如果不是他，他们的希望还不致破灭。他接受了鞑靼人大量的金钱，并邀请鞑靼人最畏惧、勇敢忠贞的将官毛文龙赴宴，在席上把这位大将毒死了。接着他与鞑靼人缔结城下之盟，献出了一切。当皇帝审视盟约时，很快发现握有全权的统帅出卖了他，因而拒绝批准或承认这些和约。在这个紧急关头，袁应该怎样做呢？他为了逼使皇帝接受条款，于1630年劝导鞑靼人从不在他辖区内的另一个地方侵入中国，并同意不用他的军队阻止他们进军。"关于《鞑靼战纪》的说法，后面我们在写到1630年时会详述此种说法为何不靠谱，在此按下不表。

第二种说法，袁崇焕秘密勾结后金，要跟后金议和，皇太极说议和没问题，我们的心腹之患是毛文龙，只要你杀了毛文龙，我们就可以讲和。这种说法见于下列记载：

先是降将李永芳，献策于大清主曰：兵入中国，恐文龙截后，须通书崇焕，使杀文龙，佯许还辽。大清主从之。崇焕答书密允，复以告病回籍，乃寝。至是，再任，思杀文龙，则辽可得。（计六奇《明季北略·卷四》）

初，天启间，崇焕抚辽东，遣喇嘛僧镏南木座往建州主款，会罢归，未就。至是再出，无以塞五年平辽之命，乃复为讲款计。建州曰："果尔，其以文龙头来。"崇焕信之，且恐文龙泄其款计，遂身入岛诱文龙至……以尚方剑斩之。（谷应泰《明史纪事本末补遗·毛帅东江》）

督师袁崇焕事，适当女真主（努尔哈赤）病死，崇焕差番僧喇嘛镏南木座往吊，谋以岁币议和。女直许之，乃曰："无以为信，其函毛文龙首来。"（张岱《石匮书后集·毛文龙列传》）

一至宁远，遂为讲款计。盖自崇焕自宁远奏捷之后，即令番僧往吊东夷以讲和，以罢归未就。再出无以塞平东夷之命，遂以平东夷自诡。虑岛帅毛文龙泄其计，遂身入岛，诱文龙斩之。（夏允彝《幸存录》）

这种说法是网上反袁派认可的说法，之所以这种说法出处众多，在于袁崇焕刚杀了毛文龙后，从来都是沿着辽西走廊进攻的后金绕开辽西走廊，从河北省西北部绕道千里远征，袁崇焕总共三次阻截后金军，只有去遵化阻截那次碰上了后金军，可是实行阻截的却不是袁崇焕的主力，只是赵率教的那部人马，赵率教还全军覆没了。袁崇焕去蓟州阻截，可是后金军没从蓟州过，袁崇焕去通州阻截，可后金军也没从通州过，就这样后金军来到了北京城下。此事史称"己巳之变"，后面我们会详细说。总之这一系列事情让人不得不怀疑袁崇焕与后金因为杀毛文龙之事有密约，所以袁崇焕故意多次绕开后金军，只是在北京城下做象征性抵抗。事实上无论是后金方面还是明朝这边，都没有袁崇焕议和密信的可靠记载，这是一种根据结果来倒推过程的说法，根据毛文龙死后后金的动向来推断袁崇焕与后金在杀毛文龙上的密约。这其实是一种诛心之论，袁崇焕虽然谈不上多么卓越的军事家，但是他两次宁远大捷的确战果是货真价实的，他虽然有种种缺点，也曾随大流而拍过魏忠贤的马屁，但是起码他是爱国的，绝非为议和而杀毛文龙，如果袁崇焕真的暗中勾结后金，皇太极为何还要用反间计来除掉他呢？留着这个内应岂不更好？所以第二种说法不能成立。

第三种说法：袁崇焕觉得东江毛文龙虽然能牵制清军，但毛文龙本人没有大略，经常吃败仗，而且耗费的钱粮实在太大，此外毛文龙还在东江走私货物来挣大钱，不打仗的时候就用布匹向女真买人参，打仗的时候毛文龙也不怎么靠谱。于是就有文臣上奏主张撤销毛文龙东江镇的建制，袁崇焕则主张朝廷派人去管管毛文龙的经济问题。毛文龙不喜欢有文官监制着自己，于是上书争辩。而后毛文龙前来拜谒袁崇焕，袁崇焕以上宾之礼接待毛文龙，毛文龙也不谦让，袁崇焕于是决定杀掉毛文龙。这种说法记载在《明史·袁崇焕传》里：

> 顾文龙所居东江，形势虽足牵制，其人本无大略，往辄败衄，而岁糜饷无算；且惟务广招商贾，贩易禁物，名济朝鲜，实阑出塞，无事则鬻参贩布为业，有事亦罕得其用。工科给事中潘士闻劾文龙糜饷杀降，尚宝卿董茂忠请撤文龙，治兵关、宁。兵部议不可，而崇焕心弗善也，尝疏请遣部臣理饷。文龙恶文臣监制，抗疏驳之，崇焕不悦。及文龙来谒，接以宾礼，文龙又不让，崇焕谋益决。

《明史》是清朝人编的，许多内容很不靠谱，比如说东江镇耗费钱粮大，纯属胡说八道，毛文龙在东江的七年里朝廷没有拨给他一分钱，他全都是自筹粮饷，如果不靠走私，东江的百万辽东人民怕是只能去跳海了。关于东江镇的情况，毛文龙在《东江疏揭塘报节抄》中有上奏：

> 山坳僻处之间，尽是白骨成堆，肝肠余汁。惨莫惨于此，痛莫痛于此。内地尚作观望，恬不忧愁。

臣实为受国厚恩，不忍卸担，自矢戮力，以完辽事。观今三月将尽，粮未来一粒，饷未到一分，啼号疾病，白骨满沟，而犹中哓哓污臣者不只。

朝廷不给钱却被《明史》说成“岁糜饷无算”，不走私的话根本活不下去却被《明史》说成“名济朝鲜，实阑出塞，无事则鬻参贩布为业，有事亦罕得其用”，故而本书中笔者一般不以《明史》的记载作为给人定性的资料。

那么袁崇焕究竟为何杀毛文龙呢？

岳飞曾说：“文臣不爱财，武将不惜死，则天下太平！”毛文龙与岳飞有着同样的想法。崇祯元年（1628 年）五月，登莱总兵杨国栋问毛文龙：“辽东能够平定吗？”毛文龙说：“将领说谎的就斩杀，不办实事的就斩杀，贪财的就斩杀，这样辽东自然就平定了。”

毛文龙治军严明，赏罚必信，与兵士同甘苦，有古名将风。他为人正直，对于权贵从来不肯贿赂，又疾恶如仇，只要看见那些阿谀谄媚之徒，就破口大骂，因此引起当权者不满，朝廷许多人在背后说他坏话。（毛承斗《东江疏揭塘报节抄》）

于是，崇祯元年七月初十，毛文龙上书剖明自己的心迹，他说：

“臣幸而得到圣上的信任，希望有朝一日马革裹尸，乃有不平之鸣，心中很郁闷，不得不直喷心血，向陛下诉说。当臣克复镇江的时候，义旗一树，豪杰影从，招抚辽民，日以万计，精壮的辽民臣就把他编入军营，老弱的辽民臣就让他屯垦戍边，没有花国家一分钱，没有用国库一粒粮食，就凭着我这一旅之师对抗强敌。然而现在我的部下食不果腹，衣不蔽体，赤手空拳在锋镝之下出生入死，由于没粮食，只能吃老鼠，杀马，真是凄楚万状。跟内地坐着拿军饷，看不见一个敌人，不用打一仗的逍遥的将领比起来，臣真是心中感到不公呀！这是臣心中的第一个不公。

“同样在战场效力，宁远的兵一个月军饷一两五钱，还给五斗米，而臣在东江这七年，一分军饷也没拿到（按：这个指的是毛文龙的俸禄，毛文龙在东江七年朝廷没给他发过工资，但给士兵的军饷是有的），在东江的百万军民只能从天津、登州、莱州得到二十万石米，而这些粮食有的因为被海水浸泡而发霉，也有的直接被扣了。

臣在东江这七年得到的粮饷，能比得上宁远两三个月得到的粮饷多吗？这是臣心中的第二个不公。……

“臣以孤忠自许，可以对得起君父，也可禁得住鬼神的质问，可是朝廷里却有人说我现在立大功是为了想当安禄山、史思明那样的人，今后反叛。臣想，天下没良心的人的确不少，但是到夜深人静的时候，应该良心发现了吧，真想不到还有如此丧尽天良之人。以臣忠君报国之心，他们却污蔑臣要谋反，这可是灭门绝户的事呀！这是臣心中的第四个不公。

“丁卯之役，敌人打铁山和云从岛，臣手下有人要投降，臣拔剑在手，厉声说道：‘生死在此一举，富贵在此一时，必须放开手脚，大干一场，才能死中求生！’于是人心稳定，尽管饥寒交迫，但我们还是打赢了。可是朝中却有人说臣在敌人打铁山时在云从岛观望，不放一枪一弹。他们知道铁山和云从岛这一带的地理吗？这帮人在那隔靴搔痒，信口雌黄，站着说话不腰疼。这是臣心中的第五个不公。

“臣还有话要说，自从今年正月到六月，臣无一日不对敌厮杀，弓箭和铠甲都坏了，火药也用完了，而且士兵的衣服都打烂了，现在赤身光脚，这是臣亲眼所见。皇上为了边疆，应该发给我们粮饷、弹药武器，如此，臣血枯力竭，尽鸡肋之力，或许可以转败为功，收拾辽东残局。不然的话，恐怕转眼间东江就会成为绝地，而天下事未可知。臣老了，身体不好，每到阴雨天，身上的箭伤就痛入骨髓，加上看到这满目疮痍的现状，怎能不哽咽悲鸣，与将士相向痛哭呢？”

从毛帅的奏折中，我们看到的是一颗爱国者的心呀！毛帅在孤悬海外的东江一直牵制敌人，可是却遭到朝臣嫉恨和污蔑，天道居然如此？真让所有人心寒！

毛文龙是平辽总兵官、太子太保，一品大员，但他却不置私产。朱溶《表忠录》记载，毛文龙死的时候“室无赢财”，只有两顷地。这在当时的社会风气下，实属难得。

毛文龙在辽东屡立战功，得到当时许多有识之士的称赞，如钱谦益《寄东江毛总戎文龙》：

鸭绿江头建鼓旗，间关百战壮军威。青天自许孤忠在，赤手亲擒叛将归。
夜静举烽连鹿岛，月明传箭过鼍矶。纷纷肉食皆臣子，绝域看君卧铁衣。

崇祯元年（1628 年）九月，皇太极因“丁卯之役”不胜，派莽古尔泰、济尔哈朗、副总兵刘兴祚等率两万大军进攻东江，被毛文龙击败，“降者二千人”，刘兴祚率四百骑兵于阵上投诚，刘兴祚成为后金立国以来，归正明朝的最高级别将领，引起后金方面的极大震动。

毛文龙接受刘兴祚投降时说：“足下不忘中国，输心来归，敢不推心相待，共成大功！”刘兴祚归正以后，向毛文龙献计：其兄弟亲族等人都在萨尔浒城中，可约为内应，袭而破之。萨尔浒是后金囤积粮草之所。毛文龙派大将耿仲明率军千里奔袭，昼伏夜行，遇到后金士兵就杀，于十月初八日抵达萨尔浒城下，派细作入城，暗通城中刘兴祚之弟刘兴贤、刘兴治等，里应外合，一举攻破城池。耿仲明等入城后，对城中八旗军民，大开杀戒，“斩级三千，擒生六十九人”（朱溶《表忠录》）。昔日明朝四路大军在萨尔浒损伤惨重，今日毛文龙算是旧地重战，为大明报仇雪恨了。

皇太极在对毛文龙的作战中屡战屡败，只得遣使往东江议和。毛文龙将计就计，要皇太极派重要官员来谈判，以示对等，皇太极为表示对毛文龙的重视，派遣爱将固山额真（一个旗的一把手）可可及三个牛录额真往东江，毛文龙即将来人绑送京师。皇太极闻讯气急败坏，致书毛文龙大骂：“以虚言诱致差人几名，有何好处？”此后，毛文龙又多次以归顺后金为饵，甚至放出话来，“尔取山海关，我取山东”（这封诱敌信毛文龙同时奏报朝廷，但后来被袁崇焕搞到，由此彻底决定杀毛文龙），挑逗、诱骗皇太极派遣使臣，但皇太极都不再回信。

毛文龙的用间手段，使得后金方面寝食难安，手足相残，努尔哈赤、皇太极两代首领都曾被其玩弄于股掌之上，展现了非凡的才智与谋略。

《表忠录》记载，一次清军夜袭毛文龙，毛文龙在后金间谍众多，自然提前侦知，后金铁骑会从冰上来打毛文龙的皮岛，毛文龙于是把冰都凿漏，天气严寒，他算准冰被凿漏后不久就会被重新冻上，但无论如何都没有原先未被凿开之前冻的结实。等到八旗铁骑杀到冰面中央时，毛文龙令部下擂鼓，鼓声的共振作用使得刚冻上不久的冰面塌陷，敌军死伤惨重。事后后金军都在传这样一句话：“无轻犯毛都督！”

此外，据明末在华的西班牙传教士帕莱福《鞑靼征服中国史》中记载：毛文龙“习葡文，并从葡人治军事学，亦闻公教忠君爱国之说，抗清诸将中，无如文龙勇毅者”。

针对毛文龙的战功，汪汝淳《毛大将军海上情形》说：

> 全辽之失封疆几二千里，其间与奴为敌者仅沈奉两战……余俱望风奔溃，未尝以一矢相加遗，以至于今。独将军自庚申（1620年）将二百余人，由三岔下海，遍历各岛，延揽同心，激奋忠勇，收双山，破镇江，孤悬绝岛者几三年，不得国家斗米尺布之济，仅以一片精忠收集辽民，依屯属国。……屡以数百人于宽、镇、凤、瑷间，效戚南塘设空营地炮之伏，以擒奴骑，大战小战，以力以智，不可数计。

来自敌人的肯定才是真正的肯定，你自己说你自己有多少战功是不算数的，而据女真人当时的《满文老档》记载，毛文龙的确是被《满文老档》提及次数最多的人，要比熊廷弼、孙承宗多，当然，更比袁崇焕多，其中提到毛文龙有近百次，提到袁崇焕只有十二次，如果刨去跟袁崇焕议和的信件，那就只有六次提到袁崇焕了。如此，到底谁在抵抗后金，不言自明了。

后金的诸位汉官给毛文龙写信说：

> 我众汉官致毛文龙书曰：“今金国汗欲弃辽东之地移向本土。岂能弃其生身之地及父祖之骸骨而去耶？故我等众官商议，致书老爷乞一生路。老爷若以我等不得已而降之，被强迫而生之，怜悯于我等，则望亲书保问或札付寄来。我等若有可能，即夺一城池居之，若不能则登一千山。”（《满文老档》）

可见后金局面都到了什么样子，眼看后金就要被毛文龙搞得崩溃的时候，毛文龙却被袁崇焕杀了，于是一切都结束了。

以上出自在朝在野、中国外国无数史料，都记载着：毛文龙是伟大的民族英雄。那么袁崇焕为何杀他呢？该到我们还原历史真相的时候了。

此前无论是熊廷弼、王化贞、孙承宗，都对毛文龙处于放任自流的状态，他打得不错，走私就走私吧，但袁崇焕则不然，他要将东江列入自己“五年复辽”的战略中，决定让毛文龙听自己的指挥，而早在伊始，袁崇焕就对毛文龙动了杀心。崇祯元年七月袁崇焕还在京城时就对大学士钱龙锡说：“（毛文龙）可用则用之，不可用则杀之。”在袁崇焕眼里，不管你对抗击后金是不是起作用，收复辽东必须听我的，只有一切都按我说的做，我才能五年复辽，如果不能五年复辽，我杀了祖大寿、赵率教等三人后就要去领死，既然如此，现在谁要是不在我的通盘部署中，我就先杀了谁。

为了彻底让毛文龙听自己招呼，袁崇焕下令凡是运往东江的钱粮，不再由登州、莱州出海，而是经过袁崇焕控制的山海关，然后再运往东江。此外袁崇焕下令对登州、莱州实行海禁，所有要去往东江的船只必须归袁崇焕节制。事实上登州莱州的东西到了袁崇焕那里后都被袁崇焕扣押，毛文龙得知消息后说：“此乃拦喉切我一刀，必定立死！”

一连八个月的东江粮饷都被袁崇焕扣押，毛文龙派人到宁远与袁崇焕交涉，袁崇焕一看，你终于派人来了，他便将十艘船的粮食、猪羊、金银和酒拨给毛文龙。但如果东西总是被袁崇焕扣押，毛文龙再派人来交涉也不是办法，于是崇祯二年（1629年）五月，毛文龙亲自来宁远与袁崇焕见面，双方的会谈在亲切友好的气氛中进行，两人约定一个月后在毛文龙的地盘相见。此时袁崇焕早已安了杀心，因为据袁崇焕杀毛文龙后的奏折里说：“去年（1628年）十二月，臣安排已定，文龙有死无生矣。”但袁崇焕知道，如果在宁远杀害毛文龙，那么毛文龙东江镇的那些人要么投敌，要么就会作鸟兽散，只有在毛文龙的地盘上干掉毛文龙，袁崇焕才能善后。

在北京的时候袁崇焕还说毛文龙“可用则用之，不可用则杀之”，为什么此时袁崇焕彻底要干掉毛文龙呢？是袁崇焕嫉恨忠良吗？显然不是，袁崇焕虽然在军事上远远算不上战略家，也曾随大流歌颂魏忠贤，但就本性而言，可以说是个好人，中国历史上，身为知县，在百姓家房子着火时上房救火的只有他一个人。

之所以袁崇焕决意要杀毛文龙，是因为袁崇焕中了后金的反间计，得到了毛文龙“勾结”后金的证据，就是毛文龙给皇太极的书信，该书信见于《满文老档》，信中说：“汗凡有旨来，我皆领受，无不遵行。”“尔取山海关，我取山东，若从两面夹攻，则大事可定矣。”我毛文龙“牧马登州，取南京如反掌”。袁崇焕信以为真。

关于这种说法，有《国榷》卷九十的记载为证：

建虏以扼其背，甚忌之。阴通款崇焕，求杀文龙。而崇焕中其计不觉也，惜哉。

袁氏便宜从事，天下闻之，诧为奇举，居无何而郊原暴骨者如莽。袁氏身膺不道之罚，则杀岛帅适所以自杀也。才非周公，使骄且吝，又中建虏之诱，杀其所忌，能毋败乎？

等于说皇太极用计巧妙让袁崇焕得到毛文龙写给后金的书信，袁崇焕信以为真，最终下定杀毛文龙的决心。

崇祯二年（1629年）五月二十八日袁崇焕抵达毛文龙的地盘，六月初一与毛文龙会面，袁崇焕说："如今辽东海外，只本部院与贵镇二人共谋恢复辽东大业，务须同心共济，本部院不避艰险到此，希望与贵镇商量一个进取辽东之计，国家大事，在此一举。"

毛文龙说："我在海外八年，屡立微功，朝中不断有奸佞说我的坏话。我东江镇粮饷缺乏，器械马匹太少，只要钱粮充足，我们一起光复辽东，亦非难事。"

两人交谈了一会儿，毛文龙下令摆酒席，边吃边聊，酒席间，毛文龙喝多了，便说："关宁兵马俱无用，只用东江二三千人藏云隐雾，一把火灭了东夷！"毛文龙的意思是袁崇焕手下的千军万马都没有用，有我这两三千人足矣，一句话把袁崇焕惹怒了，但袁崇焕没有当下翻脸，毕竟，杀毛文龙是既定政策，到时再翻脸不迟。

六月初三袁崇焕再次与毛文龙会面，袁崇焕说："毛帅这些年在边塞很辛苦了，我劝你回杭州老家吧，那里风景好，你养老去吧。"袁崇焕的话已经很直接了，让毛文龙交出兵权。

毛文龙显然不愿交出兵权，便说："我早有此心，只要灭了女真人，我就回老家。"

袁崇焕看毛文龙没明白自己的意思，又更进一步点明："这些你不必操心，会有人来代替你的。"

毛文龙自信地说："东江镇还有谁能代替得了我？"

袁崇焕没有接这句话，而是说："我这次来是劳军的，你手下士兵每个人赏银一两，布一匹，米一石，按人头发放。"袁崇焕话里有话，"按人头发放"意思是让毛文龙告诉自己，你手下士兵到底有多少人。

毛文龙显然明白袁崇焕的意思，便故意瞒报说："我这里有三千五百人，明天就去领赏。"实际上此时毛文龙手下有三万人。袁崇焕知道毛文龙说的不是实话，至此，双方彻底谈崩，只等着刺刀见红的那一刻了。

六月初五，袁崇焕与毛文龙第四次见面，告诉他明天自己就回宁远了，今天要在岛上看士兵比赛射箭，优者给赏。袁崇焕让部下传号令，命各营兵四面摆围。毛文龙及其随行官百余员，都被绕在围内，随行兵丁被截在营外。

至此，袁崇焕终于要行动了，他最后一次试探毛文龙，"我打算把东江镇一分为二，旅顺以西归我节制，旅顺以东归你节制。"

毛文龙："我还是希望整个东江镇由我来带兵，毕竟我是东江镇总兵，你我同心合力，督师您的五年复辽目标方才能成功。"

袁崇焕："你的意思是如果旅顺以西归我的话，还没在你手里对于恢复辽东作用大？"

毛文龙："文龙不敢坚执己意，只是因为旅顺以西仍旧由我节制更便于指挥而已。"

袁崇焕这下急了："难道我不是为国？你冒功冒饷，说谎欺君，我不处置你焉能对得起当今圣上？"

毛文龙："督师如果说我冒功的话，我一个牛毛寨大捷就砍下女真三百七十一颗人头，而你所谓的宁远大捷号称歼敌一万七千人，可是也不过砍下二百六十九颗女真人头，到底你我谁是冒功？"

袁崇焕大怒："你还敢强词夺理？本部院披肝沥胆与你谈了三天，望你回头是岸，哪晓得你狼子野心，你目中无本部院尚可，方今天子英武天纵，国法岂能容你？来人，把毛文龙绑了！"

说罢几个武士将毛文龙按倒在地，随后袁崇焕列了毛文龙十二当斩，下面咱们就看看毛文龙的这十二大罪行都有哪些。

一，祖制，大将在外，必命文臣监，尔专制一方，九年以来，军马钱粮不受核，一当斩！（按：朝廷先后数次查核毛文龙的兵马，就在崇祯元年才核查过一次，怎么就成了“军马钱粮不受核”了？）

二，文龙自开镇来，一切奏报，有一事一语核实否？捕零夷（后金军），杀降夷，杀难民，全无争战，却报首功。二当斩！（按：毛文龙的战功大多是兵部核准才确认，若毛文龙杀降人难民冒功，那孙承宗在奏折里说：“随行关外道袁崇焕逐一查验三次，首级三百七十一颗，俱系真正壮夷”是怎么回事？至于说毛文龙屡战屡败嘛，明朝方面没有任何记载说毛文龙屡战屡败，后金《满文老档》中近百次提到毛文龙，前文已详述，后金被毛文龙搞得焦头烂额。但是现在有的清史学者列了许多毛文龙的败绩，这些败绩从何而来呢？其实所谓毛文龙的败绩都是出自《清太祖高皇帝实录》，这部书是乾隆年间编修的，把所有后金方面的败仗都给写成了胜仗，乾隆年间正是篡改历史、篡改各种中华典籍的高峰，关于袁崇焕被美化就是乾隆年间的事，后面我们会讲到。你说关于毛文龙的后金方面记载，我们是该相信原始资料《满文老档》呢？还是该相信一百多年后被篡改出的秽史《清太祖实录》呢？不言自明。关于毛文龙的所有败绩都出自《清太祖实录》。）

三，文龙刚愎撒泼，无人臣礼。前后奏疏，俱在御前。近且有“牧马登州，取南京如反掌”等语。据登莱道申报，岂堪听闻？大逆不道，三当斩！（按：那些书信是毛文龙写给皇太极耍他们玩的，所有书信都上报朝廷备案了。）

四，文龙总兵以来，每岁饷银数十万，不以给兵，月止散米三斗又半，侵盗军粮，四当斩！（按：袁崇焕一上任就下令登州莱州海禁，所有运载粮饷的去往东江镇的船只必须先经过山海关，他克扣了东江镇八个月的粮饷，直到毛文龙派人交涉才结束，饿得东江镇“人皆菜色”。那么到底是谁在侵吞东江镇的军饷呢？至于说“每岁饷银数十万”嘛，从1621年到1625年朝廷总共拨给毛文龙五万两白银，而此番袁崇焕赴任，朝廷共给他四百八十万两白银、米一百八十万石，另发内帑一百二十万两白银、铠甲四十万具，红夷大炮十门，其他弓箭军械无数，到底是谁“每岁饷银数十万”则不言自明。）

五，擅开马市于皮岛，私通外番，五当斩！（按：开马市是得到朝廷许可的，不然谁敢开？）

六，部将数千人悉冒己姓，副将以下滥给札付千。其走使、舆台、俱参、游名色，亵朝廷名器，树自己爪牙，犯上无等，六当斩！（按：收家丁、养子是当时军队的普遍习惯，毛文龙的部下是有不少姓毛的，有的本来姓毛，有的是毛文龙的养子，改姓毛的，但难道这也是罪状？）

七，由宁远回，即劫掠商人洪秀、方奉等，取其银九百两，没其货，夺其船，仍禁其人，恬不为怪。积岁所为，劫赃无算，躬为盗贼。七当斩！（按：当时有些奸商私通女真，他们的船被没收是应该的。洪秀、方奉估计就属于这种情况，但由于历史没有记载，所以难说。）

八，收部将之女为妾，凡民间妇女有姿色者，俱设法致知，或收不复出，或旋入旋出。身为不法，故官丁效尤，俱以掳掠财货、子女为常，好色诲淫，八当斩！（按：没有其他旁证。）

崇祯初年，曾经担任登莱巡抚的武之望就攻击毛文龙贪财好色，而毛文龙在给崇祯的奏疏里是这么回答的："臣细阅其疏，污臣通奴贪财好色数款，试问武抚从何处得来？嗟，嗟！臣居刀枪剑戟中，八载于兹矣！果贪，果淫，果通奴，此辈短发辽人，孰是善类？臣早为朝露，不待武抚今日下毒手也。污臣侵帑金钦赏入己，臣已有清算钱粮疏闻，可以无辩。"（《东江疏揭塘报节抄》）

毛文龙在东江这八年，环境艰苦卓绝，假如在此情况下毛文龙再奸淫妇女，那他不被兵变杀死还真是一个奇迹了！

毛文龙的家乡杭州西湖是什么地方？小桥流水人家的美女温柔乡，纸醉金迷之地，而东江镇是什么地方？朔风凛冽，前有强敌，后无军饷的孤悬海外打游击抗金之地。毛文龙不在杭州西湖搞女人，跑到东北冰天雪地的冒死来嫖女人？把脑袋别在裤腰带上，在几十万亡命之徒中，来贪财好色？这到底是毛文龙脑子有病，还是说毛文龙贪财好色的人脑子有病呢？

九，文龙拘锢难民，不令一人渡海，日给之米一碗，令往夷地掘参（人参），遭夷屠杀无算。其畏死不肯往者，听其饿死岛中，皮岛白骨如山，草菅人命，九当斩！

（按：东江镇的军饷、粮饷朝廷是长期拖欠，1621 年到 1625 年总共才给了五万两军饷，袁崇焕一上任就对登州莱州实行海禁，扣了毛文龙八个月军饷，毛文龙不得已才派人去后金的地盘挖人参，至于“听其饿死岛中，皮岛白骨如山，草菅人命”则纯属子虚乌有。）

十，拜魏忠贤为父，塑冕旒像于岛中，十当斩！（按：当时给魏忠贤立生祠是全国都有的现象，你袁崇焕在毛文龙丁卯之役血战的时候还写文章给魏忠贤歌功颂德，要求给魏忠贤建生祠呢，你还有脸说毛文龙。拜魏忠贤为父一事则完全没有任何证据，前文已详述。）

十一，铁山之败，丧军无算，掩败为功，十一当斩！（按：铁山之战，毛文龙的确败了，毛文龙在铁山一千多人跟后金军八万人打，谁能打赢？把你袁崇焕搁在那行吗？但铁山之战后毛文龙在丁卯之役建立奇功你怎么不说呢？）

十二，开镇八年，不能复寸土，观望养敌，十二当斩！（按：毛文龙的东江镇是白手起家，东江镇本身就是收复的土地，此外毛文龙在这八年期间还收复了金州和旅顺，而你袁崇焕又可曾收复一寸土地？）

综上，这十二条罪状，纯属污蔑的有七条，断章取义的有一条，根本就算不上罪行的有两条，没有确凿证据的有两条，就没有一条能坐实的。

连一直歌颂袁崇焕、骂毛文龙的金庸，在《袁崇焕评传》中都对袁崇焕捏造的这些罪状看不下去了：

> 袁崇焕以尚方剑斩他的方式，却也未免太戏剧化了些。毛文龙在皮岛，毕竟曾屡次出兵，骚扰满清后方，是当时海上惟一的一支机动游击队，满清对他也一直颇为重视忌惮。这十二条罪状中，有几条平心而论并不能成立。毛文龙说取登州、南京如反掌，只不过一时夸口，并非真的要造反；向外国买马，当是军中需要；擅自封官是得到朝廷授权的，部将喜欢姓毛，旨在拍主帅的马屁，也没有甚么大不了。

宣布完毛文龙十二当斩后，袁崇焕拿出了尚方宝剑，毛文龙见状，以为是皇帝下令杀自己的，于是最终服软，不再反抗。吴惟英对此评价道：

> 焕言文龙跪而请死，正见其从容就义，所畏者国家三尺。如蒙二心，不第目无焕，抑且目无朝廷，死生大矣，宁肯长跪以服上刑？况毛亦有赐剑，将亦曰有旨，崇焕将何以自保？幸毛之自持一片忠赤，不以白刃而稍有动摇。

这段话的意思是，毛文龙也有尚方宝剑，假如毛文龙拿尚方宝剑来杀袁崇焕的话，袁崇焕就没招了。其实吴惟英的这种解释说不通，毛文龙的尚方宝剑是明熹宗给的，而袁崇焕的尚方宝剑是崇祯给的，前者已经死了，而后者才是当今圣上，显然崇祯的尚方宝剑才更好使。话又说回来，崇祯在赐给袁崇焕尚方宝剑后，把此前明熹宗赐给满桂和王之臣（辽东巡抚）的尚方宝剑都收了回来，辽东只有毛文龙的尚方宝剑没收回来，崇祯的意思已经很明确，让袁崇焕与毛文龙精诚团结，而不是用尚方宝剑来压毛文龙，可袁崇焕连这层意思都没明白，反而拿尚方宝剑杀了毛文龙。

袁崇焕拿出尚方宝剑后，毛文龙的部下也纷纷跪在地上，袁崇焕对毛文龙的部下说："毛文龙不过是一个匹夫罢了，因为他守卫边疆，官至都督，满门封妻荫子，酬劳足够了吧？他竟然欺骗朝廷，无法无天！我们要五年复辽，就要奉行列祖列宗制定的国法，今日不斩文龙，何以惩后？皇上赐给我尚方宝剑，正是这个原因。如果我不能五年复辽，请求圣上到时像我杀毛文龙那样杀我！"说罢将毛文龙斩首。毛文龙时年五十三岁。

杀毛文龙后，袁崇焕为了安抚东江镇的毛文龙部下，假惺惺地亲自到毛文龙灵柩前祭拜，并说："昨日斩尔，乃朝廷大法，今日祭尔，乃僚友私情。"说着说着就哭了。袁崇焕此举比曹操祭祀袁绍还要假，曹操祭祀袁绍除了安抚袁绍旧部外，的确有些真情，毕竟二人是儿时玩伴，而袁崇焕祭祀毛文龙则纯粹是猫哭耗子。

袁崇焕居然有脸说"昨日斩尔，乃朝廷大法"，那我们就来说说什么是明朝杀人的朝廷大法。

在明朝要想杀一个人是很难的，所有人犯了罪都要先接受审讯，都察院与大理寺、刑部共同审理案件，刑部管审案子，都察院负责纠察，大理寺负责驳正，合称"三法司”。三法司共同审理完案子，定案后才能确定是否要处以死刑。只要不是谋反罪，那就不是斩立决，而是秋后问斩，而秋后问斩的人的名单必须拿到皇帝那里去复核，皇帝批准的方式是打钩，每年刑部官员会把判死刑的人的全部名单让皇帝打钩，打钩一个杀一个。一般情况下，明朝皇帝在打钩的时候不是全打钩，而是钩一部分，留一部分不打钩，以显得天恩浩荡，少杀生。当然，如果你真犯了死罪，这样想逃生的话，也是悬，万一皇帝把你的名字打钩了怎么办？有办法，贿赂皇帝身边的司礼太监，他们负责奏折，只要你给他们钱，他们就会钻空子，毕竟皇帝每天公务很多，不可能光打钩，太监可以把写着你名字的那份奏折放到一摞奏折的最下面，皇帝一份一份看，肯定今天看不完，明天再把新的一摞奏折放上面，写着你名字的那份名单永远在下面，就这样你就永远死不了，明朝就有一个人，从判处秋后问斩到死，用了二十多年，最后还是自己病死的。说这些就是想说，在明朝杀一个普通人都很难，然而袁崇焕却绕开三法司，擅自杀了一品武官毛文龙，可见他惹了多大祸，这为他自己的死埋下了祸根。

有人会说袁崇焕有尚方宝剑，所以可以替天子杀人，而明朝祖制规定，即便有尚方宝剑，杀三品以上官员也要奏报天子批准方可，毛文龙可是东江镇总兵、平辽总兵官、太子太保，朝廷的一品大员啊！整个明朝二百六十八年间，敢拿着尚方宝剑不经奏报就直接杀一品大员的，唯袁崇焕一人而已。

有人以崇祯在袁崇焕杀毛文龙后的批示，来作为崇祯支持袁崇焕杀毛文龙的证据：

> 毛文龙悬踞海上，糜饷冒功，朝命频违，节制不受。近复提兵进登，索饷要挟，跋扈叵测。且通夷有迹，犄角无资，掣肘兼碍。卿能周虑猝图，声罪正法。事关封疆安危，阃外原不中制，不必引罪。一切处置事宜，遵照敕谕行，仍听相机行。

其实不然，因为他已经把辽东全盘托付给了袁崇焕，将在外君命有所不受。崇祯本身是很器重毛文龙的，就冲辽东只有毛文龙的尚方宝剑还没收回就可看出，但现在毛文龙已经死了，人死不能复生，如果以此追究袁崇焕，势必会影响袁崇焕五年复辽，只要袁崇焕能实现五年复辽，那么一切都可以由着袁崇焕来。当然，也正因此袁崇焕更是把自己逼上了绝路，只要他不能实现五年复辽，那么他的下场一定比毛文龙更惨，历史果然如此。

毛文龙的死讯传开后，据一直抱着丑化毛文龙态度的《李朝实录》记载："许监军者以经略差官来到椵岛（即皮岛），安顿军兵。岛中将卒闻其死，皆哭云……"

岛上的将卒听说毛文龙的死讯后，都哭了，朝鲜人自从丁卯之役要害毛文龙没成功，却被后金一顿痛揍后，就一直对毛文龙持丑化态度，因此他们不存在为了美化毛文龙而故意编造事实的问题。所以毛文龙死后岛上军民一起痛哭的事一定是真的。

可是岛上军民为什么要哭呢？是毛文龙生前给了他们什么物质上的好处吗？恰恰相反，他们在毛文龙手下一直是衣不蔽体，食不果腹，天天把脑袋别在裤腰带上。那究竟为什么毛文龙死后他们齐声痛哭呢？

毛文龙在自己的奏折里其实早就给出了答案，"看得奴之情与他虏异，辽人之情与各边异。御虏之法，复辽之方，其机括又不可恒情拘，须用水火之民，鼓之大义，动以良心，自可致其死力。"

毛文龙把辽东如同水火的民众晓以大义，凭着自己精忠报国的人格和侠肝义胆终于能让他们在东江"致其死力"。

毛文龙在天启七年的时候说"但恐臣在似无益于疆场，臣死未必不足为神京虞"，这句话一语成谶，就在毛文龙刚死三个多月，面对明朝的兵锋从来没出过辽宁省的后金在皇太极率领下长驱直入，杀到北京城下，这就是"己巳之变"，后面我们会详细说。有毛文龙在，后金不敢走远，一走远就会被毛文龙端掉老窝，于是一直只是在辽东辽西进攻，袁崇焕的关宁锦防线就能起到作用；毛文龙一死，后金再无后顾之忧，于是就可以绕开关宁锦防线，经蒙古从河北西北部直扑北京，此后这种事共发生过五次。足见毛文龙之重要性。

毛文龙死后，天下冤之，《明季北略》说："袁崇焕捏造十二条罪状，矫制杀毛文龙，与秦桧以十二道金牌矫诏杀岳飞，古今如出一辙！"《明季北略》还记载，毛文龙死后，“清主大喜，置酒高会”。

《辽海丹忠录》说毛文龙：

以忠遭疑，以忠得忌，铁铮铮一副肝肠，任是流离颠沛，不肯改移；热腾腾一点心情，任是饮刃断头，不忘君父，寸心不白，功丧垂成，一时几昧是非，事后终彰他忠荩，这又是忠之变，忠之奇。

敌未亡兮弓已藏，令人挥泪吁苍苍。驱除未竟英雄志，萋菲犹污烈士肠。驱除未竟英雄志（没写错，原文如此），变生绕柱骇秦王。素车白马东溟上，一派雄心未易降。

八载艰辛固海东，神谋所向着奇功。旗搴夜月强胡缚，马蹴春冰丑虏空。百万黔黎歌德盛，千群铁骑泣恩隆。可堪功大还招忌。血洒平原野草中。

吴惟英《挽毛大将军》：

昨夜营星色黯然，讣音忽向路人传。但嗟韩信成擒日，不见蒙恬御敌年。功业已沉沙碛雨，精灵犹锁海门烟。好收战骨鸥夷里，归葬西湖岳墓边。

佚名《毛将军歌》：

八载艰辛拥铁衣，将军百战夺城池。旌飘杀气鼋鼍徙，帜卷腥风岛屿迷。赤手擎天扶日月，丹心报国靖边陲。尘沙猎猎吹人面，钲鼓填填动马蹄。慷慨一生浑是恨，悠游千古复何悲。东来未遂吞胡志，南下那堪蹈逆机。气压苍山云敛彩，魂摇白刃日含晖。穷荒剑瘗神仍在，绝海舟焚势与摧。事业已随烟尘灭，功名都逐浪涛归。明庭四纪空肝胆，青史千秋有是非。泪雨暗滋官路草，精灵虚拂故园薇。新蒲细柳春犹在，谁为招魂吊水湄。

《表忠录》：

呜呼！自文龙宿兵岛中，敌竟岁无一骑阑入关，马牛羊驴盈满野。洎文龙为奸刃所害，不数月入喜峰口，大破，杀总兵满桂、赵率教，遂长驱薄都城，万口匈匈，皆指谓崇焕蠚我，不可以谬一时，后世顾可得欺耶？且清兴非骨肉而王者四人，其一为吴三桂，其三人皆其所故部，彼非有盖世之劳而致是，所部若然，则文龙可知矣。

清朝开国将领中封王的汉人，除了吴三桂外，尚可喜、耿仲明、孔有德都是毛文龙的部下，可见毛文龙麾下战将之勇。

袁崇焕杀毛文龙后，毛文龙麾下孔有德、耿仲明诸将哗变，拒绝再听蓟辽督师袁崇焕号令，投奔登州莱州巡抚孙元化，孙元化接受了他们，孔有德被任命为骑兵参将，耿仲明则被派往登州要塞。

崇祯四年（1631 年）八月，皇太极率清兵攻大凌河（今辽宁凌海），祖大寿受困城内（详见后文）。孙元化急令孔有德以八百骑赶赴前线增援，然登州辽东兵与山东兵素来不和，孔有德抵达吴桥时，遭遇暴雨，此时部队给养不足，有一士兵抢了山东望族王象春的家仆的一只鸡，本来不是什么大事，但是这个士兵也够水的，跟了毛帅这么些年，连一只鸡都没抢过来，当场被王象春的家丁按倒在地，而后被游街。

被游街现眼的滋味不好受，尤其是偷鸡贼，名声更差，这个士兵在游街过程中血性被激发出来，他拔刀杀了家仆，跑了。作为山东望族的王家自然不干，要求查明真相，孔有德怒了，辽东战局岌岌可危，你因为一只鸡跟我的部队过不去，于是他在吴桥发动叛变，把王家灭族，在山东境内连陷临邑、商河、青城诸城，率兵直趋登州。守登州的同为东江镇老将的耿仲明打开城门，于是孔有德攻陷登州。孔有德也算念旧之人，当初孙元化收留了他们，所以他也没为难孙元化，把他放了（后崇祯因登州兵变大怒，杀孙元化）。登州是明军制造新式火炮和训练炮兵的基地，有近百名葡萄牙等国外籍炮师与工匠，以及大批经过训练的炮兵，俱为叛军所获。

崇祯得知登州兵变后大怒，派大军镇压，与此同时东江镇也发生兵变，袁崇焕派来接替毛文龙的总兵黄龙被叛军割掉耳朵和鼻子，孔有德、耿仲明率军携带登州的二十门红夷大炮、三百门西洋火炮、三千匹战马乘登州的战舰渡海来到东江镇。而后他二人写信给皇太极，信中说：“本帅现有甲兵数万，轻舟百余，大炮、火器俱全。有此武器，更与明汗同心协力，水陆并进，势如破竹，天下又谁敢与汗为敌乎？”

皇太极得信大喜，亲自出郊十里迎接。至此，明朝的红衣大炮等先进武器清国也有了，明朝在武器上也不占优势了。后金还因此而拥有了海军。在孔有德、耿仲明投敌后不久，东江镇大将尚可喜也投奔了后金，至此东江旧将悉叛。皇太极封孔有德恭顺王、耿仲明怀顺王、尚可喜智顺王。

这就是袁崇焕酿下的大祸。有毛文龙在，这些勇将都能为大明效力，毛文龙一死，群龙无首，东江镇无法维持，最终导致他们投敌。

有人会问，毛文龙把努尔哈赤打得都让部下写出“今金国汗欲弃辽东之地移向本土，岂能弃其生身之地及父祖之骸骨而去耶？故我等众官商议，致书老爷乞一生路”这样的话，那为什么长期以来毛文龙一直被历史忽视呢？为什么梁启超在《袁督师传》中也说毛文龙该杀呢？（“夫以举国不能杀，不敢杀之人，而督师毅然去之，若缚一鸡而探一彀也。指挥若定，声色不惊。呜呼！非天下之大勇，其孰能与于斯？”）

梁启超笔锋之下常带感情，关于他笔下的戊戌变法，本书最后一卷将会为您用翔实的史料证明，梁启超笔下的历史与历史真相有多大差距。多年后，梁启超自己都说自己写的不是“信史”，是在自己感情支配下写的。因为他是广东人，便自然把广东人袁崇焕捧得很高，毕竟在梁启超之前，广东出过的重量级名人也就只有洪秀全了，洪秀全自然没法歌颂，所以他就歌颂袁崇焕了，既然歌颂袁崇焕那就会贬毛文龙。再比如梁启超写《王安石传》时，也是犯了这个毛病，他跟王安石都是在变法，自然他也把王安石捧上了天。

近代学术大家除了梁启超、康有为（他歌颂袁崇焕的动机与梁启超相同）外，就再无大张旗鼓讨伐毛文龙之人了。之所以毛文龙的历史长期被掩盖，从《满文老档》中的毛文龙屡战屡胜，到《清太祖高皇帝实录》中的屡战屡败，是因为如果清廷把毛文龙的真相都写出来，那就等于告诉世人，自己曾经有一段时间因为毛文龙的存在而几乎快要灭亡，等毛文龙死后才能绕开关宁锦防线进行远征，最终入关。而如果把毛文龙的事迹抹杀，与此同时拔高袁崇焕，把袁崇焕塑造成能够使明朝避免灭亡的跟岳飞、于谦一样伟大的大英雄，而崇祯却把袁崇焕杀了，等于说是崇祯自毁长城。这样的话，就既可以断了汉人反清复明的念头（因为有宋高宗那样的君主，昏君当道下“我大清”入关替天行道，为袁崇焕平反，可见我们比明朝统治者英明），使其绝望，又可以彻底在历史上抹去清朝开国最黑暗的岁月，从而彰显“我大清”从一开始就顺应历史潮流，无比强大的合法性。于是就有了袁崇焕的神话和毛文龙的“罪行”，毛文龙在《满文老档》中出现百次，是该书出现次数最多的汉人，可到了乾隆年间编修的《明史》，却连个列传都没有，足见乾隆对于历史篡改之彻底，而今人若不详查，则定然上当！

之所以毛文龙长期被掩盖，还有一个原因，毛文龙镇江大捷中生擒并处斩的人中有三个重要人物：佟养真及其子佟丰年、其侄佟松年。此三人又是何方神圣呢？佟丰年和佟养真被毛文龙干掉后，佟养真之子佟盛年继承了佟养真的爵位，不久佟盛年改名佟图赖，佟图赖的女儿嫁给了顺治皇帝，顺治跟这个女人一起生了康熙。佟图赖的次子是佟国维，佟国维的儿子正是雍正年间赫赫有名的隆科多。佟国维有两个女儿都嫁给了康熙，其中一个女儿虽没给康熙生孩子，但康熙最喜欢的却是她，后来宫中一个出身低微的女人给康熙生了孩子，这个孩子就交给佟国维的女儿抚养，后来这个孩子在康熙死后继位，年号雍正，而佟国维的女儿则成了太后。

由于佟家的赫赫声望和人丁兴旺，朝中与佟家沾亲的人非常多，有“佟半朝”之称。

由此可以说，毛文龙杀了康熙的姥爷的父亲和两个兄弟，佟家数代人为清朝征战沙场，战死者有佟养真、佟丰年、佟松年、佟国纲，这四人有三人是被毛文龙干掉的，就从血缘关系而言，清朝岂能不恨毛文龙，岂能不把毛文龙尽全力抹杀？

第十四章
起底袁崇焕

毛文龙遇害后三个月，崇祯二年（1629年）十月，皇太极对部下说："明朝若是肯和，我们采参开矿，与他们交易，换来布匹，大家共享太平，岂不极好？但我几次三番地求和，明朝总是不允，这次非狠狠打一仗不可。"他率军十万绕道蒙古，以避开袁崇焕的关宁锦防线。由于这年是己巳年，史称"己巳之变"。由于是千里远征，长途奔袭，皇太极极为小心，他下令：不准吃明人的熟食，以防下毒，不准酗酒，采取柴草时必须众人同行，不可落单，以防被干掉。

十月二十七日，皇太极率军突破大安口，京师震动而戒严，崇祯诏令各路兵马进京勤王。在这咱们要为袁崇焕说句话，袁崇焕对后金此举，早已料到。为此，袁崇焕曾向崇祯上疏，说："惟蓟门陵京肩背，而兵力不加。万一夷为向导，通奴入犯，祸有不可知者。"因为关宁锦防线坚固，皇太极打不破，就会以蒙古为向导，突破长城，绕道攻北京。但是，袁崇焕上疏没有引起崇祯的足够重视，不幸的后果被袁崇焕言中了。

虽然按照朝廷分工，袁崇焕主要分管山海关外防务，蓟辽总督刘策分管关内防务。但是，袁崇焕作为蓟辽督师，对整个蓟辽地区的防务都责无旁贷，况且后金铁骑正是从山海关外而来。

于是袁崇焕做出以下军事防御部署：

一，严守山海关。因为山海关总兵赵率教已经调到关内，宁远总兵祖大寿也带精锐随袁崇焕入关，所以袁崇焕命前总兵朱梅、副总兵徐敷奏守山海关，防止后金乘机夺关。

二，严守京师要道。袁崇焕命参将杨春守永平（山海关西两百里），游击满库守迁安，都司刘振华守建昌，参将邹宗武守丰润，游击蔡裕守玉田。

三，严守京畿地区。在靠近京师东北方向的蓟州、三河、密云、顺义严密布防，防止后金从东北路入京。袁崇焕命保定总兵曹鸣雷在蓟州阻挡敌军，自己亲率大军，以总兵祖大寿作先锋，驻蓟州居中调度策应，命宣府总兵守三河，保定总兵守密云。

袁崇焕一面进行总体部署，一面阻截后金军南进，他先派赵率教率军四千在遵化阻截，赵率教率部急驰三昼夜，行三百五十里，到达遵化以东的三屯营。但三屯营总兵朱国彦不让赵率教入城，赵率教只好纵马向西，驰向遵化。十一月初四日，赵率教率援军至遵化城外，与后金贝勒阿济格等所部满洲左翼四旗及蒙古兵相遇，误入埋伏，中箭坠马，力战而亡，全军覆没。四千人跟十万人打，结局毫无悬念。

当日，后金军进攻遵化城。后金四面攻城，明巡抚王元雅凭城固守，顽强抵抗。第二天，遵化城内潜伏的后金内应放火，里应外合，遵化城陷落。巡抚王元雅自缢而死。城中官兵人民，反抗者皆被屠杀。接着，后金军进攻遵化东面的三屯营，部分将领临阵脱逃，总兵朱国彦把逃跑将领的姓名在大街上张榜公布，然后跟妻子张氏一起上吊自尽。后金军破三屯营。

而后皇太极留兵八百守遵化，亲统后金军接着南下，向北京进发，逼近蓟州。这时，袁崇焕一看，遵化阻截落空，便打算疾驰到遵化以西的蓟州阻截。十一月初十，袁崇焕率军驰入蓟州。蓟州是横在遵化与通州之间的屏障，距离北京东郊通州约一百四十里。

可是，皇太极并没按照袁崇焕估计的方向进军，而是从东北方向通过顺义往通州进发。这样袁崇焕在蓟州拦截皇太极军队的计划又落空了。

袁崇焕于是继续进军，到达离北京一百二十里的河西务。写到这，我真不知道袁崇焕是怎么想的，他难道连两点之间直线距离最短的道理都不懂吗？不星夜兼程赶紧到距离北京四十里的通州去阻截敌军，你跑到北京天津之间距离北京一百二十里的河西务干什么？

这时候皇太极军队已接近通州，皇太极得知袁崇焕所部已到达河西务，判断出袁崇焕打算在通州与自己决战，于是皇太极避开袁崇焕，取道顺义、三河，绕过通州，直奔北京。这样，袁崇焕在通州拦截的军事意图又落空了。

从以上部署可以看出：袁崇焕的战略目标是将后金挡在京师以外，并部署军队依托城池来防守抵御。因为袁崇焕深知后金骑兵野战的优势，明军唯有依城作战，才能取胜。但是，袁崇焕设计的三个阻截都没有成功，这样战线就推到了北京。

袁崇焕在河西务举行军事会议，会上，袁崇焕提出火速赶往北京城下迎战。

副总兵周文郁提出："我大军应该迎敌，不应该入都。圣上没有下旨让我们进京勤王，如果我们贸然回师北京城下，恐怕不妥。而敌人就在通州那一带，我军应先赶到距离通州十五里的张家湾，在那里与敌军作战，这才是万全之策。"袁崇焕说："周君所言甚是，但弟恐逆奴狡诈异常，就像在蓟州那样，不跟我们打。君父有急，哪有闲暇他顾？如果能平定这场祸乱，虽死无憾。"（周文郁《边事小纪》卷一）

河西务会议之后，袁崇焕率领九千关宁铁骑，日夜兼驰，行一百二十里，由间道急奔，抢在皇太极之前，于十一月十九日抵达北京城东广渠门外。其实，袁崇焕统兵入蓟时，明朝官员中就传说他有引导后金兵进京之嫌，故崇祯帝下令袁崇焕不得越蓟州一步，可是袁崇焕不听号令，现在他又擅自率部兵临北京城下。袁崇焕怕是死期将至了。

就在袁崇焕在华北地区跟皇太极数次碰不上的时候，崇祯免去袁崇焕兵部尚书职务，任命孙承宗为兵部尚书，孙承宗派人跟在城外的袁崇焕说："皇上很赏识你，我也相信你的忠诚，但是你擅自杀了毛文龙，现在又把军队驻扎在城外，很多人都怀疑你，希望你为国效力，若再有差错，后果不堪设想。"

崇祯经过仔细分析，觉得袁崇焕很有问题，袁崇焕总共三次阻截后金军，只有去遵化阻截那次碰上了后金军，可是实行阻截的却不是袁崇焕的主力，只是赵率教的那部人马，袁崇焕去蓟州阻截，可是后金军没从蓟州过，袁崇焕去通州阻截，可后金军也没从通州过，就这样后金军来到了城下。莫不成袁崇焕跟后金真的有密约，在遵化阻截只是意思意思，在蓟州和通州则是跟后金商量好，故意躲着后金？最后到北京城下，养敌自重。果然，就在袁崇焕到北京城下的第二天，即十一月二十日，八旗军兵临北京城下。

你要说不是袁崇焕为后金带路，怕是不太说得通了。

崇祯觉得袁崇焕不靠谱，还好，自己调来进京勤王的大同总兵满桂、宣府总兵侯世禄已率兵来到北京城德胜门外扎营。

崇祯在城内赶忙召集群臣商议守城对策，此时城内武器不够，有大臣提出：凡进京城九门者，每人带一块大石头，丢在城门里，方许进城，然后运到城上备用。临时造刀剑来不及了，只能准备石头，可见此时北京城防虚弱到什么地步。毕竟，自从 1550 年鞑靼俺答汗庚戌之变包围北京后，八十年了，北京城下没有进行过战事，自然防御准备不足。

说到这，说一下我对北京作为都城的看法，可以说北京在中国古代是不适合做中原王朝的都城的，北京离国防第一线的长城只有一百多里，敌军一旦攻破长城，快马奔驰半天，就可兵临北京城下。金元两朝以北京为首都，是因为他们本来就是来自北方的游牧民族，不敢深入中原，一旦有变，可以立刻转身逃回本土，本书开篇所写的元顺帝就是这样。而明朝的情况却根本不同，朱棣对蒙古采取攻势，建都北京便于进攻，后来明朝衰弱，建都北京的弱点立刻暴露无遗。1449 年瓦剌也先兵临北京城下，于谦组织北京保卫战，1511 年刘六刘七的叛军围攻北京，1550 年庚戌之变，明朝北京城已经是三次被敌军围攻了，这次己巳之变是第四次，此后 1636 年、1638 年、1642 年皇太极又有三次打到北京门口，直到 1644 年李自成攻破北京，整个明朝北京被敌军兵临城下八次，这是历朝历代都城都没有的纪录。

黄宗羲《明夷待访录》就说过，建都北京有两大弊端：

第一，京师被围的话，各路勤王的军队鞭长莫及，需要很长时间才能抵达。

第二，北京皇室要想出奔逃难的话，根本无处可逃。北方千里平原，哪都躲不了。不像唐朝，755 年安禄山攻陷长安，李隆基逃到四川，880 年黄巢攻陷长安，唐僖宗逃到四川，因为长安距离四川近，四川蜀道之难莫说唐朝，汶川地震时大家都已经见识了，逃到这里躲几年不成问题。而在明朝，北京一被攻破，崇祯就只能上吊了。

黄宗羲只说了建都北京的两大弊端，其实还有两个弊端，那就是水资源和粮食问题。

长安有永安渠、清明渠、龙首渠等作为充足的水源，开封有汴河、金水河、蔡河、五丈河作为充足的水源，而北京自始至终都没有充足水源，所以北京居民只能打井来喝水。北京最初都是由各种胡同组成，胡同是元朝时的称呼，蒙古语意为水井，元朝忽必烈就是以水井为单位来划分的北京城各街道名称，可见北京水井之多。

此外就是粮食问题，中国主要产粮区是江南，于是有“苏湖熟，天下足”的说法，首都越靠北，距离产粮区越远。明朝运输粮食都是靠漕运，总量跟北宋差不多，但运输里程要增加一倍，毕竟从江南到北京的确是到开封距离的两倍。又因为地势的关系，维持北运河的成本远高于南运河，水源不足，要多设闸门以提升水位。总之，北京不适合作为都城，明朝的灭亡就与北京为都城有一定关系，当然，这个问题是我们本书后面才会详谈的，在此就先说到这，别让皇太极等得太久，他们也不能长期远离自己的后方，让他们开始进攻北京吧！

崇祯二年（1629 年）十一月二十日，皇太极、代善、济尔哈朗等人率军五万多人对德胜门下的满桂、侯世禄所部发起进攻，侯世禄所部溃败，满桂率所部与皇太极单挑。城上明朝守军以红夷大炮轰击，但是误伤了许多满桂部下，满桂所部死伤惨重，满桂也被城墙上的火炮击中，退入瓮城休整。

与此同时，皇太极派莽古尔泰、阿巴泰（努尔哈赤第七子）、多尔衮、多铎、豪格（皇太极长子）率军四万对广渠门下的袁崇焕发起进攻。袁崇焕以九千关宁铁骑对阵四万八旗铁骑，令祖大寿和王承胤与自己分为三部成品字形对阵，后金军先杀向祖大寿，祖大寿将后金军打退，而后后金军冲向王承胤，王承胤也将敌人打退。最后后金军四万人全力扑向袁崇焕本阵三千人，关宁铁骑显示出极其强大的战斗力，袁崇焕身先士卒，策马迎敌，甲胄上布满箭镞，如刺猬一样。马颈相交，挥刀厮杀，险象环生，一个后金兵一刀砍向袁崇焕，幸亏袁崇焕副官用刀一挡，才使他幸免于难。激战中关宁铁骑将阿济格骑的马射死，阿济格本人也被乱箭射中，差点被射死。阿巴泰中了袁军的伏击，进攻受挫。最终袁崇焕以九千人杀退后金军四万人进攻，莽古尔泰下令撤退，明军乘胜追击，直到通惠河边。八旗兵溃退，大约有一千左右的骑兵连人带马跌落到护城河里，连冻带淹，死伤惨重。此战后皇太极感叹道：“十余年来，未尝有此劲敌也！”

二十三日，袁崇焕入城觐见崇祯，与他一起觐见崇祯的还有祖大寿、黑云龙、满桂，这次觐见崇祯的地点正是一年前他夸下海口五年复辽的地点——平台。一年前还说能五年复辽，一年下来，一寸土地没收复，自己擅自杀了毛文龙，兵锋从来没有出过辽宁的后金铁骑，如今杀到了北京城下。今昔对比，崇祯不怒火中烧怕是有点困难。

可袁崇焕居然还没明白自己现在的处境，他要求自己的士兵入城休整，遭到崇祯的断然拒绝。本来崇祯就很怀疑是袁崇焕暗通后金，阻截时故意多次避开后金主力，最终将后金引到北京城下，而袁崇焕在自己已严令他不得过蓟县的情况下自作主张把军队开到北京城下。现在他又要让自己的军队入城，说袁崇焕没有反心，怕是很难让人相信。正是袁崇焕想让自己部下进城的这句话，让崇祯彻底确定袁崇焕有问题。

但崇祯毕竟心机极深，他在召见袁崇焕时脱下自己的貂皮大衣为袁崇焕披上，让袁崇焕感到自己春天般的温暖。

平台召对后，袁崇焕出城，继续统领自己的关宁铁骑，他军纪严明，下令：“不许一兵入民家，即野外树木，亦不得伤损。”他的部下曾擅自拿百姓的大饼吃，他得知后当即斩首。

十一月二十七日，皇太极亲自率军与袁崇焕在与广渠门相邻的左安门交战，又被袁崇焕击败。

左安门战败后，一个阴谋开始了。皇太极对袁崇焕的作战屡战屡败，心腹大患毛文龙已经被袁崇焕除掉，此时只要再杀袁崇焕，则后金可长驱直入矣。皇太极根据《三国志演义》蒋干盗书中的反间计，在生擒太监杨春、王成德后，派高鸿中、鲍承先看守他们，高鸿中与鲍承先按皇太极的安排在关押两个太监的屋子隔壁故作耳语，秘密谈话。

鲍承先：“今天不痛快，正杀得兴起，鸣金收兵了！”

高鸿中：“你懂什么？撤兵是大汗的大计，你没见刚才敌营过来两个人，他们与大汗密谈，说是袁督师有密约，此事可马上成功。”

鲍承先："原来这样，就要成功啦！"

高鸿中："嘘……隔墙有耳，别让那两个太监听见……"

两个太监假装睡觉，侧耳窃听。随后高鸿中故意戒备不严，将二人放走，二人逃回后将此事报告崇祯。关于反间计的问题，部分网帖认为是清朝后来篡改历史时的虚构，实则不然，咱们把关于反间计的原始记载列一下就清楚了：

> 先是，获明太监二人，令副将高鸿中、参将鲍承先、宁完我、巴克什达海监守之，至是还兵。高鸿中、鲍承先，遵上所授密计，坐近二太监，故作耳语云："今日撤兵，乃上计也。"顷见上单骑向敌，敌有二人来见上，语良久乃去，意袁巡抚有密约，此事可立就矣。时杨太监者，佯卧窃听，悉记其言。庚戌，纵杨太监归，后闻杨太监将高鸿中、鲍承先之言，详奏明主。明主遂执袁崇焕入城，磔之。(《清太宗实录》卷五)

> 会我大清设间，谓崇焕密有成约，令所获宦官知之，阴纵使去。其人奔告于帝，帝信之不疑。(《明史·袁崇焕传》)

> 二十九日，遣杨太监往见崇祯帝。杨太监以高鸿中、鲍承先之言，详告明崇祯帝。遂执袁都堂，磔之。(《满文老档》)

> 提督大坝马房太监杨春、王成德为大清兵所获，口称："我是万岁爷养马的官儿，城中并无兵将亦无粮饷，昨日选了一千匹马去了，还有一二百废马。"次日，大清兵挑选百余匹用。大清兵将春等带至德胜门鲍姓等人看守，闻大清兵与满总兵战，得了马二百匹，生擒士将一员。次日各给书二封，一令春向德胜门投递，一令王成德向安定门投递，内言南朝万历时节屡次着王喇嘛讲和，总置不理，前些年袁崇焕杀了我们些人，我们恼恨得紧，又问毛文龙擒了台土兵，我们所以提兵到此，今要讲和要以黄河为界。(《崇祯长编》卷二九)

有二内官被擄，囚营中逃归，言亲见崇焕差官往来，语言甚密者；又言城上瞭望，有见敌兵与我兵嬉笑偶语，往来游戏者；又言满桂战不力差人往崇焕营，速其放炮，及放炮，皆无钱粮者。（《石匮书后集·袁崇焕传》）

文皇（皇太极）乃擒明杨太监监于帐中，密扎鲍承先在帐外作私语曰："今日上退兵乃袁巡抚意，不日伊即输诚矣。"复阴纵杨监归。明庄烈帝信其间，乃立磔崇焕。举朝无以为枉者，殊不知中帝之间也。（《啸亭杂录》）

总之，虽然各种记载多有所出入，但此事在乾隆年间的《清太宗实录》和《明史》里是有记载，在清朝原始资料《满文老档》也有记载，明朝这边《崇祯长编》《石匮书后集》等也都有记载，清朝时大学者、治学严谨的昭梿《啸亭杂录》有记载，所以反间计的问题是靠谱的，可以采信。

以崇祯之精明，单凭这两个太监的话，他是不会相信的，但结合这些天来的情况，再加上这个证据，使得崇祯最终认定袁崇焕是暗通后金。

十二月初一，崇祯决定利用在平台召见袁崇焕议军饷的机会拿下袁崇焕。袁崇焕来到北京城下，北京此时城门紧闭。因为崇祯怕袁崇焕带兵冲入。城上用绳子吊一个筐下来，袁崇焕和祖大寿坐在筐里被提到城上。袁崇焕到了平台以后，崇祯严肃地坐在那里，没有议军饷，而是提了三个问题。

"你为什么要杀毛文龙？"

袁崇焕沉默，这个事很复杂，一两句话解释不清。

"敌军为何能长驱直入，兵临城下？"

袁崇焕沉默，这个事更复杂，没有地图的话我解释不清。

"你为什么要打伤满桂？"

满桂不是袁崇焕打伤的，是被德胜门上的守军用火炮误伤的，怎么也怪我？

这三个问题袁崇焕一个也没答，崇祯以为袁崇焕是默认了，于是一声令下："来人！脱去袁崇焕官服，押入大牢！"

袁崇焕入狱后，他带来保卫北京的关宁铁骑备受歧视，城上的明军用石头打，甚至用箭射广渠门外的关宁铁骑，致使不少人死伤。

本来城外是三支勤王部队：袁崇焕、满桂、侯世禄，侯世禄所部溃败，袁崇焕被押入大牢，于是崇祯命满桂来统率这三支部队，满桂跟祖大寿过去在辽东时曾经有矛盾。他的军队因为没有粮食就在京郊地区抢掠，却谎称是袁崇焕的军队，使得京师百姓多误认为是袁崇焕军来抢他们的粮食。本来百姓就认为是袁崇焕把后金军队带来的，于是对这支关宁铁骑更是人人喊打。

处境不妙，遭人误会，长官被捕，祖大寿决定率部出走。十二月初四日清晨，祖大寿带着关宁铁骑离开京师，向山海关进发。敌人兵临城下，你去山海关干什么？一句话，祖大寿反了！

其实，就在袁崇焕下狱的第二天，十二月初二日，当时也在平台受召的兵部职方司官员余大成就提醒兵部尚书梁廷栋（明朝同时担任一个部门尚书的有时不只一人）："现在敌寇如此嚣张，关宁铁骑的主将被关押，再打下去不是战败也是溃退了，现在应该释放袁崇焕以安军心，让袁崇焕戴罪立功。"

梁廷栋："关宁铁骑有祖大寿在，祖大寿很能打，怎么可能溃败？"

余大成："覆巢之下无完卵，袁崇焕一开始入狱时，祖大寿可能以为是误会，没几天袁崇焕就会被释放，几天下来他就会知道上意不可挽回。袁崇焕与祖大寿功罪都分不开，袁崇焕已经被关押了，祖大寿能放心吗？他不造反还等什么？"（余大成《剖肝录》）

果然，事情被余大成说中了。

崇祯得知消息后，深为震动，余大成提议说祖大寿就是怕袁崇焕的事牵连到自己，此时只要有袁崇焕的手书，就能让祖大寿回来，崇祯没有别的办法，只好命余大成请袁崇焕写亲笔信。

袁崇焕已经被押入大牢了，自然是一肚子怨气，所以不愿意写，余大成说："袁公您孤忠请俎，只手擎辽，生死靠的都是命，您把脑袋别在裤腰带上的日子已经很久了。天下之人，莫不佩服袁公您的忠义，体谅袁公您的爱国之心。苟利于国，不惜发肤，死于敌人之手与死于国法之下，哪个更好？现在圣上并没对您的情况定性，请您好好考虑吧！”

袁崇焕最终还是写了这封信，劝祖大寿回来，祖大寿看了老长官的信，最终回心转意。崇祯得知后更不高兴，袁崇焕的部下只听袁崇焕的不听我的，这更坚定了他除掉袁崇焕的决心。

就在袁崇焕被押入大牢的这些天，皇太极在干什么呢？皇太极制造了反间计后的第二天，就从北京城下撤走了，他派阿敏率兵攻陷了永平、遵化、滦州、迁安。

其中攻永平时守将明朝户部郎中陈此心投降，他以父母年老为借口请求回故土。皇太极居然恩准。陈此心说:“感皇上不杀之恩，自当竭力图报，臣决心彻底跟随您。”然而不久陈此心要逃走，他被抓住后，群臣都主张杀他，皇太极却平静地说 :“朕不杀你，随你去吧。”与其父努尔哈赤相比，皇太极显然是个宽容而不好杀的人，在此赞一个。

永平、遵化、滦州、迁安四城失守后，崇祯派孙承宗带兵收复，孙承宗毕竟原来是袁崇焕的领导，指挥祖大寿当然更好使，接受孙承宗指挥收复永平四城的部队除了祖大寿的关宁铁骑外还有一支由一个川妹子所带领的部队——白杆兵。

白杆兵是因为手持白杆枪而得名，白杆枪是用结实的白蜡树（天津的市树）做成长杆，上配带刃的钩，下配坚硬的铁环，作战时，钩可砍可拉，环则可作锤击武器。白杆兵的统帅是重庆女人秦良玉，秦良玉是中国历史上唯一不在列女传出现的（她出现在《明史》将相类列传）称得上女军事家的人。关于一个女人从川妹子到军事家的涅槃的详情，我们后面再说，此处先说她与后金的作战。此番已不是她第一次跟后金作战，前文沈辽之战中，秦良玉派其兄秦邦屏、秦邦翰与其弟秦民屏率数千精兵从重庆出发，参与保卫东北的战役，沈辽之战，秦氏兄弟率白杆兵血战八旗兵，大战中杀八旗兵数千人，由于众寡悬殊，秦邦屏、秦邦翰力战死于阵中，秦民屏浴血突围而出，两千多白杆兵战死。

此番己巳之变，崇祯召天下各路兵马进京勤王，秦良玉从重庆星夜兼程赶往京师，并拿出自己的全部家产作为军饷。在收复永平、遵化、滦州、迁安的战役中，孙承宗用红夷大炮炮轰城池，几十炮下来，城墙就被炸塌了，然后祖大寿率关宁铁骑，秦良玉率白杆兵冲锋。秦良玉手舞白杆长矛，好似瑞雪飞舞、梨花纷飘，锋刃所过之处，后金骑兵纷纷身首异处，一战即胜，就这样把这四座城池全部收复。阿敏在城池即将被明军收复前把城内投降后金的汉人全部杀死，然后带兵逃跑。

皇太极一看，据守城池是没戏了，孙承宗和祖大寿太厉害，干脆咱们趁着孙承宗和祖大寿一时半会儿无法回师北京城下（红夷大炮太重，不方便运输），咱们再杀回去，于是皇太极便亲统大军回师北京城西南的卢沟桥，十二月十七日发起永定门之战，此时孙承宗和祖大寿都没能赶回来，崇祯慌了。

还好此前袁崇焕还在广渠门作战时，翰林院官员推荐一个叫申福的游僧，说这个人会制造战车，崇祯就让他来造战车，此时战车造得差不多了，崇祯便让他出战。申福带着许多和尚、流氓、乞丐组成战车队出城，战车队武器包括独轮火车、兽车、木制西式枪炮等等，突然间皇太极一声令下，八旗铁骑冲向战车队。申福催促战车前进，可是推车的这帮人见铁骑冲来，赶紧撒腿就跑。八旗铁骑从马上挥舞大刀和战斧将战车纷纷砍倒，把申福手下这帮人就像削瓜切菜一般纷纷砍杀，申福也战死。

这些人太不靠谱，崇祯急忙派满桂、黑云龙率军四万出战，杀得昏天黑地，一直打到天黑。皇太极看一时难以取胜，便让部下穿上明军军装，趁着黑夜混进明军军阵。满桂不曾防备，误以为来的是城内援军，结果满桂被杀，黑云龙被俘，但后金军最终也没能攻破北京城。

永平、遵化、滦州、迁安被明军收复，皇太极有被断后路的危险，而眼前北京城显然不可能攻下，于是皇太极下令撤退，此次北京保卫战结束。

在城下，皇太极临撤兵前说："城中痴儿，朕取之易如反掌，但其疆域尚强，非旦夕可溃者。得之易，守之难，不如我简兵练旅，以待天命可也！"（《啸亭杂录》卷一）

皇太极班师沈阳后，以阿敏在临撤退前将永平四城投降汉人全部屠杀为由将他终身圈禁，后阿敏死于狱中，至此四大贝勒还剩皇太极、代善、莽古尔泰三人。

这次北京保卫战，后金十万人孤军深入，其实是犯了兵家大忌，长城沿线各关隘依然在明朝手里。若明朝能在京城外与敌人长期相持，再集中数倍于敌的大军封锁长城关隘（这对明朝不是难事），将其合围，后金十万大军必将陷入死地，即使皇太极能侥幸突围，后金也必定元气大伤。假如崇祯更有胆气一些，一面调集内地兵马援救京城，一面让祖大寿戴罪立功，告诉他只要率辽东兵北攻下后金老窝，就释放袁崇焕。祖大寿带兵北伐，引后金军回援，再于半路截杀，也就是围魏救赵之法，那更是一刀捅进后金心窝，后金势必一战即亡。第二次世界大战中斯大林格勒之战，朱可夫就是指挥苏联红军先守住斯大林格勒，然后派兵抄德军后路，最终把斯大林格勒城一带的德军困死，歼灭德军三十三万人。然而，历史没有如果，崇祯绝非朱可夫。

皇太极走了，该论功行赏、论过斩杀了。崇祯亲自接见秦良玉，封她为一品夫人，并赋诗赠给她。诗云：

蜀锦征袍手制成，桃花马上请长缨。
世间不少奇男子，谁肯沙场万里行？

学就西川八阵图，鸳鸯袖里握兵符。
“由来巾帼甘心受，何必将军是丈夫。”

露宿风餐誓不辞，饮将鲜血代胭脂。
凯歌马上清平曲，不是昭君出塞时。

凭将箕帚作蝥弧。一派欢声动地呼。
“试看他年麟阁上，丹青先画美人图。”

孙承宗、秦良玉等功臣受封赏后，该收拾袁崇焕了，袁崇焕知道自己来日无多，于是在监狱中写了几首诗。其一是《狱中对月》：

天上月分明，看来感旧情。
当年驰万马，半夜出长城。
锋镝曾求死，囹圄敢望生。
心中无限事，宵柝击来惊。

囹圄中，袁崇焕更忆亲人，故作有思念老母的《忆母诗》：

梦绕高堂最可哀，牵衣曾嘱早归来。
母年已老家何有，国法难容子不才。
负米当时原可乐，读书今日反为灾。
思亲想及黄泉见，泪血纷纷洒不开。

读书多年终成进士，机缘巧合效命辽东，最终却也因辽事而丧命，他也知道由于杀了毛文龙，自己“国法难容”，此时母亲已经不可能与自己见面了，思前想后，自己与母亲只能黄泉再见了，昔日郑庄公黄泉认母只是模拟一个叫黄泉的地方与母亲再见，而自己却真的只能跟母亲黄泉再见了。

想到此，袁崇焕作了一首绝命诗：

一生事业总成空，半世功名在梦中。
死后不愁无勇将，忠魂依旧守辽东。

从崇祯将袁崇焕逮捕，到最终处死袁崇焕，其中隔了九个月的时间，那么这九个月崇祯在干什么呢？本来崇祯还在犹豫如何处置袁崇焕，此时，想加盟内阁的温体仁和周延儒为了扫清障碍——内阁大学士钱龙锡，于是就拿袁崇焕下手了。

钱龙锡跟袁崇焕关系不错，此前咱们交代过，袁崇焕就是跟钱龙锡最先说自己要杀毛文龙的，而袁崇焕此时在狱中，只要往死里整袁崇焕，钱龙锡必然受牵连，然后温体仁和周延儒就能成功加盟内阁，成为一人之下万人之上者。

于是他们组织御史言官集体弹劾袁崇焕、钱龙锡，说钱龙锡与袁崇焕相互勾结，袁崇焕贿赂钱龙锡几万两银子，等等。

其实在明朝，大臣收受贿赂，除了朱元璋时期必死外，剩下的时候就那么回事儿，大家都睁一眼闭一眼，毕竟谁的屁股都不干净。

可是，袁崇焕是边境大将，钱龙锡是朝廷重臣，边境大将和朝廷重臣走得太近意味着什么？可能要谋反啊，要里应外合啊！最终崇祯下定决心杀袁崇焕。之所以崇祯从逮捕袁崇焕到杀他用了九个月，还有一个原因在于皇太极此番虽然撤兵，但他留了一部分余部在关内，直到袁崇焕被逮捕七个月后，崇祯三年（1630 年）六月才全部退出，在此期间崇祯还要用祖大寿的关宁铁骑来抗击敌军，所以一时不能动袁崇焕，直到后金军完全退出长城，祖大寿领兵回到辽西，崇祯才对袁崇焕定罪、动刀。

崇祯以如下罪状给袁崇焕定罪：

> 谕以袁崇焕付托不效，专恃欺隐，以市米则资盗，以谋款则斩帅，纵敌长驱，顿兵不战，援兵四集，尽行遣散，及兵薄城下，又潜携喇嘛，坚请入城，种种罪恶。命刑部会官磔示，依律家属十六以上处斩，十五岁以下给功臣家为奴。今止流其妻妾，子女及同产兄弟于二千里外，余俱释不问。（《崇祯长编》卷三七）

那么袁崇焕这些罪名都是真的吗？咱们逐一分析。

一，付托不效。这是指崇祯皇帝命袁崇焕为蓟辽督师，指望他五年复辽，而他辜负了皇帝的嘱托，致使后金军队长驱直入，攻打京师，给明朝带来极大的震动和损失。（按：这个事嘛，崇祯的确苛责了袁崇焕，因为后金军是绕过了袁崇焕的直接防区杀向北京的，而袁崇焕在得知了皇太极大军杀到之后，就立即阻截，先后在遵化、蓟州、通州拦截后金军，可惜的是都没碰上，或曰都失败了。因此这一条不算数。）

二，专恃欺隐。是指责袁崇焕依恃崇祯的信任而行欺骗和隐瞒。（按：袁崇焕在杀毛文龙一事上是“专恃欺隐”，在己巳之变时，袁崇焕上奏说：“凡要害地方，俱已拨兵防守，其蓟州守则不忧矣，西建昌、迁安、永平守则不忧矣，东抚宁、山海、丰润、玉田守则不忧矣。”结果皇太极却成功突破了这些地方，袁崇焕的“拨兵防守”形同虚设，这条可坐实。）

三，市米资盗。这件事指的是，崇祯二年（1629 年），漠南蒙古东部闹饥荒，袁崇焕提出要救济蒙古人，说如果不救济蒙古人，那么蒙古人就会倒向后金，但崇祯不让。因为崇祯认为把粮食给蒙古人相当于“资盗”。那么此事究竟是谁正确呢？袁崇焕认为如果不救济蒙古人，那么蒙古人就会倒向后金，而事实上蒙古人此时已经倒向后金，看看蒙古喀喇沁部跟满人的盟书吧：

> 满洲、喀喇沁我们两国为结盟和好，宰白马祭天，杀乌牛祭地。置一碗酒，一碗肉，一碗血，一碗枯骨，许下诺言，对天地起誓。如不履行此誓言，喀喇沁与满洲不友好，与明国除原有的赏和去大都贸易外如有私下密约，或堕入察哈尔之奸计背叛，喀喇沁遭天谴责，执政之拉式奇布、布颜、莽苏尔、苏布地、庚格勒为首几个大小塔布爱等遭殃，不得长寿，如同这碗血，流血而死，被按埋于地下。如同这碗枯骨，其骨散败。如果履行其对天盟誓之言，天地保佑，获得长寿，子孙万代永字太平之福。(《十七世纪蒙古文文书档案(1600—1650)》)

可见此时蒙古已经完全倒向后金，因此袁崇焕给蒙古人粮食就是资敌。而且袁崇焕的观点也并不对，他认为如果给蒙古人粮食，他们就会不倒向后金，事实上，谁强他们就听谁的，按袁崇焕的逻辑，实际上连努尔哈赤起兵这件事情都不会发生。明中央政府对东北女真人的救济帮助几乎贯穿于整个明朝，从永乐一直到万历，甚至一直到万历四十五年还用物资赈济努尔哈赤统治下受灾的女真地区（朱诚如《论明代女真与中央王朝的关系》），可仅仅到第二年，即万历四十六年（1618 年），努尔哈赤就公开起兵反明。这些人绝不是用仁义就能感化的。

四，谋款斩帅。指的是袁崇焕跟后金暗中议和，斩杀毛文龙。（按：这条准确地说，应该是袁崇焕并未跟后金暗中议和，杀毛文龙也并非跟后金议和的成果。这一条前文已详述，在此不多言。总之，这条的确可以看作袁崇焕的罪行。）

五，纵敌长驱。是指责袁崇焕纵容后金铁骑长驱直薄京师。（按：这条不能坐实，事实证明袁崇焕为了阻截后金军，的确尽力了，绝非“纵敌”，但敌人的确长驱了。）

六，顿兵不战。这是指袁崇焕在蓟州让后金军不战而越过。（按：这一条不能坐实，并不是袁崇焕不战，而是后金军绕着走，根本就没碰上。）

七，援兵四集，尽行遣散。（按：这是说袁崇焕将进京勤王的各路援兵遣散，纯属污蔑。）

八，潜携喇嘛，坚请入城。喇嘛的身份是僧侣，所以可自由穿梭于明清双方，在当时经常充当非官方的使节，这是指袁崇焕坚持要求入城，并暗地里潜藏能通融后金的使节，妄图将其带入北京以促成议和之局。说的是袁崇焕欺瞒朝廷，背地里力图议和。（按：这一条并不完全对，不能坐实。）

综上，袁崇焕的八条罪名，成立的有第二条、第三条、第四条。看来崇祯杀袁崇焕要比袁崇焕杀毛文龙靠谱得多，袁崇焕杀毛文龙的十二条罪名，没有一条能坐实。那么这三条大罪至于判死刑吗？其实单凭擅杀毛文龙这一条就够判死刑的了，但就当时情势而论，正是用人之际，而袁崇焕通过两次宁远之战，也可见他的确有守城的才能，应该让他戴罪立功。可是崇祯三年八月十六日（1630 年 9 月 22 日），崇祯却下令在西市处死袁崇焕，刽子手将袁崇焕的肉一寸一寸割下，共割了一千五百刀，鲜血淋漓，惨不忍睹。围观的人因为都认为是袁崇焕把皇太极招来，使北京城遭遇兵灾的，所以对他恨之入骨。他们有的从刽子手那儿抢到一块肉用嘴咬，有的花钱买他的肉，有的争抢刚开膛的肠胃就烧酒喝，还有的没抢到肉的就用斧子剁碎他的骨头。（张岱《石匮书后集》）

当晚，月光照在西市，空气中有一股刺鼻的血腥，地上一片片暗色，一些野狗在此闻闻嗅嗅，有一只狗正在舔木桩上已经干涸的黑褐色血迹，那是袁崇焕的血。

袁崇焕死后被抄家，“家无余赀”。袁崇焕家所有的女人，包括袁崇焕的妻子，在当天晚上都遭到了明军士兵的强暴。第二天，稍微有点姿色的女人全数卖给了妓院，男人则发配到遥远的边疆充军。袁崇焕的弟弟和妻子则被发配到三千里外的崇山峻岭，给不识字的野蛮人当干粗活的奴隶。

袁崇焕死后一百五十二年，被敌朝——清朝皇帝乾隆平反。《清高宗实录》第一一七零卷，乾隆四十七年（1782 年）十二月初四日记载：

昨披阅《明史》，袁崇焕督师蓟、辽，虽与我朝为难，但尚能忠于所事。

彼时主昏政暗，不能罄其忱悃，以致身罹重辟，深可悯恻。袁崇焕系广东东莞人，现在有无子孙？曾否出仕？着传谕尚安，详悉查明，遇便覆奏。

关于乾隆给袁崇焕平反的原因，前面写毛文龙时已详述。乾隆为了无限拔高袁崇焕，便伪造了许多“历史资料”，如《明史》中的一些资料等，而当今许多歌颂袁崇焕的学者的资料来源也就是《明史》，再加上对其他一些东西断章取义，而本书中袁崇焕、毛文龙这部分的资料来源为温体仁《明熹宗实录》、佚名《崇祯实录》、张岱《石匮书后集》、谷应泰《明史纪事本末》、毛承斗《东江疏揭塘报节抄》、汪汝淳《毛大将军海上情形》、王在晋《三朝辽事实录》、计六奇《明季北略》、朱溶《表忠录》、汪辑《崇祯长编》，这些资料大多数都是袁崇焕同时代人，或袁崇焕刚死时明末的原始资料。如今袁崇焕的所谓“文韬武略”和“战功”，主要是袁崇焕死后一百五十二年被乾隆平反后逐渐“出现”的，谁真谁假，到底应该采信哪种，不言自明。

乾隆为袁崇焕平反，也就是把明朝的灭亡归咎于崇祯杀害忠良而自取灭亡，这样汉人自然会把明朝灭亡的责任都推到崇祯身上，对明朝的惋惜和依恋就会立刻淡化，甚至有人会痛恨崇祯这个自毁长城的亡国之君，如此一来，崇祯反倒成了唾骂的对象。这就是乾隆在大兴文字狱的同时却给袁崇焕平反的原因。

我对袁崇焕的态度是复杂的，根据大量史料还原袁崇焕真相后，我既反对歌颂他，也反对把他贬得一文不值，网上有一副写袁崇焕的对联：

上联：糜烂一炮，龟守两天，修三城堵四门不动如山，大放言平辽五年，索饷则累死六部，赴援则遣散七军，终落得传首九边，原本十分现眼。

下联：顿兵十日，逼款九重，丢八魂七魄转进如风，私斩帅欺瞒六宫，纵敌便过城五里，市米便资盗四方，谁教汝议和三心两面，当真一点不冤。

这副对联写得就有些过分了，真实的袁崇焕绝非“十分现眼”，他的死也并不是“当真一点不冤”。袁崇焕的一生无非就是辽东的军事，咱们就通过袁崇焕守辽东的军事战略来对袁崇焕盖棺定论吧，袁崇焕花了巨资先后两次修筑锦州，并抽调蓟门的兵力去宁锦削弱蓟镇，他的战略是以宁远、锦州为重点，修复大凌河（今辽宁凌海市）、小凌河（凌海市东南）各城，形成能互相支持的纵深防御，控制辽西走廊。

那么他这套战略对吗？现在部分明清史家信誓旦旦地说袁崇焕修的这道防线努尔哈赤、皇太极两代人都没能突破，关键是用得着突破吗？由于袁崇焕擅杀毛文龙而毁东江，直接导致了后金没有东江镇这个牵制，可以远距离作战。如此一来关宁锦防线（山海关、宁远、锦州）变成了一条马其诺防线，后金军分别于 1629 年、1634 年、1636 年、1638 年、1642 年，先后五次绕道蒙古大规模入塞，掠地千里，横扫京畿。等于袁崇焕的战略部署完全白瞎了。

袁崇焕之于锦州，使我不禁想起辽沈战役中的蒋介石，锦州问题上，袁崇焕和蒋介石很像。袁崇焕留下锦州这个巨坑害得孙承宗后来二次守辽都跟着栽了跟头，洪承畴更是在松山之战一败涂地，而蒋介石却不信这个邪还要在锦州决战，结果解放战争中辽沈战役里的那场塔山阻击战就使其失败。蒋介石当时在塔山地区的兵力和火力都占优势，其海陆空优势都发挥得淋漓尽致，可最后仍然没有突破塔山防线而增援锦州，可见松山、杏山、塔山一带的地形是多么适合阻击，锦州和宁远之间的联系是多么容易被切断，由此可见锦州确实是个易攻难守之地。

因此，对于锦州，袁崇焕应该是放弃锦州，这样可以等敌人来犯宁远时，我军绕到锦州去切断敌人后路（事实上孙承宗就是这么构想的）。可袁崇焕却反其道而行之，把明军放到锦州去让后金切断后路。

综上，袁崇焕的军事战略完全错误，军事战术嘛，很不错，前文两次宁远之战已说，在此不再多言。政治上嘛，居然把毛文龙都杀了，而且己巳之变的作为也充分证明他没有政治头脑。袁崇焕自己都在奏折里承认，他在跟皇太极的谋略较量中，完全陷于被动。他在蒙古闹饥荒时卖给蒙古人粮食，想让蒙古人跟自己一拨，结果蒙古在之前就倒向后金了；他希望朝鲜作为牵制后金的力量，皇太极就去打朝鲜，把朝鲜办了；他布置了关宁锦防线，看似天衣无缝，可皇太极绕着走，使他的防线全白设了。等于说，明朝有没有袁崇焕，都会灭亡，或者说正因为袁崇焕的存在，袁崇焕把毛文龙杀了，导致后金失去了东江这个牵制，于是多次大举入侵。假如没有袁崇焕，毛文龙就不会死，后金后方就会有所顾忌，而按照毛文龙的套路，后金早晚会崩溃。此外，正由于袁崇焕杀了毛文龙，其部下孔有德、尚可喜、耿仲明带着海军和红夷大炮投奔了清廷，最终使得明朝有的清朝全有了，战争中明朝完全不占优势。由此，绝不是因为崇祯杀了袁崇焕才导致明朝灭亡的，而是袁崇焕杀了毛文龙才导致明朝灭亡的。

当然，再补充一句，袁崇焕绝不是汉奸，那些所谓的暗中议和的书信，也不过跟毛文龙当初和后金“议和”的意思一样。

最后再说两个问题：袁崇焕的长相和历史人物对袁崇焕的评价。

袁崇焕同时代的人都记载说袁崇焕很丑，袁崇焕的朋友钱龙锡在崇祯三年的折子中称：“崇焕初次陛见时，臣见其容貌丑陋。”这个折子是《崇祯长编》里有记载的，袁崇焕的朋友都这样说，说明袁崇焕的确长得不好看。

可是到了乾隆年间，袁崇焕却化身美男子，现在网上流行的袁崇焕的画像，皮肤白皙，容貌俊美，很多人都对这画像膜拜。找到像素比较大的画像，可以看清上面写明画像作于乾隆戊寅年。乾隆年间的人，如何得知袁崇焕相貌，当是乾隆给袁崇焕平反后，命人所作，意在美化袁崇焕。毕竟长得不帅是不适合做偶像的。

袁崇焕其人，当时人对他的评价很低，张岱《石匮书后集》说：

> 袁崇焕短小精悍，形如小猱（小猴子），而性极暴躁，攘臂谈天下事，多大言不惭，而终日梦梦，堕云雾中，而不知其着魔也。五年灭寇（五年复辽），寇不能灭，而自灭之矣。呜呼！秦桧力主和议缓宋亡且二百余载（实际是一百四十年），崇焕以龌龊庸才，焉可比秦桧？

黄道周：“袁崇焕以七阅月之精神，仅杀一毛文龙，而欲持五年之期，坐收全胜，身卒磔死，为天下笑。”

此外许多对袁崇焕的恶评，前面写毛文龙时列了许多，不再赘言。当时人大力歌颂袁崇焕的少之又少，程更生是其中之一，他在《漩声记》中说：

> 今山海而外，一里之草莱，崇焕手辟之也；一城之垒，一堡之堞，崇焕手筑之也。试问自有辽事以来，谁不望敌于百里而逃？敢于敌人画地而守、对垒而战，使敌望风而逃者，舍崇焕其谁与归？

举世皆巧人，而袁公一大痴汉也。惟其痴，故举世爱钱，而袁公不知爱也。惟其痴，故举世惜死，而袁公不知惜也。于是乎举世所不敢任之劳怨，袁公直任之而弗辞也；于是乎举世所不得不避之嫌疑，袁公不避而独行也；而且举世所不能耐之饥寒，袁公直耐之以为士卒先也；而且举世所不肯破之体貌，袁公力破之以与诸将推心置腹也。

程更生如此歌颂袁崇焕，因为他是袁崇焕的部下，跟袁崇焕一起参与了北京保卫战，程更生对袁崇焕过誉了，但是他能够在袁崇焕墙倒众人推时不落井下石，也算难能可贵。

由于朝鲜人恨毛文龙，袁崇焕杀了毛文龙，所以朝鲜人对袁崇焕评价很高，李晚秀《哀袁都督》写道：

君不见，满洲小儿惊褫魂，大明都督身姓袁。铺冰城外呕血台，至今炮声天地掀。岳家军散黄尘涨，杜邮剑寒碧血翻。遽令皂旗长驱入，长城坏矣谁为藩？莫道一着枉拔毛，吾皇自有椎髻言。又不见熊公（熊廷弼）眼光空如炬，北来骑劫鹿豕奔。

自从乾隆为袁崇焕平反后，到清末，为了弘扬汉民族的民族精神，袁崇焕被层层拔高，成了与岳飞、于谦齐名的民族英雄。《康有为全集》第十本的最后一篇《袁督师遗集序》，是康有为对袁崇焕的评价：

赐白起杜邮之剑，闻淮阴钟室之囚，庶斛律凉风之杖，行武穆金牌之召，则古今人莫不垂涕。然此不过人主刻忌寡恩，于国之存亡无关焉。若吾粤袁督师之丧于谗间也，天下震动，鬼神号泣，明社遂屋，余祸烈烈，波荡至今。

这段话写的是战国时秦将白起在杜邮亭被秦昭襄王赐剑自刎，西汉韩信在未央宫被囚后最终被杀，北齐名将斛律光被北周以反间计杀害，岳飞被宋高宗一天之内十二道金牌召回班师，都是中国古代最让人痛心的武将被杀的故事，但康有为认为这四个人虽然重要，但他们的死都比不上袁崇焕之死对于国家社稷存亡的关系之大。康有为还认为袁崇焕文笔极佳："夫袁督师之雄才大略，忠烈武棱，古今寡比，其遗文虽寥落，而奋扬蹈厉，鹤立虹布，犹想见鲁阳挥戈、崆峒倚剑之神采焉。"

袁崇焕的文笔是否非常好呢？我们看几首他的诗词就知道了：

《山海关送季弟南还》

公车犹记昔年情，万里从戎塞上征。
牧圉此时犹捍御，驰驱何日慰生平。
由来友爱钟吾辈，肯把须眉负此生。
去住安危俱莫问，燕然曾勒古人名。
弟兄于汝倍关情，此日临歧感慨生。
磊落丈夫谁好剑，牢骚男子不能兵。
才堪逐电三驱捷，身上飞鹏一羽轻。
行矣乡邦重努力，莫耽疏懒堕时名。

《偕弟煜夜坐等有作》

忆到乡关百事愁，挑灯细语不能休。
人心此时将何恃，予骨他日望尔收。
画里青山长入梦，镜中白发已盈头。
但求烽火今平息，得遂闲身及早抽。

《入狱》

北阙勤王日，南冠就絷时。
果然尊狱吏，悔不早舆尸。
执法人难恕，招犹我自知。

但留清白在，粉骨亦何辞。

《黄河》
河水奔流去，暄腾万马声。
源从天上落，性本地中行。
独处真须激，清来自太平。
济川吾有愿，击楫动深情。

康有为以圣人自居，能被他佩服的人不多，他能如此歌颂袁崇焕的文笔，也足见袁崇焕的确文笔极佳。

与康有为齐名的梁启超自然也歌颂袁崇焕，梁启超说："若夫以一身之言动、进退、生死，关系国家之安危，民族之隆替者，（广东）于古未始有之。有之，则袁督师其人也。"

现在广东的袁崇焕祠堂写有这样一副对联："其身世系中夏存亡千秋享庙死重泰山当时乃蒙大难；闻鼙鼓思东辽将帅一夫当关隐若敌国何处更得先生"。

一看这副对联就知道是根据《明史》来对袁崇焕做出的评价，这幅对联的作者叫张伯祯，他是康有为的弟子，当时有一首诗讽刺他："华胄遥遥不可踪，督师威望溯辽东。糊涂最是张沧海，乱替人家认祖宗。"张沧海就是张伯祯。

所谓"乱替人家认祖宗"指的就是张伯祯通过篡改袁氏家谱，把袁世凯写成了袁崇焕的后代。1915 年 2 月 21 日，北京《亚细亚日报》的《京尘见闻录》就登载了张伯祯的成果，"迄今大总统遭际时会，肇造民国，功德茂焉。顷其宗人重修族谱。其始祖原籍广东东莞县，且有祖山，葬于宝安县属，其地名擎天一柱。缘七世祖崇煜公，于明末清初流寓河南，遂占籍为项城人，宗派遂分。渊源所自，实始东莞。闻已遣长老赴粤调抄族谱，以明宗系之所由来云云。"这段话的意思就是说，袁世凯是袁崇焕后裔，袁崇焕的弟弟袁崇煜是其七世祖，袁崇焕遇害后迁至河南，几百年后河南项城出了个袁世凯。

张伯桢又用"左安法隐"的笔名，发表了《袁崇焕轶闻记》，说袁崇焕死后，有一方外人过其乡说："今日杀袁者清，他日亡清者必袁。"意思是现在用反间计杀害袁崇焕的是清朝，他日灭亡清朝的人一定姓袁，果不其然，袁世凯灭亡清朝。其实这种说法完全是胡说，袁崇焕死时清朝还叫后金，袁崇焕死了六年后才改名叫清朝。

袁世凯洪宪帝制时，袁崇焕作为袁世凯祖上的名人，自然也要追封皇帝，张伯祯为袁崇焕想好了"肇祖原皇帝"的庙号。袁世凯还派专使赴东莞致祭督师，祭文落款署"十九世孙某"。等于说袁世凯自称袁崇焕的十九世孙，可见袁世凯自己也搞不清自己到底可能是袁崇焕的几代孙，前面《亚细亚日报》还说是七世孙呢，现在又十九世孙，袁崇焕 1584 年出生，袁世凯 1859 年出生，当中隔了二百七十五年，十九代意味着十四年一代，虽说古人结婚早，可连续十九代每代都十四岁当父亲，的确有些早了。当然，这一切很快随着洪宪帝制的失败而化为泡影，袁崇焕的庙号也没用上。

袁世凯洪宪帝制失败后，袁崇焕的名声并没因为袁世凯而遭殃，歌颂他的人依旧很多，直至今日。比如金庸《袁崇焕评传》中说：

> 袁崇焕是真正的英雄，大才豪气，笼盖当世，即使是他的缺点，也是英雄式的惊世骇俗，他的性格好像一柄锋利绝伦、精利无俦的宝剑，只要出剑匣就会发出弯道光芒，屠龙杀虎，终于寸寸断折。

> 袁崇焕不是高瞻百世的哲人，不是精明能干的政治家，甚至以严格的军事观点来看，他也不是韩信、岳飞、徐达那样善于用兵的大军事家。他行事操切，性格中有重大缺点，然而他凭着永不衰竭的热诚，一往无前的豪情，激励了所有的将士，将他的英雄气概带到了每一个部属身上。他是一团熊熊烈火，把部属身上的血都烧热了，将一群萎靡不振的残兵败将，烧炼成了一支死战不屈的精锐之师。他的知己程本直称他是"痴心人"，是"泼胆汉"，全国惟一肯担当责任的好汉。袁崇焕却自称是大明国里的一个亡命徒。亡命徒是没有家庭幸福的，日日夜夜不得平安。官居一品，过的却是亡命徒生涯，只因这十年之中，他生命之火在不断地猛烈燃烧。司马迁在《留侯世家》中

说，本来以为张良的相貌一定魁梧奇伟，但见到他的图形，容貌却如美女一般。我们看到袁崇焕的遗像时，恐怕也会有这样的感觉。图像中的袁崇焕虽不怎样俊美，但洵洵儒雅，很难想象这样的一个人竟会如此刚强侠烈。

金庸《袁崇焕评传》虽然大多用的是清朝篡改的历史资料，从而对袁崇焕过于溢美，写得不够客观，但他在该书的结尾对于袁崇焕的悲剧的最后总结却是发人深省的，金庸说：

袁崇焕死后二百三十六年，那时清朝也已腐烂得不可收拾了，在离袁崇焕家乡不远的地方，诞生了孙中山先生。他向中国人指明：必须由见识高明、才能卓越、品格高尚的人来管理国家大事。一旦有才干的人因身居高位而受了权力的腐化，变成专横独断、欺压人民时，人民立刻就须撤换他。袁崇焕和崇祯的悲剧，明末中国亿万人民的悲剧，不会发生于一个具有真正民主制度的国家中。把决定千千万万人民生死祸福的大权交在一个人手里，是中国数千年历史中一切灾难的基本根源。过去我们不知道如何避免这种灾难，只盼望上天生下一位圣主贤君，这愿望经常落空。那是历史条件的限制，是中国人的不幸。孙中山先生不但说明了这个道理，更毕生为了铲除这个灾祸根源而努力。

民主，只有民主才能结束这种历朝历代“其兴也勃焉，其亡也忽焉”的怪圈。中国古代，天下是打出来的，权威是杀出来的，杀人如草不闻声，一将功成万骨枯！在中国古代从来没有和平的权力交接，有的只是不断变换的流氓打天下，唯一的硬通货就是人头和鲜血。几千年的中国历史逃不出《三国志演义》开篇的第一句话，“天下大势，分久必合，合久必分”，而真正解决这个问题的答案仍然是《三国志演义》里的一句话：“天下非一人之天下，天下人之天下也。”只有把天下真正由天下人当家做主，而不是被人“为民做主”，只有实现了民本位，而不是专制帝国的“民为本”，这一切悲剧才能彻底不再重演！

第十五章
一个川妹子的传奇

明朝辽东局势可以力挽狂澜者：

熊廷弼，被魏忠贤陷害斩首后传首九边；

毛文龙，被袁崇焕杀了；

孙承宗，由于过于劳累，身体越来越差，经常便血，不能骑马，难以大用了。

除此三人外，最可用的就是袁崇焕了，结果被崇祯一千五百刀剐了。

辽东局势已经糜烂。就在己巳之变的前一年，陕西发生大饥荒，最终导致明王朝的终结者李自成、张献忠造反，如果说同时面对两线作战，本已虚弱的明王朝很捉襟见肘的话，那么贵州的奢安之乱更是让明朝三线作战了。还好，一位美女军事家横空出世，她在平定奢安之乱中立下大功，最终使得明朝由三线作战变为两线作战，她就是前面己巳之变中进京勤王的中国最美女军事家秦良玉。

秦良玉，字贞素，1574 年出生，四川忠州（今重庆忠县）人。她文武双全，善骑射，通诗文，且长得很漂亮（仪度娴雅）。根据重庆官方对秦良玉所遗留下来的蓝缎平金绣蟒袍测定，其身高 186cm 左右。

秦良玉有两个哥哥、一个弟弟，她是家中唯一的女孩，父亲尤其爱她，认为虽是女孩子，也应学习武艺，天下未乱蜀先乱，天下已平蜀难平，四川一带经常战乱，如果不会武艺，就只能“徒为寇鱼肉”。

1599 年播州（贵州遵义）宣慰使杨应龙发动叛乱，史称播州之乱，这是秦良玉军事生涯的开始，在平叛战争中，秦良玉初露锋芒，“连破金筑七塞，取桑木关，为南川路战功第一”。1613 年秦良玉的丈夫马千乘被太监邱乘云诬陷，冤死狱中，对于秦良玉这样的世袭土司，朝廷的规定是如果父亲死了，儿子继任，如果儿子年幼，就让妻子来继任。少数民族不像汉族那样只能父死子继或兄终弟及，不能让女人担任政治职务。

1621 年沈辽之战，努尔哈赤攻陷沈阳、辽阳后，四川土司永宁（治所在今四川省叙永西南、辖境相当今叙永、筠连、古蔺等县地）宣抚使奢崇明和儿子奢寅上奏，自请调马步兵两万援辽，明熹宗一看，正愁东北没有精兵呢，少数民族骁勇善战，能为朕分忧再好不过。但明熹宗没想到的是，奢崇明的军队不是平乱的，而是造反的。奢崇明派遣部下樊龙、张彤在从自己的地盘出来后，并不是沿途跟当地交涉行军，而是直接走到哪杀到哪，九月十七日他派兵进攻重庆，很快占据重庆，攻合江，破泸州，陷遵义，建国号“大梁”。连战连胜后，奢崇明、奢寅父子率军数万分道向成都进发，先后攻陷富顺、内江、资阳、简州(四川简阳)、新都、龙泉(四川成都东南附近)，十月十八日，包围成都。

此时成都守军只有两千人，布政使朱燮元指挥成都保卫战。奢崇明父子的叛军用皮革作掩护蒙在战车上向前推进，朱燮元下令开炮，战车被明军火炮击毁。于是叛军手拿干柴填满护城河，建起土垒，形状类似竹屋，叛军躲在土垒下，一方面躲避城上的滚木礌石，一方面在此用弓弩向城上射箭。朱燮元在城上用竹子做成帘子的形状，以抵挡叛军箭镞，到了夜晚，朱燮元派勇士缒城而出，火烧用干柴做成的土垒，将土垒下的叛军全部烧死。

第二天，叛军四面架起望楼，与城墙一边高，通过望楼攻城，朱燮元依然是火攻，派人出城放火，将望楼烧毁。就这样，叛军占不到丝毫便宜，相持数日后，又来了几千叛军援兵，他们推着一个状如大船的东西，高一丈多，长约五百尺，里面有好几层，最上面站着一个人，这个人披头散发，手拿宝剑。这种武器载数百人，士兵拿着弓弩和有毒的箭镞，前面用牛牵引，后面有人推着。

城上守军见状，大为恐慌，朱燮元说："大家别怕，这是吕公车，我有办法破它。"

之所以这种武器叫吕公车，是因为其最早原型是由吕尚，也就是姜子牙所造。周文王讨伐商纣王死党崇侯虎的时候，周文王姬昌初战不利，大臣毕公高说："我看这城外树木很多，不如砍下建造高车，把整根的粗大木头放在车上，等到半夜时候，悄悄地把车推到城边，每车用二十名壮士推动木头，去撞击城墙，不管它多么坚固，也一定会撞倒。"周公姬旦说："如果敌军在城上把矢石抛下，我车上壮士不是要受伤么？我有一个办法，索性把车造得极高，高到超过他的城墙，可以临城俯视他们。车上壮士，各执戈矛弓箭，到了城边，并力和城上守军交战。他们保卫自己还来不及，怎么有工夫去抛矢石？"姜子牙说："车上还可以再设两个搭钩，等到车到城边，便用搭钩钩住城堞，车上壮士就可以跳上城去。"于是周文王把这三个人的建议综合一下，建造了这种新式攻城武器，由于这三个人里姜子牙（吕尚）最有名，所以这类武器被后世称作吕公车。

朱燮元一眼识破叛军这种武器属于吕公车的范畴，在战场上，对于一种大家没见过的新式武器，如果没有人能站出来貌似很懂地说出关于这种武器的情况，那么士兵很容易被吓得不知所措，而只要主帅一下子把这种大家没见过的武器讲出门道，顿时就会稳定军心。士兵们跟着朱燮元这样靠谱的统帅自然会备感踏实，有这样一种安全感，再大的敌人也能战胜。

面对吕公车，朱燮元下令运来一批大木头，长木为杆，短木为轴，轴上套巨索，转索就能运动杆，通过这种类似抛石器的武器，发射千斤巨石，打出两个巨石后，吕公车就被砸坏了，而后朱燮元下令用巨石砸前面牵引吕公车的牛，牛被砸得疼痛不已，掉头就要跑。朱燮元一声令下，明军从城中杀出，最终大破城外叛军。

可是，毕竟城内守军只有两千，越战越少，而城外叛军有两万，朱燮元派兵突围，请求美女军事家秦良玉和贵州巡抚发兵。此时奢崇明与朱燮元都在争取秦良玉，足见秦良玉的作用。

秦良玉对奢崇明派来的人说："你没听说过我们秦家世代忠良吗？我的哥哥秦邦屏、秦邦翰都在剿灭奴贼（努尔哈赤）的战斗中殉国了，只有我弟弟秦民屏从辽东归来，现在他的战创已经痊愈，我们姐弟当效死报国！"说罢拔剑砍死了奢崇明派来的人。

秦良玉派兵四千进驻南坪关（今四川南川西南），扼重庆叛军归路，又分兵守忠州（今重庆忠县），秦良玉自统精兵六千自重庆沿江西上。贵州巡抚李标也派兵救援朱燮元。十月至十二月，秦良玉和李标共消灭叛军一万余，先后收复遵义等地。

吴炽昌《客窗闲话》中记载了秦良玉与叛军作战的这样一个故事：一次敌人来了，秦良玉率军千人，每人拿一张可一发十矢的弩，她率这些弩兵射退了敌军，随后乘胜进军，接连收复三百里土地。她在此建立大寨居中，派亲兵在周围建立小寨，拱卫大寨。她将人民中强壮的挑出来进行军事训练，在达到人和后，她在地利上下功夫，在寨外挖掘壕沟，壕沟里放有毒的蒺藜，上面铺上不结实的板子来隐蔽。在壕沟周围设置机关，一旦敌人踩上，机关就发射有毒的箭镞。在寨边的屋子里，她把老花镜和近视镜摞在一起，装在筒中，这可能是中国最早的望远镜，本来寨就在高处，再如此设置，两眼5.2的能看清百里外的人马，这就是观察哨。然后为了让情报传递快，她用长绳把寨边的观察哨里悬挂的铃铛与寨内连接，在观察哨的士兵把观察到的情况写下来后，一摇铃就有人听见声音，从而过来取情报，这个观察哨被秦良玉称作“天观”。

怎么样，这个女人不寻常吧？——更绝的还在后头！秦良玉懂物理，根据固体传声最快的原理，她在地上放陶器，让人用耳朵伏在上面听，这样的话几十里外的人喊马嘶都能听见。听见后报信的方法与观察哨一样，这个东西被秦良玉称作“地听”。除此之外她还派大量间谍打入奢崇明内部，以获取情报。

防御做得差不多了，该准备进攻了，秦良玉苦练精兵，她发明了一种先进的阵法——连翔阵。这种阵法是每名士兵拿一个喷筒，把用毒药煮过的细沙晾干后放入筒中。每支拿喷筒的队伍都有弓弩手护卫。交战时先把喷筒中的有毒的沙子往敌人眼睛里洒，敌人眼睛疼得睁不开后弩兵用箭射死敌人。此外秦良玉还对营寨做了其他设计，做的什么设计呢？一会儿仗一打起来您就明白了。

秦良玉在军队、地利、情报、阵法都准备得差不多了时，敌人才来进攻。不知奢崇明是怎么搞的，也许他是一直害怕秦良玉吧，居然在秦良玉万事俱备的情况下派兵发起进攻。

奢崇明估计秦良玉在这一带设了机关，于是让叛军驱赶着牛羊驼马在前，士车在中，叛军在最后。走到壕沟时，动物们踩在板子上后掉进壕沟被蒺藜扎死，有的动物踩上了机关，于是中箭而死。叛军将动物的尸体和土车用来填平壕沟，随后踩着被填平的壕沟冲入寨内。此时秦良玉率军撤退，并留下大量粮食，叛军争抢粮食。不久营寨地震，顷刻间寨塌了，粮食中的火箭、火球射出来，叛军死了几千，争着往外冲，此时秦良玉在寨外的兵将叛军堵截后全歼。这是十月至十二月期间秦良玉最大的一场胜利。

在中国古代，女人受着三从四德的约束，在外面独当一面的人很少，像秦良玉这样的传奇女军事家就唯此一人了。

张怀渭《题秦太保良玉传》：红妆玉貌秦将军，团花袍蹙金麒麟；横戈革檄东南征，三十万众箭飞蚊。奢酋播州昆冈焚，白杆所到山岳分；燕山十月雪风颠，披裘徒念征夫寒。速寄冬衣千五百，天家不费司农钱；九重诗到字龙虎，平台拜赠天颜欢。归来万马求蚕丛，夺得汝才大纛舞；归巫之山贼所营，下瞰我军如建瓴。本兵不恤全蜀倾，巡抚巡按安足云；将军扫境怒目嗔，帐下女儿皆铁甲；纵横风雨矗三峡，扼十三隘谁力争；一腔血洒蚊龙匣，鼎湖弓剑散人间。回首恩波四十年，金瓯破碎石柱存；江天北望空涕涟，当时杖剑皆如此；那有幺麽不可止；呜呼，巾帼中有奇男子。

秋瑾：其一：古今争传女状头，谁说红颜不封侯。马家妇共沈家女，曾有威名振九州。其二：执掌乾坤女土司，将军才调绝尘姿。花刀帕首桃花马，不愧名称娘子师。其三：莫重男儿薄女儿，平台诗句赐娥媚。吾骄得此添生色，始信英雄曾有此。

用美国作家米勒的话来形容秦良玉的事迹再恰当不过，“女人看似柔弱、沉默，其实她们比男人更加坚韧，道德和良知更加坚定，能够面对人生巨大的变迁和伴侣的兴衰浮沉，并能在关键时刻比男人更果决、更富有远见。”

秦良玉的事就说到这。

另一边，朱燮元在秦良玉连战连胜之时，也继续着此前的胜利。他诱使包围成都的叛军头目罗干象反正，天启二年（1622 年）正月二十九日，朱燮元以罗干象为内应，又遣部将设伏诈降，诱奢崇明至城下，再败其军，成都解围。历时将近四个月的成都保卫战胜利结束。朱燮元乘胜出城追击，先后收复资阳、内江、简州、泸州等四十余州县，明熹宗升朱燮元为四川巡抚。

就在成都刚刚解围的时候，贵州水西（辖鸭池河以西地区）宣慰土同知安邦彦发动叛乱，自称罗甸大王，很快率军杀到贵阳城下，叛军包围贵阳，相持数日，贵阳城中粮绝，于是吃糠麸，糠麸吃完了，吃草，草吃完了，吃战死的将士的肉，死人吃完了，就杀活人，甚至吃亲生骨肉，连贵阳知县周思稷都自杀了，以自己的肉来作为军粮。贵阳总兵张彦芳公开组织杀人，人肉四斤值银一两。贵阳被围一年后，新任贵阳巡抚王三善才为贵阳城解围。一年下来，贵阳四十万百姓仅剩两万多人。

之所以贵阳一直没有被解围，是因为秦良玉率军去收复重庆了，朱燮元率军去收复四川的失地了，自然没人管贵州了。天启二年五月二十八日，秦良玉所部收复重庆。至 1623 年叛乱被平定，奢崇明父子俱受伤而逃，投奔安邦彦。明熹宗令废奢崇明父子原先管辖的永宁宣抚司，设道府治理其地。

在奢崇明父子被平定之后，还来不及对此二贼首斩草除根，朱燮元就要投入对安邦彦的围剿战争。由于战争涉及四川、贵州多支军队，指挥不灵，叛军屡战屡胜，解了贵阳之围的王三善被叛军斩杀，安邦彦所部发展到十万人。1628 年新继位的崇祯任命在平叛中一直表现突出的朱燮元为兵部尚书，总督云南、贵州、四川、广西军务，并任贵州巡抚，一切大权交给他。1629 年朱燮元在永宁之战歼灭叛军主力，安邦彦、奢崇明被杀（此前 1626 年奢寅已经被部下杀死）。至此奢安之乱（奢崇明、安邦彦之乱）被彻底平定。

奢安之乱叛军共被斩首两万八千人，被俘一万两千六百人，明军阵亡两千六百八十八人。奢安之乱是压垮明朝的第一根稻草，奢安之乱时的明朝还要与后金作战，两线作战力不从心，刚平定奢安之乱，就发生了全国性的饥荒，李自成、张献忠相继崛起，最终敲响了大明王朝的丧钟。

第十六章
蝴蝶效应：婚外情导致明朝灭亡？

就在奢安之乱被彻底平定的前一年，崇祯元年（1628 年），陕西、河南、山东、山西遭受了千年不遇的水灾、旱灾、蝗灾。天空中没有一丝云彩，赤毒的太阳更像个超级大火炉，烧烤着这早已经不起煎熬的大地，使得万物都要窒息。太阳把地上的每一滴水都毫不留情地吸干了，干涸无水的河床，令人窒息的空气，数以万计的难民，在烈日下忍受着煎熬。“水啊，水啊！”到处有人用舌头舔着干裂的嘴唇，一个个生命就这样离开了人世。

大地上，布满瘦弱干瘪的尸体，他们或蜷缩，或俯卧，或仰躺，但脸上都是不甘心的神情。他们有的被晒死，有的被饿死，有的饿得不行直接自杀。死去的人什么都不知道了，活着的人眼睁睁看着亲人死去，苍蝇爬满腐烂的尸体，密密麻麻，叫人恶心。尸体发出恶臭，热气往上升腾，让闻到的人想吐。因为空腹的关系，吐出来的都是绿色的胆汁。

旱易生风，风则带来蝗虫。中原大地，一群群蝗虫黑压压地遮蔽了天空，像阴霾密布的乌云，一团团、一块块卷过大地上的庄稼，蝗虫所过之处遮天蔽日、天日无光。四处传来啃食稻谷的声音。当蝗虫飞起时，成片的谷子霎时被吃得一点不剩。在这种情况下，明朝的税收仍居高不下。农民为了活命只能铤而走险。

中国四千年历史始终围绕治乱打转，主要原因之一是官逼民反。官逼民反，民为什么不反？当法律不但不能保护人民，反而陷害人民时，人民只有两条路可走，一是死亡，一是反抗。

此时中国已成什么样子了呢？山东《诸城县志》记载："古代灾年有易子而食，把人骨头烧火做饭的，而今却杀活人来吃，父子兄弟之间剖腹剜心，肢解做成饭。人们认为人心好吃，小孩的心更好吃，甚至有当街卖人肉的，一斤六文钱。有的人在家腌制人肉，以备不时之需，有砍下人头，用火烧焦，喝脑浆子的。有人饿死后立刻被人把肉割尽，也有人还没饿死就被割肉，一边被割肉一边用眼珠子瞪人的。当问这些割肉的人为何这样做时，他们说我不吃人，人就吃我。"

张明弼《人吃人歌》写道：

饥儿语父，饥媳语姑，我死他人定我刳（从身上剜肉），余骨乌鸦相欢噱。他人何亲，父姑何疏，愿以吾肉存尔躯，姑若思我，愿得残骨在沟渠，勿令人磨碎供勺糊。前日流贼杀人三千，一熏一霍忽而尽焉。昨来土寇人作粮，朝炊肋胁，暮脍膀胱，桁间悬头发到地，碟底断指如葱长。弱人怯食如针枪，凶人惯食如牛羊。天下太平有异味，烹男炮女请君尝。人食万物还食人，相生相啖谁能躲？但想寂寞天地悲，高山大泽盈狐狸。

南京兵部尚书吕维祺在《中原生灵疏》说：

崇祯三四五六年连年大旱，稻既无收，麦又难种，野无青草，十室九空，于是有斗米值银五钱者，有工作一日不得升米者，有采草根树叶充饥者，有夫弃其妻、母弃其子者，有卖一子女不足数餐者，有自缢空林、甘填沟壑者，有饿死路侧者，有枕比而毙者，有骨肉相残食者……村无犬吠，尚敲催呼之门，树有啼鹃，尽洒鞭扑之血。黄叶赤地，乡乡几断人烟，白骨青磷，夜夜常闻鬼哭。触耳有风鹤之声，满目皆荒惨之色。

李岩《劝赈歌》曰：

> 年来蝗旱苦频仍，嚼啮禾苗岁不登。米价升腾增数倍，黎民处处不聊生。草根木叶权充腹，儿女呱呱相向哭。釜甑尘飞炊烟绝，数日难求一餐粥。官府征粮纵虎差，豪家索债如狼豺。可怜残喘存呼吸，魂魄先归泉壤埋。骷髅遍地积如山，业重难过饥饿关。能不教人数行泪，泪洒还成点血斑？

大臣陈其猷给皇帝的奏折中说："臣见一个老妇把一个死去的小孩扔进锅里，一边烹炸一边哭，臣问：'既然要吃他何必哭呢？'老妇说：'这是我儿子，抛弃他的话恐怕会被别人吃了，还不如我自己吃。'"

马懋才《备陈大饥疏》中说："陕西安塞城外有一个粪场，每天早晨都有婴儿被抛弃在粪场，他们有哭泣的、有哀号的、有呼叫父母的、有吃粪的，但到第二天早晨被抛弃的婴儿已无一生还。而且孩子和单独出行的成人，只要一出城便失踪了，直到看见城外有人拿人骨头当柴烧，煮人肉来吃，才知道那些孩子和独行者都被吃了。而那些每天吃人肉的人在吃了数日后也不免两眼红肿，身体燥热而死，然后他们再被别人吃掉，于是死者枕藉。城外挖了几十个大坑，每个坑可容纳几百人，用来掩埋吃剩的尸体。"

民谣曰："老天爷，你年纪大，耳又聋来眼又花。为非作歹的享尽荣华，持斋行善的活活饿煞。老天爷，你年纪大，你不会作天，你塌了罢！"人民已经到了愿与天一起毁灭的境地。

越来越多的农民选择造反，朝廷既要拨款赈灾，也要拨军费镇压起义，财政赤字极为严重，而此时一个官员因为搞小三的缘故最终导致了明朝的灭亡。

这个官员叫毛羽健，毛羽健在京城当御史，他这人怕老婆，1628年的一天，毛羽健好不容易把老婆哄回老家去探亲，老婆前脚刚走，毛羽健马上就偷偷纳了一房小妾。可这事还是被远在千里之外的老婆知道了。老婆大怒，当即星夜赶往北京。正当毛羽健和小老婆在床上颠鸾倒凤之时，老婆从天而降。

毛羽健的老婆之所以这么快就从家乡赶到北京，是因为她乘坐驿站的车马，享受驿站提供的便利服务。在古代，驿站兼有政府招待所、国家邮局和信息传递中心的职能。正是通过众多驿站，帝国中枢和地方各级政府之间的联系才能畅通无阻。

毛羽健因此痛恨驿站制度，为此，他向崇祯上了一道奏章，说现在朝廷财政赤字如此严重，应该开源节流，而驿站正可以裁撤来省一笔开销。

崇祯听了怦然心动，于是下令，干脆全国的驿站统统停办，所有驿站工作人员一律不再聘用。也就是说，由于毛羽健纳妾，全国数以万计的驿站工作人员一夜之间全部失业。受裁撤驿站影响最大的，要数陕西。《明季北略》说：

> 秦晋土瘠，无田可耕，又其民饶臂力，贫无赖者，藉水陆舟车奔走自给，至是，无所得食。未几，秦中迭饥，斗米千钱，民不聊生，草根树皮剥削殆尽……又失驿站生计，所在溃兵煽之，遂相聚为盗，而全陕无宁土矣。

无以谋生的下岗驿站人员中，有一位叫李自成，正因李自成下岗，导致他去给地主当差，从此每天住在地主家，每天不在家，他老婆就红杏出墙，他得知奸情后杀了老婆，去投军，在军队混不下去，最终，李自成造反，明朝灭亡。如果毛羽健不讨小老婆的话，那么李自成就依然会每天在驿站过着足可以温饱的生活，那么他根本不会造反，明朝就不会灭亡。这就是中国历史上很著名的一个蝴蝶效应。

与此类似的还有东汉谋杀案导致罗马帝国灭亡。东汉和帝时大将军窦宪杀了窦太后宠信的刘畅，窦太后大怒，窦宪自请出击北匈奴以赎罪，结果窦宪出塞五千里，将北匈奴彻底打残。北匈奴西迁，原北匈奴之地空了，于是鲜卑乘虚而入，占据这一带。在鲜卑的压力下，原来在外蒙一带的羯族、氐族、乌桓族纷纷内迁，成为日后五胡之乱的源头。而北匈奴的西迁更引起了一系列的连锁反应，北匈奴打到欧洲，把日耳曼人杀得大败，日耳曼人进入西罗马帝国境内，最终逐渐掌握西罗马帝国政权，476 年废掉最后一任西罗马帝国皇帝，西罗马帝国灭亡。

不过，这种蝴蝶效应其实是一种很浅层的看法，是小历史的因果观，以真正的大历史观来衡量，绝非如此简单。历史不是一个个事件通过因果关系而单纯叠加推理而能演进的，赵焰在《晚清有个李鸿章》中说过这样一段话：

历史是有宿命意味的，宿命意味是指历史从来无法复制，也无法克隆，它永远只有一个结果，也只有一种可能性。就历史本身来说它掌控不了自己，与历史依附在一起的人物也是如此，从绝对意义上说历史与人类是没有关系的。历史本身的进退维谷，千变万化与所携带的人类几乎无关。历史与人类的关系更像是滔滔河水所携带的沙子，那些细微渺小的沙子与河水是无法融为一体的。人类无法改变历史的进程，甚至无法左右历史的细节。

所谓历史的细节稍有转轨而人类历史进程就会改变，其实是很唯心的说法。历史是按照社会进程惯性的总趋势来发展的，一个逆天而行的大人物如果成功，也只能说他在社会的转型阶段利用了大多数人的心理状态，从而把社会转型到貌似看起来对多数人有利的状态。当精英阶层发现受骗而广大蒙昧者尚未觉醒之时，精英阶层则会推动社会向着与这个逆天而行的独裁者相反的轨迹运行，最后运行到起码比先前要好的社会类型。表面看起来，因为独裁者的逆天而行社会进程发生了曲折，而实际上这个曲折阶段也正是人们在选择道路中所必经的阶段。社会进程的发展也与人生的发展异曲同工，人生是吃过亏，挨过虐，享过福，受过罪，碰过壁，折腾一通，发现自己又回到了起点。其实这很正常，因为你不转这一圈，就不可能知道路该怎么走，只有转过这一圈，你才知道圈外的人生。历史与人生同理：我们都不能由发展过程中的曲折而断定这种曲折就改变了本来的轨迹与进程。因为我们任何人都压根儿不知道历史或人生怎么发展。人与其他动物的最大不同，就是人类能够记录自己的历史，后人可以凭借历史来找到自己的归属，我们短暂的人生也因此不成为一幕滑稽剧。如果我们预先就知道了历史的发展，而自己的人生只是按照既定轨道去演习，那么这一切就真的成了滑稽剧。

就拿毛羽健讨小老婆而言，如果没有此事，李自成兴许不会造反，但最终北京依旧会被攻破，只是铁蹄踏入北京城的是皇太极或张献忠而已，因为以明朝的税收体制、崇祯的个人性格、三线作战的重压等等因素的综合，明朝的灭亡只是时间问题，随着行文的演进，我将为您揭开明朝灭亡之谜。当然这一切，依然要从李自成说起。

李自成，1606 年出生，陕西米脂人。李自成出生时他爸梦见一个壮士骑马闯进他家，长啸数声，醒来后李自成降生，他的母亲也梦见一个骑马人闯入他家，于是给他起名“闯儿”，大名李鸿基。

李鸿基小时候跟其他农家子弟一样，过着耕读生活，然而在念私塾时他却说：“我要学习武艺，成大事，读书何用？”经常旷课的他总喜欢舞枪弄棒，然而有着小聪明的他也的确对于学习有一定天赋，十六岁时的一次课上，李自成写过一首咏螃蟹的诗：“一身甲胄肆横行，满脸元黄未易评。惯向秋畦私窃谷，偏向夜簖暗偷营。双螯恰似钢叉举，八股浑如宝剑擎。忍怕钓蟹人设饵，捉将沸釜送残生。”老师看完此诗后：“你将来必成大器，但始终是乱臣贼子，不得善终！”（计六奇《明季北略》）

李鸿基渐渐长大了，他身材高大，小鼻子，高颧骨，深深的眼眶，说话微带鼻音，身体健壮，臂力过人，跑步非常快，有时甚至能追上马。一天李鸿基与刘国龙、李过在关帝庙结拜，准备一起闯天下。李鸿基提议三人比力气，他们在神庙前放了一个铁炉子，重七十三斤，李鸿基上前抓住，一手举起，绕关帝庙一周，遂放回原处。刘国龙也用一只手来举，铁炉子原封不动，用两手才勉强举起，只走了五步就把铁炉子放下了。轮到李过，他用一只手用力一举，也没举起来，两手举起，走了十几步也放下了，此时李鸿基又一次上前，一手举起铁炉，绕关帝庙一周后放回原处。一个路过的道士对李鸿基说：“你父亲一生做善事，所以才有了你，你要继承父业。”李鸿基：“大丈夫要闯天下，自成自立，若守着父业，难道还是男子汉吗？从今起我就叫李自成了！”（《小腆纪年附考》）

李自成从此不再啃老，而是去找工作，他在驿站找到了一份工作，1628 年就发生了前文写的事情，崇祯撤销驿站，李自成失业。

失业后李自成投奔一个姓艾的地主，给他打零工，一天上午干了半天活，中午他在艾家门口睡午觉，袒胸露乳，很不雅，老艾发现后把李自成臭骂了一顿，李自成很生气，故意在老艾家门口撒尿，结果被人看见，几个家丁把李自成一顿毒打，打得皮开肉绽，后来又把他拴在柱子上大半天，李自成饥渴难熬，这时老艾家的小儿子出来，手拿馅饼，李自成低声下气地找他要，老艾家的小儿子说：“我宁可喂狗，也绝不给你吃！”然后把馅饼扔地上，接着用脚踩了几下，扬长而去。李自成受此羞辱，恨得咬牙切齿。

此处不留爷，自有留爷处。李自成离开老艾家，来到一个姬姓人家放羊，放羊是在野外，这样中午找棵树就能在底下乘凉睡觉，不用担心再挨打了。

李自成放羊是能随便休息了，但是工资要比之前给地主打工挣得少，每天都吃不饱的李自成因饥饿难耐，杀了主人的一只羊，与自己在关帝庙的结拜兄弟刘国龙、李过分了吃。

同样的事也发生在大明开国之君朱元璋身上，只不过吃的是牛。朱元璋少年当放牛娃时经常让小伙伴们捡起一块块破木板，装成皇帝与大臣，一次朱元璋与徐达、汤和一块玩，在山上玩饿了，找不到吃的，朱元璋便装起了皇帝，说："有本早奏，无事退朝。"徐达说："皇上万岁万万岁，臣以为皇上登基，天下太平，应杀一头牛庆贺。"朱元璋说："准奏。"于是朱元璋把自己替人家放的一头牛宰了给弟兄们吃。大家吃得心满意足，随后当一群小坏蛋意识到无法向主人交代时，朱元璋一拍胸脯，自己承担了全部后果，他把仅剩的牛尾巴塞进石缝里。见到主人后朱元璋谎称牛钻进石缝中出不来了，最后朱元璋以挨了一顿打和丢掉放牛的差事而结束。

李自成和小伙伴们吃完羊后的结果和朱元璋完全一样，挨了顿打，丢了差事。大概李自成明白自己做错了事，后来他称王后路过此地，并没有惩罚这家人。

此后李自成又找了新的差事接着干。李自成的老婆韩金儿是妓女出身，劣性难改，由于李自成平时住在地主家，她趁李自成不在时就和盖虎搞破鞋，李自成得知后去捉奸，见韩金儿与盖虎饮酒偷欢，李自成破门而入，拔出腰刀杀盖虎，盖虎抡起椅子抵挡，李自成用力过猛，一刀把椅子劈成两半，刀砍到盖虎左臂上，随后他一刀砍死了盖虎。韩金儿吓得跪地求饶，李自成说："盖虎已经死了，你起来给俺斟酒。"韩金儿见李自成不杀她，于是装出一副媚态，百般奉承李自成，李自成把韩金儿的裤子脱下，一边饮酒，一边那啥，突然李自成拔出腰刀，说："你喜欢盖虎，你就随他去吧！"一刀捅入韩金儿阴道，向上一挑，把韩金儿劈成两半。两条人命在手，李自成知道自己闯下大祸，于是逃之夭夭，来到了甘肃甘州（今甘肃张掖甘州区），投奔了王国参将。（此事据《小腆纪年附考》）

在王参将手下干了几个月，李自成觉得王参将是庸才，在与兄弟刘良佳喝酒时他说："宁为鸡口，毋为牛后。在王参将手下我们当的就是牛屁股！"

刘良佐："郭子仪本行伍中人，后为天下大元帅，你我如此有才，何愁不能富贵？"

李自成："大元帅何足道哉！汉高祖和我朝太祖岂是祖宗传下的天子？还不都是白手起家。"此时李自成的反意已经露出，不久李自成因为欠饷问题而杀了王参将，杀了朝廷在册的将领，他彻底混不下去了，准备走上造反道路。

要造反的李自成对自己没底，哥们说："或许你当皇上都未可知。"李自成："问天。"他取出一支箭插在雪里，说："如果雪能没过箭镞，可做皇帝，不然则死。"结果这天雪下得出奇大，没过了箭镞，李自成大喜，信心倍增，此时由于本文篇头的大饥荒，陕北民变蜂起，到处都有造反者，他投奔了王左挂的农民军。（《甲申传信录》）

人生最大的赌注就是自己。一天有人来告诉在军队当兵每天混吃等死的李自成，说跟我来，反了他娘的，你就能改变自己的命运，就能大口喝酒，大口吃肉，大秤分金银。当像狗一样活着成为一种奢望时，反抗就是唯一的出路。尽管那个年代普通人大多都是像狗一样的活着，或者说命连狗都不如，但毕竟狗还能叫两声，而人呢？大多在沉默中灭亡了。

既然造反就能改变命运，我为何不造反？李自成一定是这么想的，由军人变为反贼，李自成做了一个无比正确的转变，在官军里虽然也有前途，但毕竟有森严的等级秩序，要么靠军功打拼，不过这很渺茫，在这打拼的过程中，要么你早已战死，要么你的上级把你的功劳独吞。而在农民军中机会均等，没有等级制度，只要你有本事，就能打拼出自己的一片天。上马杀人，下马饮酒，天下动荡中，谁知道自己明天还能不能活着，为什么不趁心雄气壮时痛痛快快做一个乱世枭雄，也不枉为人世走一遭了！

此时李自成在王左挂手下。王左挂手下共有八支部队：一队眼钱儿、二队点灯子、三队李晋王、四队蝎子块、五队老张飞、六队乱世王、七队夜不收、八队李自成。相比之下，看名字的话只有李晋王和李自成像是好人。

崇祯三年（1630年）王左挂在与官军交战中战死，李自成投奔了不沾泥（张存孟）的农民起义军。

各路起义军大多以绰号称呼，少有真名：闯王（高迎祥）、闯将（李自成）、神一元（也叫神一魁）、老回回（马光玉）、不沾泥（张存孟）、红军友、八大王（张献忠）、扫地王、闯塌天（刘国能）、破甲锥、邢红狼、乱世王、混天王、显道人、乡里人、活地草、革里狼、左金王、曹操（罗汝才）、关索、混天星、过天星（张天琳）、独行狼、蝎子块、一字王、射塌天、混十万、可天飞、混天飞、点灯子、王老虎、金翅鹏、一条龙、满天星、混天猴、上天龙、马老虎、独头虎、上天猴、黑煞神、飞山虎、一只虎、撞天王、翻山鹞、整齐王、紫微星、托天王、十反王、小秦王、混世王、上天王、一连莺、一盏灯、钻天哨、开山斧、一座城、通天柱、爬天王、抓地虎、滚地龙、滚地狼、紫金梁（王自用）。

看着这些名字，想必您已经眼花缭乱了，这些人当中真正需要您记住的其实只有两个人，李自成和张献忠。

张献忠，陕西延安人，他跟李自成同年出生，1606 年的一天，他父亲所在的村子一个叫罗自颖的人做梦，梦见帝君说：“把天煞星带上来！”小鬼押着一个又高又瘦，脸色微黄的厉鬼前来，帝君说：“我命你投胎到张禄家中，不得有误！”厉鬼应声，忽然不见。罗自颖醒了，他去村子里打听，果然有一个叫张禄的人生了个儿子，十二年后罗自颖见到了张禄的儿子，这个人与罗自颖在梦中梦见的一模一样，他又高又瘦，面微黄，外号黄虎，他就是张献忠。张献忠小时候也念私塾，他天生力大，经常欺负同学，没一个人不恨他，罗自颖想打死他，但每当产生这个念头，准备第二天打死他时，头天晚上肯定做梦，梦见有人说：“张献忠是来应劫数的，切莫为难他。”罗自颖最终打消了这个念头。此事出自许啸天《明代宫闱史》。这种故事其实无非是后来张献忠在四川大开杀戒后好事文人编出来的，不足为信。

张献忠年轻时说：“大丈夫安能久居人下？”于是他参军了，他刚当兵就犯了死罪，在行刑前将领陈洪范看张献忠相貌威武，于是放了他，但张献忠知道，自己在军队混不下去了，就在此时，1628 年陕西大旱，发生大饥荒，民变四起，张献忠也加入其中。

崇祯皇帝派左副都御史杨鹤去任陕西三边总督，剿灭李自成、张献忠等各路农民军。由于刚刚经历前面我们讲过的己巳之变，各路精兵都在北京一带，杨鹤便主张对农民军以招抚为主，要实实在在解决饥民的吃饭问题，然后使饥民解散，由政府发给耕牛农具，让农民规规矩矩种田。崇祯也深知农民正因为没饭吃才造反，于是同意了杨鹤的意见。

神一元、点灯子、满天星等人全都接受了招抚，当然高迎祥、李自成、张献忠自然是坚定的“革命派”，依旧与明军作战。不过神一元等接受招安者也都留有后手，他们各自私留武器，占据要地，不时派人四处劫掠富户，而崇祯只拨款十万两白银赈济，无异于杯水车薪，难以根除问题。

在此情况下，朝内“主战派”压倒了杨鹤这样的主和派，指责杨鹤花钱却干不成事，崇祯于是将杨鹤罢官，任命洪承畴为陕西三边总督。

洪承畴文韬武略，他一上来就剿灭了几股拒绝招安的农民军，而后神一元等人降而复叛，洪承畴正愁不能解决这些人，于是借机来个一勺烩，将神一元所部攻灭，神一元、可天飞等人被杀。洪承畴本着“你不投降我灭了你，你投降我杀了你”的原则，将陕西农民起义军基本剿灭，农民军于是逃到山西。崇祯四年（1631 年）不沾泥向洪承畴投降，其部下因为洪承畴杀降，大多不愿投降洪承畴，于是跟着李自成走了，李自成率所部投奔了高迎祥的农民军。

1632 年，李自成率军在晋南一带活动，1633 年李自成等各部进至河北磁州一带，崇祯调左良玉和曹文诏两面夹击农民军，左良玉仗打得一般，真正厉害的是曹文诏。此时任山西总兵的曹文诏本来是熊廷弼的部下，熊廷弼死后成为孙承宗的部下，己巳之变时他参与收复了遵化、永平、滦州、迁安，皇太极走后他就被调来镇压农民军，跟他一起来的还有一千关宁铁骑。

除一千关宁铁骑外，崇祯调拨给他的只有两千人，曹文诏就拿这三千人与山西的二十多万农民军交战。曹文诏率三千人与上天龙的一万多人开打，上天龙被斩杀，一万多人全灭。而后曹文诏率军三千与混世王两万人交战，混世王被斩杀，两万人崩溃。接下来曹文诏面对的是农民军中人数最多的紫金梁等各部，他们在一起有七万人，曹文诏十五天内七战七胜，斩杀六万人，紫金梁战死，其残部万人尽归李自成，至此李自成已有两万多兵力。之所以曹文诏如此能打，其实无须多交代，因为有关宁铁骑！

在明军围剿下，李自成等各路农民军转移到河南怀庆、济源、涉县、林县等地，明军左良玉等各部将其包围，此时农民军东西北三面是明朝大军，南面是黄河天险，于是高迎祥、张献忠、闯塌天、李自成、罗汝才、薛仁贵（外号）、刘备（外号）、鞋底光、满天飞、逼上路、一块云、三只手等各部都投降了。

曹文诏当然力主要把这些农民军全部干掉，然而就在此时，皇太极率军南侵，于是曹文诏被调到大同去抵挡皇太极了，这下农民军起死回生了。

农民军投降后，明军自然不知道他们是诈降，不少士兵还与农民军做起买卖来，偷出军营里军靴、棉衣、兵器等卖与对方。李自成等各部趁诈降机会大大地休整一番，往年河南境内的黄河是不会冻冰的，而这年冬天一反常态，河面冰坚如石，农民军纵马狂奔，整部突破黄河天险，冲出明军包围圈，一下子出现在中原大地。

这种天气原因导致其中一方喜从天降的事，在中国历史上不只一次发生。1276年，忽必烈派大军攻陷临安，灭亡南宋时，宋恭帝带着文武大臣出降。宋恭帝与元军约定的受降日期为钱塘江大潮涨潮的日子，想借大潮将元军卷走，与元军同归于尽，不成想连续三天大潮不至。1646年清军大将博洛率军从杭州向南明鲁王朱以海的部队进攻，来到钱塘江边，清军无船，可是一向水深浪急的钱塘江这年却突遇数十年不遇的大旱，江中许多地方都干了，于是清军骑兵直接冲过钱塘江。再比如解放战争期间，刘邓大军千里跃进大别山，途经淮河时也没有船，但赶上淮河旱灾，而且大军所过之处正好是当年淮河水最浅处，于是大军徒步渡过淮河。总之，天气的确数次改写了历史，但许多事虽曰天命，岂非人事乎？李自成等各部在黄河北岸处于坐以待毙的状态，大军合围后很容易将其全歼，只要农民军被歼灭，东北女真不可能灭掉大明的。总之，明朝就这样因为天气原因错过了第一次免于灭亡的机会。

李自成各部死里逃生，由于河南地方官员没有作战经验，中原四战之地又便于驰骋，农民军以河南为中心，向东杀进安徽，向南杀进湖广，向西杀进四川。由此，局部农民战争，一下子变成了全面战争。河南跟陕西一样有灾情，当地饥民大量投奔了农民军，农民军实力更加壮大。

崇祯七年（1634年），崇祯为改变各省明军互相观望的态势，任命陈奇瑜为五省总督，负责陕西、山西、河南、湖广、四川明军对农民军的围剿。陈奇瑜一上任，对农民起义军的围剿立即就有了起色，李自成被迫转移到汉中，陈奇瑜在汉中车厢峡包围李自成，赶上连下四十天大雨。车厢峡四面是悬崖峭壁，号称猿鹿无径，人根本无法攀登，明军从山上砸下巨石，投掷火把，李自成所部死伤惨重。而连续四十天的大雨则使得李自成部队的弓箭因湿透而松散，刀枪生锈，战马因为没有草料而死亡过半。

李自成不得已乞降，陈奇瑜居然同意了，四年前神一元降而复叛，一年前在河南黄河北岸农民军降而复叛的教训仿佛就在昨日，而陈奇瑜居然没有吸取任何教训，还真的以为李自成是真心投降。

陈奇瑜派人来接收整编李自成的队伍，每100名农民军陈奇瑜就派出一人来登记，李自成这些“投降”的部队走到宝鸡县时突然翻脸，将这些监降官或杀头，或割耳，或捆绑，一百个杀一个还不容易？势不可当的李自成率军再次杀回河南。此时河南的各路农民军已有二十万人，声势浩大，“大旗飘扬，遥望崖口而南，旌旗蔽空，甲光耀日，南尽南山，北尽河曲，波压云涌而至，惟闻马嘶之声，连营数十里”（乾隆年间修《嵩县志》）。只要李自成被歼灭，张献忠难成大事，而后金在东北孤掌难鸣，那么大明是不可能灭亡的，由于陈奇瑜的手软，大明错过了第二次免于灭亡的机会。

得知李自成降而复叛的消息，崇祯大怒，将陈奇瑜撤职，任命洪承畴当五省总督。大家都知道洪承畴能打，于是崇祯八年（1635年）高迎祥、张献忠、李自成、老回回、罗汝才、革里眼、左金王、改世王、射塌天、横天王、混十万、过天星、九条龙这十三家农民军在荥阳开会，讨论农民军如何与洪承畴作战的问题，史称“荥阳大会”。

李自成提出了联合作战、分兵迎敌的战略方针，就是把农民军分成东、西、南、北四路，出击和明军作战，把农民军的主力放在明军兵力薄弱的东面，也就是安徽。李自成的提议得到了大家的肯定和同意，一致决定就以此战略方针指导作战。

李自成、张献忠进攻安徽，张献忠攻安徽白水，刚打下来，还没来得及抢劫，就有人来报说李自成率军赶到，张献忠说：“咱拼死把城攻下，他是来赶现成的吗？”随后他下令关闭城门，在城内将所有年轻女人奸淫，李自成兵临城下后见城门紧闭，大叫开门，张献忠的部下在城上喊道：“张将军有令，城内正在厮杀取乐，不准任何人马进城，必须把城中人杀尽才能开门。”李自成大怒，要攻城，被谋士牛金星阻止，这是李自成与张献忠的第一道裂痕。

但张献忠此时其实对李自成还是不愿翻脸的，张献忠曾对汪兆龄说：“李自成英雄也，不好酒色，粗茶淡饭，能和部下同甘苦。咱老子喜欢大碗喝酒，大碗吃肉，还喜欢玩娘们，所以人家骂老子酗酒耽色。很多地方老子比不上李自成，只怕他真当了皇帝，咱老子还在穷忙呢！”

正月十五，张献忠选定这个大家都在闹元宵的日子，派兵化装后打着进香的旗号大摇大摆就进入了凤阳城，而后一声号炮，火光冲天，凤阳被攻陷。张献忠进入凤阳后一把火将朱元璋祖坟烧毁，又一把火烧了三十万棵树。

攻破凤阳皇陵后，张献忠俘获了在皇陵充当乐手长得俊俏的小宦官十二人。每次宴饮，张献忠就让这些小宦官为他吹吹打打，李自成看着眼红，就向张献忠索要。张献忠不给，李自成多次派兵上门来索取。张献忠大怒，派人砸毁所有乐器，让兵士把小宦官们鸡奸后送给李自成。

李自成看见小宦官们个个捂着屁股，很是不爽，而后问乐器在哪儿，宦官们说张献忠给砸了。李自成大怒，拔剑把十二个小宦官全捅死了。从此李自成跟张献忠彻底撕破脸。就因为十二个小太监和乐器就跟除自己外实力最强的农民军撕破脸，我们可以据此说李自成对音乐热爱？当然不是，由此事足见李自成难成大事，他可能一时成为弄潮儿，但终究只是历史过客。

凤阳祖陵被毁，崇祯震怒，令洪承畴与农民军决战，但农民军却兵分三路，李自成率军离开安徽，一路向西，杀进陕西，转入甘肃，明军大将曹文诏战死，而后李自成回师率军攻破咸阳，进逼西安。张献忠率军攻入湖北，其他各路部队渡过黄河北上进入山西。

崇祯此时意识到，大军进入河南，农民军就进入陕西，大军进入陕西，农民军则进入河南湖北，总之是抓不到农民军主力，于是改变战略，采用划分战区重点围剿的方针。崇祯任命卢象升为直隶、山东、河南、湖广、四川五省总督，负责中原战事，任命洪承畴负责陕西、甘肃战事，此外还任命孙传庭为陕西巡抚，与洪承畴一起围剿起义军。这样布置果然见了成效。

卢象升、孙传庭、洪承畴三人各有千秋，洪承畴文韬武略，擅长以谋略取胜，卢象升和孙传庭则分别苦练精兵，卢象升打造的部队叫天雄军，天雄军士兵由于都是老乡、朋友、兄弟、家人等等，往往一个人战死，就可以激发大部分人的愤怒，所以战斗精神极强，一旦遇上敌人，就紧紧咬住打到底。

孙传庭打造的部队叫秦兵，专门募集出生于秦岭的人当兵，或许是受了秦岭的气候影响，秦兵骨子里就秉承着一种彪悍的个性，正如秦兵的山歌所唱："山歌子来把山头，阎王见我也发愁。孔夫子见我就下马，皇帝见我也低头。"

卢象升的天雄军、孙传庭的秦兵与袁崇焕的关宁铁骑并称为大明末年最能打的三支劲旅。

崇祯九年（1636年）陕西巡抚孙传庭将高迎祥困在秦岭一带，秦岭通向关中平原只有三条道：东面的子午谷通道，全长六百多里，出口就是西安；中间的骆谷通道，全长四百多里，出口即武功；西面的斜谷通道，全长五百多里，出口即陕西郿县。昔日诸葛亮每次北进中原都是纠结在这三条道上，高迎祥选择走子午谷，这条道虽然最长也最艰险，但是只要杀出，就可直扑西安。

孙传庭早有预料，他在子午谷的出口处黑水峪设伏，高迎祥一出子午谷就遭到了孙传庭秦兵的伏击，闯王高迎祥被俘，送到北京后凌迟处死，农民军蝎子块率所部投降，孙传庭杀蝎子块全部降者，其余各部农民军推举李自成为闯王。

"吃他娘，穿他娘，开了大门迎闯王，闯王来了不纳粮。"这样的口号，使李自成的农民军所过之处备受拥护，与此同时李自成还打出"杀一人如杀我父，淫一人如淫我母"的旗号，就这样，他越做越大。

卢象升也屡战屡胜，"象升每临阵，身先士卒，与贼格斗，刃及鞍勿顾，失马即步战"。一次作战中卢象升额头被射中一箭，卢象升拔出箭镞接着打，砍杀敌军数人。于是农民军中盛传卢象升"遇即死，不可犯"，碰见卢象升就得死，彭孙贻《平寇志》记载农民军称卢象升为"卢阎王"。

假如洪承畴、孙传庭、卢象升三人一起，农民军被扑灭只是时间问题，然而1636年皇太极率军大举南侵，自喜峰口入关，连克昌平、宝坻等十六座城池，于是崇祯急调卢象升率天雄军驰援，这样的话，中原地区起义军的压力减轻，农民军复振。

1637年杨鹤之子杨嗣昌（此人字文弱）上奏提出"四正六隅"的"十面之网"，即"以陕西、河南、湖广、江北为四正，四巡抚分剿而专防；以延绥、山西、山东、江南、江西、四川为六隅，六巡抚分防而协剿”，由此构筑成“十面之网”，看起来十面网密不透风，而实际上织网需要人，需要大量能打仗的士兵，这就需要钱。崇祯丝毫不考虑这些，病急乱投医的他就觉得能说会道的杨嗣昌有旷世之才，于是启用他为兵部尚书。

杨嗣昌到任后，认为总督河南的王家桢软弱无能，就推荐福建巡抚熊文灿代任。熊文灿在福建任上，用大量金银财宝招抚了郑成功他爸，也就是大海盗郑芝龙，关于郑芝龙的详情我们后面再说，这里只说熊文灿。崇祯曾派太监去考察熊文灿，熊文灿设宴招待，席间太监说到中原“流贼”祸乱，熊文灿酒壮怂人胆，借着酒劲说道：“诸臣误国！如果我熊文灿带兵剿贼，岂能令鼠辈猖獗如是？”

太监一听话已至此，便露出了真面目，“我来此实是奉皇上之命观察您熊公的为人，吾觉熊公有旷世之才，只有您可以杀平中原流贼。”

一句话，让熊文灿酒醒了大半，然而为时已晚，皇帝的钦差太监足以代表皇帝，经太监奏报，崇祯任命熊文灿总理河南、山西、陕西、湖广、四川军务。

1637 年八月，张献忠在与熊文灿部下左良玉在南阳激战时，被左良玉一箭射中眉心，张献忠拔出箭镞，脸上鲜血如注，他忍着剧痛拈弓搭箭，要射死左良玉，结果左良玉先下手为强，又一箭射中张献忠的手指。十指连心，张献忠疼得不行，左良玉纵马前来一刀砍中张献忠的脸，此时张献忠部下孙可望救驾，才杀退左良玉，不然天杀星张献忠此时就能毙命了。(《流寇长编》第十卷，戴笠著。此戴笠乃清初人，非军统之戴老板。)

张献忠死里逃生，逃往麻城，而左良玉的不断进攻最终打残了张献忠的部队。此时对自己当年有救命之恩的陈洪范正好在熊文灿手下，于是张献忠派人携重金与美女贿赂陈洪范，对陈洪范说:“我主帅蒙恩公搭救，大恩未报，今日相遇实乃天意，愿率部投降。”陈洪范大喜，将此事告诉熊文灿，如果换上孙传庭或洪承畴，此时一定是先接纳张献忠的投降，把他稳住，然后在受降仪式上将张献忠等贼首剁成肉泥，然而熊文灿还真的相信了张献忠的投降，并将此事上奏崇祯。在崇祯内心深处，其实是把后金政权作为自己的第一敌人，于是崇祯也主张招抚张献忠。由于张献忠投降的示范效应，闯塌天（刘国能）、罗汝才、十反王（杨友贤）、托天王（常国安）、混十万（马进忠）、射塌天（李万庆）、过天星（惠登相）、关索（王光恩）各部纷纷向熊文灿投降。熊文灿接纳了各部投降，并发给他们军饷，各路农民军由此得到了宝贵的喘息之机。

在熊文灿招降张献忠各部的同时，孙传庭和洪承畴在陕西与李自成死磕，李自成打不过他们，便带兵杀进四川，而后洪承畴率军进入四川追剿。李自成便跟洪承畴捉起了迷藏，他带兵从四川又杀回陕西。崇祯十一年（1638 年）十月，孙传庭亲率秦兵在潼关原设伏，每五十里设一路伏兵，李自成、革里眼、左金王、老回回所部掉入孙传庭的包围圈时尚茫然不知，李自成下令部队开饭，正吃着半截，伏兵四起，与此同时洪承畴派兵在后截杀，端着饭碗的李自成部队自相践踏，死伤惨重。李自成弃马步战上山，山上孙传庭伏兵杀出，最终李自成被洪承畴、孙传庭打得只剩十八人，李自成和刘宗敏侥幸逃生。

至此，李自成还剩十八人，张献忠已经被招降，看起来明朝似乎中兴有望了。崇祯说："再用十年，必将社稷兴盛，天下太平。"然而，历史没有给崇祯任何机会，一丝希望瞬间幻灭，就在此时，皇太极第四次南侵，崇祯急调洪承畴、孙传庭北上抗清，李自成借此机会死里逃生重整旗鼓，张献忠则复叛，最终中原局势不可收拾。大明就这样错过了第三次免于灭亡的机会。

第十七章
大清诞生

在李自成、张献忠等中原各路农民军按下葫芦起来瓢的同时，皇太极也丝毫没有消停，己巳之变转年，崇祯四年（1631 年），皇太极亲率六万大军包围祖大寿镇守的大凌河城，守军只有一万四千人。皇太极玩起了围城打援，一方面在城外各处挖掘层层壕堑，一方面阻截宁锦方向的明朝援兵，此外皇太极还带来了新式武器——仿制的红夷大炮，因为避讳“夷”字，改名为红衣大炮，这样明朝有的武器后金也有了，明朝守军丝毫不占优势，这样的山寨版红衣大炮共有四十门。锦州方面派出吴三桂的父亲吴襄率四万援军前来，结果遭到皇太极伏兵截击，吴襄率军应战，火箭呼啸，重炮轰鸣，短兵相接，突然西风骤起，吴襄乘风纵火，烈火喷吐着黑红的火舌向后金军席卷而来，后金军大乱，此时却风向一转，烈火反扑明军，明军大败，吴襄仅以身免，明军三十三员将领和四万援军全军覆没。

援军没了，祖大寿还一直在硬扛，毕竟祖大寿所部是关宁铁骑，战斗力极其强悍，莽古尔泰所部死伤惨重，他便大发牢骚，皇太极很不高兴，莽古尔泰也怒了，他拔出刀来，此时被各贝勒制止。当晚莽古尔泰也觉得自己失礼，于是以白天饮酒过量失态为借口请求皇太极原谅，皇太极则借故将莽古尔泰囚禁起来，不久莽古尔泰暴死。至此，四大贝勒只剩下皇太极、代善两人。

祖大寿的弟弟祖大弼一身是胆，人称“祖二疯子”，一天夜里他率敢死队一百二十人缒城而下，每个人都戴上后金军的大辫子，以浑水摸鱼。此时皇太极还没睡觉，正在看文书，祖大弼手拿大刀冲入皇太极的大帐，接连砍倒数人。皇太极忙拔出腰间佩剑，挡住祖大弼的大刀，两人刀剑你来我往，皇太极渐渐不支。就在此时，阿济格带领侍卫十人赶到护驾，皇太极死里逃生。赶来的后金军越来越多，祖大弼大喝一声，冲出重围，在城下祖大寿派兵接应，祖大弼安然回城。回城后点将，发现带出的一百二十人全数回城，无一阵亡，仅有数人受伤。三国时有甘宁百骑劫曹营，战后百骑未折一人，祖大弼可谓不让古人。

然而一场夜袭无法改变整个战局，祖大寿坚守几个月后，城内断粮，马肉鼠肉雀肉食尽之后，开始出现人吃人现象。供役筑城的近万名工匠、城内的商贾平民、士兵中身体羸弱的先后被吃掉。“炊骨析骸，古所没有”，人肉都吃光了，用骨头来点火做饭，足见大凌河城内已经成了人间地狱。（《清太宗实录》卷十）

祖大寿真的撑不下去了，再吃就是吃自己的士兵了，与此同时皇太极先后七次写劝降书给祖大寿，最终祖大寿决定投降，并送儿子祖可法到后金营中为人质。由于祖大寿的家属大部分在锦州，他表示投降后希望后金不要声张，再替后金赚开锦州城。大凌河守将除何可纲外，都随祖大寿降后金。祖大寿把何可纲押至城外，当着两军将士的面，斩杀何可纲。何将军临死大笑：“宁为大明鬼，不为鞑子奴！”

随后祖大寿与皇太极盟誓，皇太极说：“凡此归降将士，如果我们杀害他们，拆散他们妻子，收缴其财物牲畜，则我遭天谴，减我阳寿。若归降将士，怀欺挟诈，归降后再叛逃，则定遭天谴，减阳寿。”

祖大寿说：“祖大寿等，遇满洲国兵，围困三月，军饷已尽，率众出降，倾心归汗。”（《清太宗实录》卷十）

当晚，祖大寿到后金大营，皇太极亲自出迎，两人见面，祖大寿刚要行跪拜礼，皇太极止之，与他行“抱见礼”。这种满族礼仪是两个大老爷们见面，拱手作揖后，互屈一膝，相互左肩碰右肩，再右肩碰左肩，然后拥抱。这是女真人的最高礼仪。

第二天，皇太极采纳祖大寿建议，命后金军四千多人着明军军装，跟祖大寿的三百多人一起做溃逃状，希望赚开锦州城门。由于天降大雾，后金军走丢了，祖大寿便提出自己先入城，趁机斩杀明将后再拥兵献城（此为明朝这边的记载，《清太宗实录》则记载是皇太极主动提出放祖大寿）。皇太极信以为真，派祖大寿与其侄子祖泽远前往锦州。

祖大寿到锦州后，派人至后金大营报称锦州明军太多，表示要从容图之，自己先在城内做内应，今后适当时机再献城。皇太极无奈，率军返回。

祖大寿回锦州后，对巡抚邱禾嘉说自己是突围而出。不久事泄，由于朝廷正是用人之际，祖大寿是关宁铁骑的总指挥，崇祯没有杀他，而是让他入京面君。祖大寿心中有鬼，不敢入京，借故推辞。但从此开始，十年内，祖大寿一直没有与皇太极再联系，一心一意守卫锦州。十年之后，松锦大战，祖大寿才真正降清。

在与大明辽东争锋的同时，皇太极把兵锋对准了蒙古，漠南蒙古最强者为察哈尔部林丹汗（他是成吉思汗的子孙，明朝一些典籍将他称作虎墩兔），察哈尔部兵强马壮，有四十万人，林丹汗曾说："南朝止一大明皇帝，北边止我一人。"努尔哈赤时林丹汗就曾遣使后金，在文书中狂妄地说："统四十万众蒙古国主巴图鲁成吉思汗，问水滨三万人满洲国主。"各位贝勒大怒，主张将林丹汗来使一半斩杀，另一半砍掉鼻子耳朵后放回去报信。努尔哈赤对林丹汗使臣的处置还是比较文明的，他说：两国交战不斩来使，把林丹汗使臣先扣下，然后自己派使臣去与林丹汗交涉，问问林丹汗为何这么狂。结果林丹汗也跟努尔哈赤一样，把后金的使者扣下，而努尔哈赤却误闻自己的使者被杀，于是大怒，心说林丹汗我给你脸你却不要，这才把林丹汗的使者斩杀。刚杀死林丹汗的使者，努尔哈赤的使者就从林丹汗处买通看守逃回来了。虽然是一场误会，但林丹汗听说自己的使者被努尔哈赤斩杀后，大怒，于是双方正式结仇。努尔哈赤死后，林丹汗恃兵强马壮而不断欺凌各部，漠南蒙古喀尔喀部、巴林部、喀喇沁部、扎鲁特部、阿鲁部纷纷归顺皇太极，至此察哈尔部越发孤立，皇太极的机会来了。

1628 年皇太极第一次征讨林丹汗，将其打得大败，林丹汗被迫从内蒙古东部迁徙到河套一带。1633 年皇太极第二次征讨林丹汗，林丹汗得知消息后率部一路狂逃，结果导致皇太极此番颗粒无收，仅斩杀察哈尔部一人，生擒六人。内蒙古的沙漠险些让皇太极全军覆没，在部队断粮时，突然见"黄羊遍野，不可数计，遂杀死数万"。

其中皇太极一人就射死了五十八只黄羊，若无这些黄羊，皇太极的大军怕是都去见努尔哈赤了。当时酷暑难耐，水也几乎断了，还有富余的水的士兵做起了生意，一头黄羊换水一碗。

既然出兵，不能白来，于是皇太极率军攻入大明境内的宣化、大同，进行大屠杀，烧杀抢掠，房屋仅存原来的十分之一，死尸腐烂，无人收尸，死尸“盈街遍野”，连井里都被死尸填满，臭秽难闻。这是继己巳之变后皇太极第二次南侵。1635 年皇太极第三次征讨林丹汗，此番最终歼灭察哈尔部，林丹汗逃亡青海，途中得天花而死。林丹汗是成吉思汗的第二十二世孙，整个明朝，元朝的残余势力都一直存在，至此，随着林丹汗之死，元朝残余势力彻底覆灭。林丹汗死后，其子归降，并献上传国玉玺和氏璧。和氏璧从秦始皇用到后唐，末帝李从珂怀传国玺登玄武楼自焚，传国玺就此失踪。宋朝时又出现所谓的和氏璧，其实就是假的了，这个假的和氏璧一直用到元顺帝时，据说这颗玉玺元顺帝北逃时还带在身边，他死后玉玺丢失，二百多年后，一个牧羊人见一只羊三天不吃草，用蹄子不停刨地，牧羊人好奇，挖地竟得到玉玺，后来将玉玺献给林丹汗。此次皇太极得到玉玺，大喜过望。他当然不知和氏璧之真假，他以为这就是一统万年的征兆。

崇祯八年（1635 年）十月十三日，皇太极下令把族名由女真改为满洲，从此满洲族（满族）名称正式出现在历史上。

崇祯九年（1636 年）四月十一日，皇太极将国号由后金改为大清，年号由天聪改为崇德。由于金国与汉人的宋政权是世仇，皇太极此举在于不再刺激汉人，弱化世仇的矛盾，以便今后进取中原。

在改年号的称帝大典上，斋戒三天的皇太极身穿礼服，在文武百官的簇拥下，祭告天地。事先皇太极已命人筑造了一座天坛，四面台阶通向天坛，天坛上安放着铺有黄绫缎的香案，香案上有努尔哈赤等先祖灵位，香案前摆放着香炉。

汉八旗、满八旗、蒙八旗这二十四色旗帜旌旗猎猎，兵将的兵刃铠甲熠熠生辉。皇太极在满汉各一名导引官的引领下拾级而上，登上天坛，跪在努尔哈赤等人的神位面前，恭敬上香、献帛、敬酒。

仪式过后，皇太极高声宣读：

满洲国皇帝、臣皇太极敢昭告于皇天后土之神曰：臣嗣位以来，常思置器之重，时深履薄之虞，夜寐夙兴，兢兢业业，十年于此，幸赖皇穹降佑，克兴祖、父基业，征服朝鲜，混一蒙古，更获玉玺，远拓疆土。今内外臣民，谬推臣功，合称尊号，以副天心。臣以明人尚为敌国，尊号不可遽称，固辞弗获，勉徇群情，践天子位，建国号曰大清，改元为崇德元年。

宣读完毕，皇太极坐在大政殿龙椅上，文武百官叩首，多尔衮、多铎、豪格、岳托、孔有德、蒙古使臣等人纷纷下跪，此时唯有朝鲜使臣拒绝下跪，皇太极让人按着朝鲜使臣下跪，朝鲜使臣仍不屈服，皇太极正愁没有借口彻底收拾朝鲜，于是便决定以此为借口第二次东征朝鲜。

当然，在东征朝鲜前皇太极还是决定先拿明朝作为自己建立大清后的第一个立威对象，皇太极第三次南侵。崇祯以为皇太极还会像前两次一样取道蒙古迂回，便加强西线防御，不成想皇太极并没西进，而是从延庆南下，进入居庸关，占领昌平，焚毁了明熹宗的德陵，以报明熹宗掘金国皇帝陵墓之仇，而后直逼北京，把北京周围地区蹂躏一遍，五十六战全胜，连克十六座城池，俘虏汉人十七万——还好没杀他们。清军凯旋时穿着艳服奏乐而还，还写了“各官免送”四个大字留给明朝，以示蔑视。此次皇太极南侵，明军在兵部尚书张凤翼指挥下一战不胜，张凤翼知道崇祯必然要拿自己开刀，于是每天服用大黄，争取让自己拉稀拉死。有人会问，干吗如此，直接喝毒药死了不完了？不然，如果直接服毒，张凤翼就是畏罪自杀，崇祯不会放过他的家人，而这样每天服用大黄，最终拉死，张凤翼还可算上为战事操劳过度，因公殉职。明朝大臣玩心眼都用在了这上面，国事可知。

皇太极第三次南侵收兵后，立即将兵锋对准朝鲜，朝鲜向明朝求救，崇祯置之不理，并禁止辽东大军援救朝鲜。皇太极率军进攻朝鲜，清军渡过鸭绿江后，扬野战之长，舍坚城不攻，长驱而下，仅仅十二天便抵达朝鲜首都汉城下。朝鲜王将王妃、王子和大臣妻子送往江华岛避难，自己则率领文武百官坚守，等待各路勤王军的到来，同时派出崔鸣吉等人赴清营谈判，拖延时间。朝鲜请和书中写道：

朝鲜国王谨上言于大清宽温仁圣皇帝：小邦获戾大国，自速兵祸，栖身孤城，危迫朝夕……如念蒙丁卯（丁卯之役）誓天之约，恤小邦生灵之命，容令小邦改图自新，则小邦之洗心从事，自今始矣。必欲穷兵，小邦理穷势极，以死自期而已。

皇太极见状，决定加紧攻势，一鼓作气拿下汉城。与此同时各路勤王军队也被清军击败，最终清军攻陷汉城，朝鲜成为清朝藩属，正式向皇太极称臣，并约定:一、断绝同明朝的关系；二，奉大清正朔；三，每年向清朝进贡；四，把朝鲜国王世子送入清国为人质;五,惩处主张与清朝交战的大臣。由于此战发生在丙子年,也叫“丙子之役”。

清军攻朝鲜用了十五万人，基本上是他们全部的家当了。辽东大军驻扎在宁锦防线的不下二十万，在清军攻朝鲜时，要么抄其老窝，要么在鸭绿江断其后路，两者选其一都可把皇太极置于死地。可惜明朝隔岸观火,坐视友邦灭亡。更为严重的是,朝鲜雄厚的资源成了清朝的囊中之物。若朝鲜不丢，明朝就有了一个收复辽东的基地，丢失朝鲜如损一臂膀，让人痛心疾首。崇祯就这样坐视不管，大明错过了第四次免于灭亡的机会。此外，皇太极在班师途中攻克皮岛，全歼明朝皮岛守军。至此，毛文龙的东江镇寸土不留。

1638年皇太极第四次南侵，他在《致明国皇帝书》中公然自称“朕”，信中说：“自古天下，非一姓所常有。天运循环，几人帝？几人王？哪里有帝之后裔就一定是帝，王之后裔就一定是王的道理？”

皇太极兵分三路，皇太极亲自率军佯攻宁远、锦州，牵制关宁锦防线的明军；岳托为西路军，由墙子岭（北京密云东）入边；多尔衮为东路军，由青山关（河北迁西东北）入边，两路军在通州会师后再南下中原腹地。

先说皇太极这一路,《吴三桂纪略》记载,吴三桂他爸吴襄率五百名骑兵做哨探,与后金皇太极率领的四万佯攻宁远的大军不期而遇。皇太极藐视明军，这五百人根本不够自己一口吃的，于是皇太极围而不打。

吴三桂得知父亲危在旦夕后，立即赶到舅舅祖大寿的军帐，请他发兵援救父亲脱离险境。祖大寿说："我手头兵力不满三千，打他四万人纯粹是送死！"吴三桂三次请求祖大寿发兵，但祖大寿依旧不答应，于是吴三桂跪下说："舅舅不肯发兵，儿请率家丁前去。"祖大寿说了一个字："嘎！"《吴三桂纪略》一书是这么写的，咱也不知是啥意思，反正吴三桂回了两个字——得令！随后他率家丁二十人去救父亲。他率二十人冲入皇太极四万人的军阵，接连射死两名敌军，然后又用箭射倒一名红旗王子。在拍马上前挥刀准备割下该王子的首级时，不料那王子突然以刀砍中他的鼻梁。吴三桂血流满面，但毫无惧色，撕裂红旗包扎好伤口后，立即再战。此时被围的五百明军也杀出来，吴三桂对父亲的队伍大喊："跟我来！"皇太极见明军人少，以为自己如果追上来会有埋伏，所以没有追赶，吴三桂和父亲得以从容而退。战后祖大寿拍着吴三桂后背说："儿别担忧不能富贵，我马上请求皇上给你封官。"而皇太极得知此战明军根本没有埋伏后，说："吴三桂是好汉子！我家若得此人，何忧天下！"

皇太极这一路除了小打小闹的佯攻外，没有大战可说。真正的主力在西路，西路军岳托率军兵临墙子岭，墙子岭的守将总兵吴国俊在清军杀到之时，正在给监军太监祝寿喝酒，毫无戒备，自然，墙子岭失守。

崇祯急调卢象升、杨嗣昌、监军太监高起潜抗击清军，此时卢象升、高起潜和杨嗣昌都是父亲刚去世，处在守孝期，所以卢象升上奏说这样太不吉利，应另选他人，但崇祯意已决，他任命卢象升为兵部尚书，赐尚方宝剑，总督各路军队保卫京师。

十月十二日，岳托的西路军已逼近通州，卢象升决定在十月十五日兵分四路夜袭敌营。高起潜与卢象升意见不同，便大说风凉话，"只听说有唐朝李愬雪夜袭蔡州，没听说过有在十五日明月皎洁下偷袭成功的，月光那么亮偷袭得成功吗？奇袭宜少不宜多，兵分四路偷袭还能不泄露消息？"高起潜非但不支持卢象升，反而把一路奇袭的兵马调往他处，最终导致十五日只有三路参与夜袭，被清军击败。

卢象升为了避免高起潜掣肘，便提出自己驻守昌平，让高起潜驻守通州，两人分开，崇祯同意了。但不久崇祯又要卢象升前往通州与高起潜合兵一处，卢象升便认为这是杨嗣昌在捣鬼，还让高起潜牵制自己。大敌当前，明军内讧如此，最后的悲惨结局已经只是时间问题了。

在此期间卢象升听到了杨嗣昌在与清军秘密议和的传言（传言是假的，但杨嗣昌的确此前曾向崇祯提议与清朝议和），于是他在见到杨嗣昌后就说："城下之盟，《春秋》耻之，我卢象升手拿尚方宝剑，倘若我们议和的话，袁崇焕之祸马上就到眼前！纵然我们不怕祸患，难道不念披麻戴孝之身，既不能移孝作忠，奋身报国，那么就是忠孝都做不到，还有何颜面立于天地间？"

杨嗣昌听了这话，当即面红耳赤，赌咒发誓，"如果我要是跟鞑子秘密议和的话，将军的尚方宝剑就先拿我开刀！"

卢象升："既不能奔丧，又不能战，尚方宝剑还是应该我用来自裁，怎能强加别人？"

杨嗣昌："您放心，我绝没有秘密议和。"

大战在即，内部猜忌如此，卢象升已经做好了为国尽忠的准备，杨嗣昌也做好了继续陷害忠良的准备。

十二月十日，卢象升率领天雄军在巨鹿（河北邢台东北）迎敌，他披麻戴孝，对将士们说："我与大家一起受国恩，就怕不能死得其所，不要怕不能生还！"说罢，率五千将士迎战，清军将卢象升重重包围，卢象升的部队杀的"刃必见血，人必带伤，马必喘汗"（谈迁《国榷》)。激战多时，卢象升所部箭镞用光，部下虎大威劝卢象升突围，留得青山在不怕没柴烧，但卢象升却慷慨激昂地说："虎将军，今天是我效命之秋也！"随后继续与清军搏杀，卢象升身中四箭和三处刀伤，仍又斩杀了几十个敌人，最终壮烈殉国，年仅三十九岁。他的部下杨陆凯怕他的遗体被清军残害，于是趴在卢象升的遗体上，最后后背中二十四箭而死。卢象升的天雄军全军覆没，仅虎大威突围而出。卢象升满门忠烈，其家族死于国难者一百多人。卢象升诗词也作得很不错，其《前调》一词，壮怀激烈，有岳飞遗风："搔首问天摩巨阙，平生有恨何时雪？天柱孤危疑欲折，空有舌，悲来独洒忧时血。画角一声天地裂，熊狐蠢动惊魂掣。绝影骄骢看并逐，真捷足，将军应取燕然勒。"值得一提的是，戎马倥偬一词最早就是卢象升发明的，卢象升在《与豫抚某书》说："戎马倥偬之场，屡荷足下训诲指提。"此乃"戎马倥偬"最早出处。

卢象升战死，崇祯调正在中原与李自成、张献忠血战的孙传庭、洪承畴前来勤王，崇祯任命洪承畴为蓟辽总督，孙传庭为保定总督，赐孙传庭尚方宝剑，总督山东、河北军务。

西路军只遇到了卢象升的坚强抵抗，多尔衮的东路军则只在河北高阳遇到了抵抗。高阳是孙承宗的老家，祖大寿大凌河失守后，时任蓟辽督师的孙承宗被罢官，于是他告老还乡。

然而孙承宗并没有闲下来，而是埋头研究军事。他创造性地创建了以热兵器为主要杀伤手段的十二车营，并撰写了专门论述火器车战战术技术的军事著作《车营百八叩》。书中所论车营，系指拥有火器的战车、步、骑和辎重合编而成的新型营阵，具有较强的火力和较好的火炮运动性能。其编制方法以四车为一乘，四乘为一衡，二衡为一冲，四冲为一营，每营六千余人，车一百二十八辆，骑步合营配各种炮三百五十二门。布阵时，战车在前，步兵、骑兵和权勇（骑营选勇八百人为中权，直属主将，名其兵曰权勇）依次排列于后。火器配置，步兵则鸟枪、佛郎机在前，三眼铳、火箭在后，骑兵也配有三眼铳和火炮。然而孙承宗的军事永远停留在了理论上，明朝此时的国力已不容许这样会耗费大量资金来装备的特种部队。

在皇太极刚刚发动第四次南侵时，《武备志》的作者、孙承宗的好友茅元仪劝孙承宗到南方躲躲，孙承宗婉言拒绝了，他说："我都这一把年纪了，没什么可怕的了，如果能有机会战死疆场，也算是死得其所了。"就这样，在清兵向高阳进攻的时候，孙承宗以七十六岁的高龄，率领全家及高阳民众奋起抵抗，由于兵力相差过于悬殊，高阳城很快就被攻陷了，孙承宗被清兵抓获。多尔衮听说抓到了孙承宗，非常高兴，亲自来劝降，孙承宗严词拒绝，说但求一死。多尔衮无奈，鉴于对其敬重，应允孙承宗可自尽而亡，最后，孙承宗坐在一张椅子上，令两个清兵用白绫将自己勒死，从容而又壮烈地结束了自己的生命（一说投缳而死）。在保卫高阳的战斗中，孙承宗六个儿子、两个侄子，十二个孙子、侄孙殉国，全家老小四十余人遇难。

孙承宗不仅是大军事家，而且诗词写得豪迈壮烈。咱们欣赏一下：

《水龙吟》：平章三十年来，几人合是真豪杰。甘泉烽火，临淮部曲，骨惊心拆。一老龙钟，九扉鱼钥，单车狐骨。念河山百二，玉镡罢手，都付与，中流楫。快得罴熊就列。更双龙陆离光揭。一朝推毂，万古快瞻，百年殊绝。玄菟新陴，卢龙旧塞，贺兰雄堞。看群公，撑挂乾坤，矢力了，心头血。

《沁园春》：匹马东来，掩泪新亭，江山笑予。看诸峰罗列，霜描白发，大嬴环绕，云溅征衣。化鹤应回，凤凰何处，惟有明月依戟枝。凝望眼、叹人民城郭，何是何非。是谁夺却燕支。　　麟阁云台须有时。问一行直抵，黄龙痛饮，何如合坐，绿野弹碁。独上高楼，风烟欲净，遥见白云随钓矶。天恩远，念玉关人老，曰汝其归。

《木兰花慢》：鹤来华柱下城郭，是人民非看，七萃凌霜，六花喷雪，万姓东归向来事。且莫问，但旃裘匝地浣征衣，远戍胡笳正急，连天塞草初肥。

搜胸中百万雄师，小试大凌西，喜三箭天山，六嬴虎落，百道龙旗。正黄云赤羽两同飞，早是风驰千里，攻月晕重园。

三十多年来为内阁首辅者，有几个才是真豪杰？多数是些鼠目寸光的肉食者，尸位素餐，妨功害能，由此搞得大明山河破碎，被满洲人的铁蹄践踏，光怪陆离的朝局之下，究竟谁才是可救世的历史巨人？兴许没有，也兴许我孙承宗的一生事业都会付之东流，但是面对这已经满目疮痍、物是人非的昔日曾经繁华、今日战火兵燹的人民与城郭，我也一定会苦撑残局，强撑病体，我胸中这雄兵百万、战将千员在大凌河西面已经牛刀小试打退过敌军，希冀着像薛仁贵三箭定天山那样最终敉平辽东敌寇，了却君王天下事，赢得生前身后名。但遗憾的是，孙承宗一己之力难挽狂澜于既倒，扶大厦之将倾。

清朝人编修的《明史》这样评价他："以此人的才能，恢复失去的江山，未必容易，但如果信任他，将权力交给他，稳定固守现有的国土，是可以的。"这句话的意思是：如果孙承宗一直活着，清朝是无法得天下的，足见孙承宗在明亡清兴争局中的重要性。

攻陷高阳后，多尔衮继续南侵，一路势如破竹，没有遇到任何像样抵抗，他攻陷济南，在济南进行大屠杀，杀人十三万（据《明史纪事本末》）。

清军走后，孙传庭上奏请求重新回到中原，以防农民军反叛，但杨嗣昌百般阻挠，使得孙传庭的奏折无法上达，孙传庭被气得耳朵都聋了，于是告假。杨嗣昌借机上奏说孙传庭是装病，崇祯信以为真，大怒，将孙传庭贬为平民后关押。

此次南侵，清军西路军与东路军此次南侵共攻陷七十座城池，如入无人之境。至此，在皇太极的打击下，明朝距离崩溃已经不远。

中国北方以盛产强悍的民族著称。从侵扰秦汉的匈奴到给南朝造成很大威胁的北魏，从在隋唐之际崛起的突厥到足以左右唐朝生死的回纥，从纵横中原几十年的沙陀到与宋朝争雄的辽国，从屡胜宋朝的西夏到灭亡北宋的金国，从横扫亚欧的蒙古到十八万人横扫中国的清军，北方强大的民族两千年来一直威胁中原王朝的安全。然而华夏民族的力量是伟大的。北匈奴被窦宪打得西迁，南匈奴在五胡仇杀中彻底灭亡，建立北魏的鲜卑族被同化后融入汉族，东突厥被李靖灭掉，西突厥被苏定方灭掉，回纥则成了维吾尔族，成为中华民族一部分，沙陀则荡然无存，辽国也早无昔日辉煌，成了现在的达斡尔族。

费正清对于中国北方民族总结如下：

一，蛮族一般在政局混乱时入侵中国北方。

二，蛮族政权往往得到汉人指点和效忠。

三，蛮族骑兵进入中原后就丧失了纵横草原的战斗力。

四，大量汉族官吏被任用。

五，入侵者往往采用汉人政治制度。

六，这些异族往往以其长城外的发祥地为根据地，以此争取不被汉人同化。

七，朝廷以下各级政府多为汉胡二元结构，其中除去主管者外多为汉人。

八，其他少数民族往往加入政府。

九，异族统治者通过武力维护统治，派亲兵防御国都和其他重要地区。

十，对中亚各族分而治之。

十一，由于汉人多，异族统治者吸取中国文化一些特点。

十二，异族或最终被汉族同化，或被赶出中原。

游牧民族帝国如风，中原王朝轮番兴替，真是其兴也勃焉，其亡也忽焉。百年皇图霸业，过眼烟云！

第十八章
烈士与汉奸的一步之遥

横扫华北后，皇太极将兵锋对准了大明在辽西仅存的锦州。松锦大战一触即发。此时的明朝已经腐败到了极点：

> 彼(指明朝)文武大小官员,俱是钱买的。文的无谋,武的无勇。管军马者,克军钱；造器械者，减官钱。军士日不聊生，器械不堪实用，兵何心用命？每出征时，反趁勤王，一味抢掠。俗语常云："鞑子、流贼是梳子，自家兵马胜如篦子。"兵马如此，虽多何益！况太监专权，好财喜谀，赏罚失人心。在事的好官，也作不的事；未任事的好人，又不肯出头。上下里外，通同扯谎，事事俱坏极了。(《张文衡请勿失时机奏》,《天聪朝臣工奏议》卷下)

在皇太极眼里，是时候对辽西明军发动致命一击了，1640 年秋，皇太极率军围锦州，挖壕沟、垒墙做长久围困的架势。1641 年蓟辽督师洪承畴率军十三万增援锦州，屯兵锦州南面的松山（辽宁凌河南），他的部下就有日后的一代枭雄吴三桂，参战部队除了洪承畴本部外，还有关宁铁骑一部，总之最能打的他都调来了。考虑到双方的战斗力和兵力，皇太极下令继续围困锦州，不得主动出战，等待敌军进攻。

洪承畴采取且战且守的方针，避免过早同清军主力进行野战决战，而是在加强各要点防御力量的同时，以宁远为基地，以松山、杏山为依托，与锦州守军协同，不断向围城清军反击，以消耗、疲惫敌人，而后再相机寻求决战，解锦州之围。清军在镇守锦州的祖大寿外面，洪承畴在清军外面，双方就这样大打没有，小打不停。

1641年六月洪承畴突然打破平静，率大军向松山北岗挺进，这个举动大大出乎清军意料，多尔衮没有设防，十万人突然扑过来，被打个措手不及，激战中洪承畴所部“势极壮，用兵亦奇”，多尔衮“大骇”。

多尔衮身先士卒，挥舞着马刀与一名明军骑兵搏斗，对方长刀几次险些砍中多尔衮，都被他灵敏地躲过。这时多尔衮的卫兵用马枪向对方肋下刺去，多尔衮也趁势一刀砍在明军骑兵的肩膀上，这名士兵从马上栽了下来。多尔衮趁势发起冲锋，明军渐渐支撑不住，许多人调转马头向松山退去，少数人被清军纠缠住，无法脱身。这时炮声再次响起，明军不顾战场上还有没撤退的自己人，便开始用红夷大炮猛轰，八旗兵被炸得血肉横飞。多尔衮见势不妙，想要撤退，这时一颗红夷大炮的炮弹在他身旁爆炸，强大的气浪使他从马上重重栽下来……

多尔衮醒来时已经在清军帐篷中，这次炮火的弹片可能击中了多尔衮的胯下，此后多尔衮终生没有生育能力了。差点被炸死，心有余悸的多尔衮被迫“师退六十里”。

战败消息传来，皇太极怒了。一年都没动静，突然有大动作，多年的经验告诉他决战即将到来，于是他立即率军前往松山，他下令满洲、蒙古十五岁以上所有人从军，“空国以往”，与明军决一死战。但此时皇太极突然流鼻血了，得了重病，他的各位弟弟都劝他缓行，皇太极说：“行军打仗贵在神速，朕如果有翅膀能飞的话早就飞到战场了，怎能缓行？”军情紧急，皇太极骑马一边流鼻血一边用碗接着，两天接了几十碗。

皇太极赶来了，他指挥若定，对各路兵马说：“朕天不怕地不怕，就怕敌人听说朕御驾亲征后吓得逃走了！倘上苍保佑，敌军不逃，朕定让你等破敌如纵犬逐兽！”

皇太极面对的敌军除了吴三桂的关宁铁骑外都不太能打，而他自己的十二万人战斗力都跟吴三桂差不多。在这种情况下，七月二十八日洪承畴却突然发动攻击，攻占制高点乳峰山，占得先机，洪承畴十分得意，此时他的武官说：“占据高地，固然有利，但我军粮食少，要提防清军抄袭后路。”洪承畴说：“老子扛枪那阵你还玩尿泥呢，这还要你提醒？”（《崇祯实录》卷十四）

那么洪承畴在沉寂了一年之后，率大军带着仅能维持三天的粮食，突然挺进，究竟是为什么呢？要知道洪承畴一向用兵谨慎的。

究其原因，还是在于明朝同时要对清国和李自成、张献忠农民起义军用兵，财政上捉襟见肘，崇祯让兵部尚书陈新甲赶紧结束在东北的战争，好省钱，陈新甲便不断催洪承畴出战。但洪承畴之所以出战，不仅因为国防部长唠叨，还因为没钱撑下去，不打不行。但洪承畴不愧为名将，他想出了妙计——只带三天干粮出征，赶好了打一棒子，打完就跑，也不怕对手断后路。如果见势不妙，立马就跑，回来还能说是粮食不够了才跑回来，对上面也有交代，真比猴还精。可惜他的对手是皇太极，皇太极看出了门道，就在洪承畴出发第二天，他派兵断了洪承畴的后路。

久经沙场的洪承畴自然不会因为被断了后路而手忙脚乱，他退兵十里扎寨，到夜里，令王朴、唐通为第一队，白广恩、王廷臣为第二队，马科、杨国柱为第三队，曹变蛟、吴三桂为第四队，依次进发，自己和邱民仰巡抚守大营。王朴、唐通率军来到清营附近，见清营中有一股杀气，阴森逼人。王朴一向胆小，他说：“我看敌军有备，咱撤吧！”唐通说:“咱们奉命前来，不能撤退。”于是他们对清营发起了进攻，刚冲进去，猛听到一声号炮，子弹和箭镞纷纷飞来，把明军打死一半。王朴急令撤退，没撤几步，多尔衮和多铎两支部队杀出，将明军拦腰截断。唐通、王朴忙夺路而逃，清军紧追不舍，正危急间，白广恩、王廷臣率第二队赶到，等第一队残兵撤走后，与清军厮杀，正酣战间，又杀出一支人马，原来是清军孔有德、耿仲明、尚可喜所部。白广恩见敌军猛增，无心恋战，于是且战且退，清军穷追不舍，幸亏第三队人马赶到，方得走脱。

现在该说吴三桂、曹变蛟的第四队人马了，他们出发不久，忽听后面鼓角声起，炮火齐鸣，吴三桂猛回头，问：“莫非清军攻我大营？”话音未落，一个士兵赶来说洪承畴有令，因清军偷袭大营，特调二将军速回。吴三桂忙率军回援，到了大营，只见洪承畴亲自督战，已退回来的唐通、王朴虽奋力抵抗，但仍力不从心，曹变蛟于是一马当先，杀入清军队里，吴三桂也率军攻入，与清军鏖战多时，待第二队、

第三队人马赶回时明军才扭转被动局面，击退清军，明军也损失惨重。

明军本打算奇袭清军军营，为什么自己的老窝却险些被人端了呢？原来皇太极见洪承畴还没打就退兵十里，料定其中有诈，于是就做了布置，发生了前文的一幕。皇太极估计明军遭此惨败，势必撤退，于是派兵在杏山、塔山埋伏，自己亲率大军严阵以待。天一黑，探马来报，明军撤退，皇太极当即率军进攻撤退的明军，洪承畴、邱民仰、曹变蛟、王廷臣率军迎战。那王朴、唐通、白广恩、马科、杨国柱、吴三桂哪去了呢？原来他们因粮绝，奉命退回宁远，他们在途中来到杏山，与清军遭遇。明军因刚吃了败仗，心里有阴影，都吓得腿打哆嗦，勉强与清军交战，王朴在激战中率军翻过山头逃入杏山城。剩下士兵见清军刀削剑剁，凶悍异常，不由得心惊胆战，争先逃走，当即旗子也倒了，队伍也乱了，不复成列。此时忽听山腰里鼓声如雷，杀出一支人马，打着明军大旗，将领们还以为是宁远救兵，谁知到了面前，这支人马不杀清军，只杀明军，弄得明军脑子更乱了，霎时间七零八落，大部被歼，残部逃入杏山城。清军也不追赶，随即退走。

八月二十四日，逃入杏山的吴三桂、王朴率残部向宁远进发，遭到清军伏击，败退至高桥，皇太极早已设伏于高桥，吴三桂、王朴所部一到，多铎就率军杀出，吴三桂英勇血战，方和王朴一起杀出重围，两人仅以身免，部队几乎全军覆没。事后，吴三桂因英勇而没被追究责任，王朴则因为之前的畏葸不前而被崇祯斩杀。

在洪承畴各部被击溃的同时，逃到塔山附近的明军，前有大海，后有追兵，他们视死如归，张开臂膀，用自己的身体阻挡密如飞蝗的清军箭矢，只要还没倒下，就这样凛然矗立，仿佛一组铁铸浸血的雕像，最终全军覆没……（“赴海死者，以数万计，浮尸水面，如乘潮雁鹜，与波上下”。高士奇《扈从东巡日录》卷上）明军损失惨重，仅松山激战就战死五万三千七百八十三人，损失马匹七千四百四十四匹，甲胄九千三百四十六副。

此时洪承畴的局面也更加不妙，他与清军混战许久，清军越聚越多，他于是率军向西退走，但西面清军甚多，无法杀出，于是他退入松山城，清军随即包围松山城。从崇祯十四年（1641 年）八月二十九日起，洪承畴开始困守松山，松山地形中凹，恰如盆地，松山城就在盆底，此时的洪承畴在皇太极眼里也正如这地形一样，已成瓮中之鳖。

一天后，从塔山回来的清军报捷，说明军全被赶进海里淹死，皇太极大喜，说："洪承畴插翅难逃，现在咱们劝降吧。"

范文程说："招降洪承畴还没那么容易，咱们应先给他的部下写劝降书，射入城内，扰乱他的军心。"皇太极按他的计策行事，因射入的信被洪承畴的亲信看见，因此无人敢降。

此后洪承畴仍然苦苦支撑，九月洪承畴、曹变蛟率军突围，但突围失败。十二月，洪承畴亲率六千军队于夜晚冲击清军大营，被皇太极斩杀四百人，突围又失败。再往后洪承畴"欲战则力不支，欲守则粮已竭，欲遁又未敢成队而出"（《东华录》卷三），最终城内粮尽，杀马为食，马吃光了，城内的骑兵都成了步兵，人相食。

直到1642年二月的一天，皇太极觉得时候差不多了，召开秘密军事会议，李永芳说："城内副将夏承德是我的老朋友，我给他写封信，射入城中，劝他投降，但此事需秘密进行。"

皇太极说："这可怎么办呢？"

范文程说："臣料松山已粮尽，想突围，现在咱们放开包围圈一面，他必然突围，我派伏兵堵截，他定然回城，趁此机会，派我军间谍混入城内，便可把信交给夏承德，秘密行事。"被皇太极采纳。

当夜松山西面的清军撤去，果然曹变蛟开城突围，被清军打回，清军间谍趁机混入城，见到了夏承德，他同意做内应。第二天黄昏，夏承德与清军里应外合，清军攻城，王廷臣、曹变蛟战死，邱民仰自刎而死。洪承畴也拔剑要自刎，突然又想我还是留全尸，上吊吧，刚要上吊，就被人抱住，捆起来，抱住他的人是夏承德，捆他的人是李永芳。这一天是崇祯十五年（1642年）二月十八日。清军破城后将近两万明军士卒全部被杀死，但城内小男孩和所有女人共三千一百一十三人免死，清军缴获甲胄一万五千二百六十七件，各种火器三千二百七十三件。

松山沦陷后，皇太极将松山城夷为平地，以防止明军再收复后拒城坚守，而后集中力量打锦州城，锦州城已经被围两年，城内人相食，且祖大寿得知援军已经全军覆没，困守无益，最终于崇祯十五年三月八日投降，皇太极接纳了祖大寿的投降，而后把锦州城男女老少杀得一个不留。祖大寿投降后，他麾下的汉族士兵都投降了，只有几千蒙古族士兵誓死不投降，清军于是设宴招待这些人，并让他们在进入宴会前把弓箭和刀剑放在外面。蒙古人实在，不知有诈，就进去了，进去后被“驱出平野，以铁骑蹂之”，蒙古人骁勇善战，赤手空拳跟满清八旗兵对打，还从八旗兵手中夺取刀剑来反击，虽然全军覆没，但是也给满人带来很大杀伤，“如此忠勇，华人所罕。”“老祖（祖大寿）之受困锦州也，虽未歼贼，足可以溃围一战，安坐观望，任其事去?顾以四世元戎，忝厥祖，负皇恩，甘心降虏，终至隳节，纵归黄泉，其不愧于蒙兵乎？”（朝鲜李渲《松溪集》卷六《燕途纪行》）

得知祖大寿投降的消息后，皇太极命人立刻将祖大寿送到盛京。当祖大寿跪倒在崇政殿时，皇太极亲自将他扶起，“你上次背叛朕是为了你的主子，为了你的妻子儿女和宗族。朕曾经对大臣们说过，祖大寿一定不能死，如果以后再次投降，朕也决不会杀他。事情过去就过去了，只要以后能够尽心尽力地辅佐朕就可以了。”祖大寿被授予汉军正黄旗总兵的职位，1665 年祖大寿病死。朝鲜人对祖大寿的评价可谓最为精当：

> （祖大寿）以孤军抗大敌，累次大捷。清兵每出，万不千还。其战壮矣。内官用事，天子不知士马饥困，仍遂被围。今观外围之形势，坑堑三重，周回百里，飞鸟也难越，然犹数年支撑，粮尽遂屈。其守亦坚矣。既能战又能守，而何独不能死耶？尔非明朝老将乎？（《燕行录全集》卷十八）

皇太极攻陷锦州后，派济尔哈朗、多尔衮、豪格对塔山发起进攻，朝鲜谢恩行副使、右参赞申濡的《燕行录》中《塔山堡歌》的序言记载了大明塔山保卫战，连日苦战，七千塔山守军被打得还剩一千多人，守将佟汉邦召集城内军民说：“我军士卒死伤殆尽，粮食匮乏，大家都知道我们撑不了一两天了，我必须自刎方才能尽忠，你们可以拿我的首级来投降，我不忍心看你们这一千多人像鱼肉一样城破后被清军宰割。”大明塔山最后的忠勇将士听闻此言，一起放声大哭，没有一个愿意投降的。最后大家商议使诈术来坑清军，跟清军鱼死网破。塔山守军与清军约定，清军入城受降，而城内则到处埋好地雷。第二天开城门，清军进入，“人马阗入盈城，而炮火迅发，呼吸之顷，焱举烬灭，一城荡然，蔑遗纤芥云”。清军入城受降的所有人都被炸死了，守军最终与清军同归于尽。

顺治八年，朝鲜麟坪大君李渲出使北京，途经塔山时面对战后废墟赋诗《塔山所怀古》:“万古惊心此地事，满城屠戮一无余。男儿一死何须恨，凛凛英名竹帛书。”

七千英烈殉国的塔山保卫战就说到这，塔山沦陷后，辽西走廊宁远以北仅剩杏山还在明军手中，皇太极对杏山发起进攻，四月二十一日，杏山明军投降，至此，历时将近两年的松锦大战结束。

松锦大战，可谓继萨尔浒之战后又一个明亡清兴转折点，谈迁《国榷》说：“九塞之精锐，中国之粮刍，尽付一掷，竟莫能续御，而庙社以墟矣！”乾隆说：“我太宗大破明师十三万，擒洪承畴，式廓皇图，永定帝业。”

嘉庆皇帝《望松杏即事》:“兵集十三万，亲征统八旗。粮空营谩守，胆怯力难支。退遁奔无暇，追到扫克期。书勋阐谟烈，嗣服仰丰碑。”“忆昔王师压锦城，十三万众集明兵。文皇二白风云疾，胜国千年草木惊。承德承畴皆背主，山松山杏尽连营。追惟创业诚非易，仰见神谟速且精。”

松锦大战就说到这，咱们说说洪承畴。松锦之战战败后，洪承畴被俘，随后押上囚车被送往沈阳，在囚车上他赋诗道：“万里愁云压槛车，封疆处处付长嘘。王师已丧孤臣在，国土难全血泪余。浊雾苍茫就死地，慈颜凄惨倚村间。千年若化辽东鹤，飞越燕山恋帝居。”可见此时洪承畴是决心殉国的，并无投降之意。

四天后他被押到沈阳，开始软禁，他于是绝食。《蕉窗雨话》（清佚名著）绘声绘色地写了洪承畴投降的一幕。

绝食三天后，皇太极得知洪承畴好色，每日派十多个美女陪伴，也没效果。当夜，皇太极的庄妃（未来的孝庄）得知洪承畴好色后，对皇太极说：“臣妾愿以身去招降洪承畴。”

皇太极：“朕贵为国君，怎能戴绿帽子？”

庄妃：“主上息怒，臣妾全是为了国家。”

皇太极：“好吧，你好自为之，别让后人耻笑。”

庄妃来到洪承畴被囚之地，问："这是洪经略吗？"她的声音清脆，好似九转黄莺，呼出的空气如兰花般清香，洪承畴不觉睁开了眼睛。

庄妃问："先生要殉节吗？"

洪承畴很惊诧，"你是何人？怎么知道我？有何事？"

庄妃："我不是吃人的，别害怕，先生矢志殉国，最可怕的不过一死，害怕什么？"说罢她嫣然一笑，媚态撩人。

洪承畴："我不怕死，你能陪我待会吗？"（上钩了）

庄妃："妾是带着菩萨心肠来拯救先生脱离苦海的。"

洪承畴："你要劝降吗？我心如磐石，不可逆转，请不必多言。"

庄妃："先生别轻视我，我虽是女子，但颇知大义，先生如果殉国，则忠贯日月，义薄云天，凡血性之人无不敬爱先生，我岂忍夺先生之志？"

洪承畴："即使这样，你来也一定是要干些什么。"

庄妃："先生绝食不是决意求死吗？然而绝食没有七八天死不了，在将死未死之时饿火中烧，心绪潮涌，头晕目眩，其痛苦百倍于死。妾心慈善，怎能忍心看先生受这种苦？所以妾煎了一壶毒药汤给先生，先生所求是死，绝食而死与服毒而死一样。先生如果怕死就算了，如果不怕死，请喝完这壶毒药。"

洪承畴拿来壶喝了几口，庄妃说："先生就是这样也死不了，先生的禄寿未尽。"

洪承畴急忙问："你说什么？我意已决，不死不休！"随后将壶中毒药一饮而尽。

庄妃笑着说："壮哉先生，竟能视死如归，我不胜钦佩。然而妾还有一言，离家万里，身丧异国，逝者已矣。您此时与深闺少妇在一起，秋月春风，此情此景，情何以堪？如先生这般多情的人难道不能做点什么吗？"

洪承畴泪如泉涌，说："事到临头，怎能重来？可怜无定河边骨，犹是春闺梦里人。"

庄妃："殉国在先生自己看来是忠贞不贰，无愧臣节，由我观之，都不值识者一笑。"

洪承畴："你的话什么意思？难道降将反而被称为识时务的俊杰吗？"

庄妃："先生是明朝柱石，国家栋梁，栋梁都断了，国家托付给谁？为先生打算，应该忍辱一时，逐渐图谋恢复，才不辜负明朝重托。不这样做，白白学匹夫匹妇那样在河边上吊，对国家有何益？尽管道理如此，但人各有志，先生既已服毒，还是少安毋躁吧。”随后庄妃又说：“先生对家人有遗言吗？你我二人既然相遇，青鸟之职是后死者的责任，有什么对家人说的话就告诉我吧。”

洪承畴哭得更伤心了，庄妃用手帕给洪承畴擦眼泪，还说：“先生别悲伤。”庄妃身上的脂粉香气袭人，洪承畴心动了，他摸着庄妃的胳膊，觉得皮肤滑如凝脂，柔若无骨，此时洪承畴几乎忘了自己是阶下囚。

到第二天早晨洪承畴也没死，因为其实毒药是人参汤，第二天，洪承畴和庄妃一起去见皇太极，洪承畴投降了。

这就是民间所说孝庄劝降洪承畴的故事，但如此绘声绘色的描写，一看就是小说家之言，且孝庄是蒙古人，会蒙古语，也会满语，但根本不懂汉语，无法与洪承畴交谈，难道他们二人见面还要带翻译不成？再者，皇太极之阴狠，绝不会牺牲自己的女人来招降一个汉官，因此，此说纯属虚构。那么洪承畴究竟是如何降清的呢？

《清史稿·洪承畴传》记载，皇太极命吏部尚书范文程前去劝降。范文程至，洪承畴大骂他，范文程强压怒火，不提招降之事，与他谈古论今，同时悄悄地察言观色。谈话之间，梁上落下来尘土，掉在洪承畴的衣服上。洪承畴把灰尘擦掉了。范文程不动声色，告辞出来，回奏皇太极：“承畴不死矣。洪承畴对自己的衣服都如此爱惜，何况他的生命呢？”皇太极接受了范文程的意见，对洪承畴倍加关照，恩遇礼厚。

这天皇太极亲自来见洪承畴，皇太极问寒问暖，见洪承畴衣服单薄，当即脱下自己身上貂裘，披在洪承畴的身上，问：“先生冷吗？”洪承畴看了看皇太极，说：“真是命世之主呀！”当即叩头请降，随即剃发易服，归顺清国。皇太极大喜，对洪承畴厚加赏赐，众将不悦，纷纷说：“陛下为何对洪承畴这么好？”

皇太极：“我们栉风沐雨几十年，最后为的是什么？”

众将异口同声：“进取中原！”

皇太极笑着说：“我们这些人入中原就像瞎子走路一样，我今获一向导，安得不乐！”这是洪承畴降清的说法之二。《啸亭杂录》的记载与此相同。

《甲申朝事小纪》记载，洪承畴不愿投降，皇太极为显示大度，将洪承畴释放，洪承畴在马上要进入山海关的时候，遇到了自己家仆，看见家仆白衣素服，于是忙问谁死了，他的家仆看见洪承畴，便以为自己是活见鬼了。于是两人一聊才知道，在北京的崇祯以为洪承畴战死了，在京城祭奠洪承畴，派洪承畴的家仆出来寻觅洪承畴的遗骸。家仆说："现在如果您回去的话，您统率的军队全军覆没，镇守的城池也都沦陷，纵然是君恩宽大，满朝文武，岂能容纳您？只要回去就有不测之祸！"洪承畴于是调转马头，彻底投降了清朝。这是洪承畴降清的说法之三。

《甲申朝事小纪》的记载显然不对，历史真相是：崇祯得到的消息是洪承畴已经殉国，于是便为他写了祭文，亲自为他举行葬礼。

"在李自成、张献忠这些贼寇肆虐的时候，是洪爱卿扫荡秦蜀，万里驱驰，天下皆知洪上将军之辛劳，三载奋力剿贼，眼看就要大功告成，三秦大地重见尧天舜日之时。北面虏骑入犯，烽火遍燃于幽燕。畿辅重地被胡虏铁蹄践踏，京师戒严。朕不得已诏卿勤王，爱卿星夜兼程北来。平台召见，咨以方略。任命爱卿为蓟辽督师，倚为干城。海内板荡，君臣共休戚之感；关外糜烂，朝野乏战守之策。卿受命援锦，亲临战阵，未能告捷，壮烈殉国，遂成国殇。呜呼痛哉！

"自卿在松山被围，半年以来，孤城远悬，忠眸难望一兵之援；空腹坚守，赤心惟争千秋之节。慷慨誓师，将士闻之而气壮；擂鼓督战，夷狄对之而胆寒。大臣如此勇决，自古罕有。爱卿可以与唐朝安史之乱时守睢阳的张巡相比肩。无奈城内弹尽粮绝，士兵只得掘地三尺挖出老鼠来充饥，但这无异于杯水车薪，最终叛将献城，终至一朝瓦解。然爱卿犹督兵巷战，狂呼杀敌，身骑弱马中箭后，步战杀敌；手刃数虏，血满袍袖；两度负伤，仆而再起；正欲自刎，群虏涌至，遂致被执。当此时也，战鼓齐喑，星月无光，长空云暗，旷野风悲，盖忠贞格于上苍，天地为之愁惨而陨泣！

"闻卿被俘之后，矢志不屈，蓬头垢面，骂不绝口。被囚车押解北去途中，时时回首南望，放声痛哭。一至沈阳，便即绝食。虏酋百般招诱，无动卿心。佳肴罗列于几上，卿置若罔闻，毫不动心而静坐；艳姬侍立于榻前，卿大义凛然，背对艳女而怒斥。古人云：慷慨赴死易，从容就义难。慷慨与从容，卿兼而有之矣。又闻卿绝食数日，气息奄奄之时，奋身坐起，南向而跪，连呼'陛下！陛下！'气噎泪流，欲语无声，终倒地而死，死不瞑目。君子成仁，有如是耶？呜呼痛哉！

“年余以来，迭陷名城，连丧元臣，上天降罚，罪在朕躬。卿之志节功业，已付史馆撰写。呜呼！卿虽死矣，死而不朽。死事重于泰山，豪气化为长虹；享俎豆（祭祀时的两种器皿）于百世，传令名于万年。魂其归来，尚飨！”

在为洪承畴举行国葬进行到一半时，崇祯突然得到洪承畴降清的消息，于是异常尴尬，中断了葬礼。所以不可能有派洪承畴的家仆去找尸骨的事发生。综上所述，还是《清史稿•洪承畴传》的记载最为靠谱。烈士与汉奸只有一步之遥。一生有万念，而定平生善恶者，数念而已；一生读万卷，而使平生明道者，数卷而已；一生历万事，而证平生功过者，数事而已；一生遇万人，而称平生知己者，寥寥数人而已。其中最能为一个人的人生定性的就是这寥寥数念，洪承畴的一念之差最终使自己由烈士蜕变为汉奸，文武双全的洪大帅一朝叛变，无论如何，都令人唏嘘不已。

至此，松山失守，锦州失守，辽东只剩宁远孤悬于外，洪承畴降清，祖大寿降清，卢象升战死，孙承宗殉国，除了孙传庭和吴三桂，已经再没有能打的将领了，崇祯坐不住了。巨大的恐惧感笼罩着他，从未有过的心虚的感觉每天每时每刻都在他的心上蒙着一层乌云，崇祯老是感觉自己像躺在一口棺材里一样。他眉头拧在一起，脸色像铅一样阴沉。崇祯经常悲从中来，他认为自己是一个勤奋的君主，可在这种前所未有的局势面前，他无能为力，只能坐看江山废弛，神州陆沉，中原板荡。

此时的崇祯意识到，必须与皇太极议和了，先把东北局势稳住，收拾了中原贼寇，再收复辽东不迟，不然，两线作战继续下去只会输得更惨。于是崇祯派人与皇太极秘密议和。

皇太极在给朝鲜国王的信中也表露出自己想议和的态度，他说：

朕想今日我之藩服不为不多，疆域不为不广。彼（明朝）既请和，朕意欲成和事，共享太平之福。诸王、贝勒或谓明朝时势已衰，正宜乘此机会，攻取北京，安用和为。但念征战不已，死伤必重，固有所不忍。纵蒙天眷，得或一统，世岂有长生之人，子子孙孙宁有世守不绝之理！昔大金曾亦一统，今安在哉？

现在那些力挺清廷的历史学家说努尔哈赤、皇太极准备一统中原的雄才大略，都是事后诸葛亮的锦上添花。1642 年的皇太极，绝无入据中原一统天下之意，占着东北三省就足可以了，昔日金国何其强大，还不是被灭了，皇太极知道这个道理，物极必反，月满则盈，水满则溢，适可而止就行了，因此同意与明朝议和。

对于明朝的主动议和，皇太极和不少满洲贵族都同意，而上蹿下跳反对的是汉人降官祖大寿的儿子祖可法等人，他们认定明朝是以和议为缓兵之计，劝阻皇太极不要议和，即使与明朝讲和，也要效仿前朝金国，最大限度侵夺明朝土地，最大程度上勒索明朝金银，对明朝先削弱，再在适当时机灭亡明朝。

还好，皇太极比这帮汉奸强多了，他提出，让明朝承认自己这个大清国，自己可以当明朝属国，只要明朝每年给一万两黄金、一百万两白银即可。作为回报，清国上贡明朝每年貂皮千张、人参千斤。国界嘛，以塔山为清国界，以宁远双树铺中间土岭为明国界，在连山一地设立互市的集散地。

皇太极很有诚意，他在写给崇祯皇帝的信中说：

> 满洲国汗谨奏大明国皇帝：小国起兵，原非自不知足，希图大位，而起此念也。只因边官作践太甚，小国恼恨，又不得上达……今欲将恼恨备悉上闻，又恐以为小国不解旧怨，因而生疑，所以不敢详陈也。小国下情，皇上若欲垂听，差一好人来，俾小国尽为申奏。若谓业已讲和，何必又提恼恨，惟任皇帝之命而已。夫小国之人，和好告成时，得些财物，打猎放鹰，便是快乐处。谨奏。(《天聪实录稿》)

从这些条件和信件方面看，皇太极绝没有狮子大开口。明朝虽不富裕，出这些钱绰绰有余。眼看议和就要成功，明朝就可转危为安，就能腾出手来对付国内的各路起义军，但是，出事儿了！

议和的时候，明朝使臣马绍愉把与清廷议和的详情写下来，秘报在北京的兵部尚书陈新甲。陈新甲接到密报后，把秘报放置于桌案，自己随后入书房写条陈。陈新甲家僮见那封秘报，以为是日常必须对外公布的塘报，马上送人拿出传抄散发。这一来不得了，在中国文人眼里，只要跟敌国议和，那就是卖国，就是汉奸，于是群情激奋，陈新甲就成了“大汉奸”。

崇祯帝得知后，以为陈新甲故意泄漏和议之事。于是，他就下诏斥责陈新甲。如果陈新甲了解崇祯的心理，严加自责，把皇上从此事中摘出，说都是自己议和，肯定保命没问题，但是，陈新甲认为自己是奉命行事，于是上奏说自己议和有功，想让崇祯给自己说句话。结果，死要面子活受罪的崇祯帝大怒，将陈新甲斩首。明清之间的和议，不了了之。明朝失去了第五次免于灭亡的机会。

皇太极得知这次议和告吹后，大怒，率军第五次南侵，进军路线跟第四次南侵一样，一直杀到山东，在山东馆陶，清军遇到很大抵抗，守军在每个垛口都准备了钩丁两把，砍刀三把，当清兵攻城时，守军就用钩丁把爬到垛口的清兵钩住，然后用砍刀将其砍死，清军死伤惨重，没有拿下馆陶。在打山东潍县的时候，清军也遇到了很大抵抗，清军打地道战攻城，在城角挖开一个洞，城墙塌了一段，守将张尔忠当时正在生病，仍亲自抗战，城内男女老少一起上阵搬砖石堵缺口，没出嫁的女人也来助战，保家卫国之志于此可以体现，守军不断开炮击杀清军，炮弹用光后，城内百姓把自家铁锅砸了，用作炮弹之用，潍县坚守七天，清军死伤惨重，潍县没被攻陷。当然，清军在山东其他地方那就是势如破竹了，清军共俘虏三十六万汉人，还好，没搞屠杀，但清军将这些人带回了辽东，作为奴隶。此次负责组织抵抗清军的总指挥是内阁首辅周延儒，然而周延儒“与幕下客饮酒娱乐，而日腾章奏捷”，有人作诗讽刺周延儒说：“虏畏炎镐归思催，黄金红粉尽驼回。出关一月无消息，昨日元戎报捷来。”崇祯得知真相后大怒，将周延儒赐自尽。太监在向周延儒宣读圣旨时，故意在念到“姑念一品首辅大臣”时停顿，一听到“姑念”，周延儒以为崇祯能放了自己，于是叩首谢恩，此时太监接着念，“于寓处勒令自裁”，周延儒顿时失魂落魄。两名士兵逼周延儒上吊，周延儒平日养生有道，死后尸体仍如生人，怕有不测，于是士兵将铁钉钉入周延儒的脑袋，血流满面，然后才回宫复旨。

此次南侵，清军共攻陷八十八座城池，杀鲁王、乐陵王等明宗室六人，虏获牲畜三十二万头，抢走金二百二十万两，珠宝无数。

有鉴于此，皇太极得意地说："今明国精兵已尽，我兵四围纵略，彼国势日衰，我兵力日强，从此燕京可得矣。"在皇太极眼里，取北京已是探囊取物，然而历史没有给他最终入主中原的机会，而皇太极不断在华北横扫之时，中原局势也彻底糜烂。

第十九章
大溃败

1638 年李自成被打得只剩十八人，张献忠也投降于熊文灿，李自成带十八骑前往谷城来找张献忠，张献忠设宴招待，他对李自成说：“李兄何不随我归降朝廷，还风尘仆仆的奔走干吗？”李自成仰天大笑，“不可！不可！”（谈迁《国榷》卷九七）

两人心照不宣，李自成知道张献忠是诈降，张献忠也知道李自成不可能屈居己下。他给了李自成一部兵马，以便日后李自成能与自己遥相呼应。

由于孙传庭、洪承畴、卢象升都被调到北方去与清军作战，张献忠再不造反就不是张献忠了，在彻底准备好后，崇祯十二年（1639 年）五月张献忠在谷城发动反叛。在投降熊文灿一年的时间里，熊文灿手下的各级官吏不断敲诈勒索张献忠，张献忠反叛后张榜公布向自己敲诈的所有官员的姓名和索贿金额、日期，他还如实指出，不勒索自己的官员只有襄阳道王瑞旃一人。张献忠的宣传攻势非常奏效，令熊文灿手下大小官员无地自容，他们再也没有理直气壮的讨贼的资格了。

崇祯得知张献忠反叛的消息后大怒，将熊文灿革职（最终将他处死），以杨嗣昌取代熊文灿督师。

杨嗣昌任用左良玉围剿张献忠，崇祯钦赐左良玉“平贼将军”印，左良玉得到鼓舞，异常勇悍，在太平玛瑙山（今四川万源市境内）把张献忠打得大败，数万人被打得只剩两千多。张献忠的部下扫地王、走山虎、过江龙、飞山虎、过天蟒、扒山虎、上得天、下得海等人被斩杀，各部被歼灭，关索、十反王投降。

一个月后，张献忠在逃跑途中遭陕西官军贺人龙部截杀，两千多人投降。张献忠只能窜入深山老林，摘采野果度日，身边仅有残卒数百人。

杨嗣昌于是令左良玉彻底歼灭张献忠，左良玉虽连战连胜，但数月的激战也使得军士疲惫，而深山老林里搜人这种费力的活自然他不愿意做，于是只是把山围起来，没有继续追剿。杨嗣昌奸佞之徒，此前卢象升在抵御皇太极第四次南侵时就是他始终在作梗，此番他上奏将左良玉免去平贼将军的官职，以贺人龙取而代之。崇祯下诏准奏。但崇祯准奏后杨嗣昌又觉得临阵换将是兵家大忌，于是又上奏崇祯建议收回成命，如此杨嗣昌把左良玉和贺人龙都得罪了。左良玉恨他夺印，贺人龙恨他说话如同放屁一样。如此，张献忠就在明军内斗中从深山老林里杀出，与罗汝才汇合。两相商议，觉得左良玉在湖北太厉害，只有逃入四川才有生路。

四川没有剿贼的经验，张献忠在四川如入无人之境，崇祯十四年（1641 年）张献忠又杀回湖北，数年征战，使得张献忠发明出一种行之有效的新战术，此战术打仗时选一人在前，叫“领头子”，部下鱼贯而进，领头子就五六个人，有进无退，退者必斩，一个领头子战死，后面补上一个，如果有三个领头子战死就鸣金收兵。除正面冲锋外还有左右翼策应，他的部下穿特制绵甲，箭镞射不穿，这是他进攻时的战法，他防御时在阵前摆三万军马，称之为三堵墙，如果前面的马要跑则杀死，后面的补上，一旦抵挡不住明军进攻，张献忠就撤退，明军便追击，此时张献忠令精兵用长枪刺明军马腿，然后再合围，结果总能战胜明军，他的实力越来越强。

张献忠率军杀到襄阳城下，他选二十人穿明军服装，持从明军处缴获的兵符印信进入襄阳。二十人在城内首先持刀砍杀守门士兵，然后放火，张献忠率大部队趁势杀进来，襄阳遂为张献忠攻陷，七十多岁的襄阳王朱翊铭被押到张献忠面前，连声喊道：“求千岁爷爷饶命！”

张献忠：“明明你是千岁，反倒叫我千岁，我不要你别的，只借你人头一用！”

朱翊铭哀求道：“宫中金银财宝随便千岁爷爷拿走。”

张献忠狞笑着说：“说这些有屁用！事到如今你有何办法不让我把这些宝贝搬

走？只要把你杀了，杨嗣昌就会以陷藩（导致藩王被害）之罪被杀。”说罢杀了朱翊铭。（吴伟业《绥寇纪略》、张岱《石匮书后集》均记载了此段对话）值得一提的是，此次攻陷襄阳后张献忠做了自己人生中唯一一件好事，下令开仓放粮，将府库的十五万两白银分给灾民。

杨嗣昌得知襄阳王的死讯，知道自己在劫难逃，便服毒自杀，结束了可耻的一生。杨嗣昌葬于武陵，日后张献忠攻陷武陵，把杨嗣昌七世祖墓皆一一掘出，鞭尸，派兵士用大刀把杨嗣昌夫妇尸体大卸八块，然后焚尸。

在张献忠于四川、湖北攻城略地之时，李自成也没闲着，一开始听说张献忠进入四川，人马很少的李自成便打算去四川投奔张献忠，结果在四川梓潼被洪承畴打得大败，逃到鱼复山（重庆奉节），史称“鱼复山受困”。

李自成觉得天要灭亡自己，便对刘宗敏说：“人们都说我将来能成就帝业，你去占卜一下，如果不是吉卦，就拿我的人头向官军投降把。”刘宗敏连占三卦，居然都是吉卦，于是他决定死心塌地跟随李自成，他向李自成表决心，杀死自己的两个妻子，更恐怖的是李自成的其他部下也学刘宗敏，都杀自己的妻子来表决心。

在此期间，张献忠从四川杀回湖北，李自成则趁着官军在湖北围剿张献忠、罗汝才之际进入河南。

李自成入河南时只有一千人，然而河南连年灾害，加之明廷七个藩王封于此地，土地高度集中，穷人非死即逃，“桀黠不逞者遂相率为盗”，于是李自成进入河南后数以万计的农民投奔了李自成，李自成重整声威。

崇祯十四年（1641 年）正月二十日，李自成率军攻克洛阳，俘虏明朝宗室福王朱常洵，朱常洵之子朱由崧侥幸逃出，他就是日后中国史上最奇葩的皇帝——弘光帝，他的问题我们下册书再谈。

在洛阳福王府邸，珍贵红木制成的无数王府家具被当作柴火烧，烘烤着柴火上的一口“千人锅”，沸腾的开水中除了七八只梅花鹿外，李自成下令把福王也扔进去，福王挣扎着扑腾，刚抓住一只浮起的梅花鹿尸体喘息，在大锅周围几个围观的士兵立刻用长矛戳他的胳膊，使福王不得不惨叫着松开手，重新在沸腾的开水中“游泳”。一个小时后福王和梅花鹿被煮熟了。然后农民军一起分吃这些肉。最后李自成还单

独将福王的血放出，拿鹿血和着吃，还称其为“福禄（鹿）酒”。（吴伟业《鹿樵纪闻》）

攻克洛阳后，李自成进围开封，他万箭齐发，城上明军用一种特质短箭回射，这种短箭射程三百步，李自成伤亡很大。他于是下令用云梯攻城，农民军像猴子一样攀缘而上，守军用炮轰远处要杀来的农民军，用火铳打死攻城的农民军，再近了用砖头猛拍，农民军纷纷坠落而亡。

李自成于是打起了地道战，他让每人手拿铁锹，在城下凿几下就退出，然后再上第二批、第三批，谁如果凿下一块砖，赏一两银子，如此一块一块竟凿开一个洞，人可在洞里藏身躲避砖头。城上守军用铁杵对准洞穴位置向下捅透，捅到洞穴后，顺着洞口往下倒滚烫的沸水，或者投下“万人敌”。“万人敌”是什么东西呢？是明军的秘密武器，重四十公斤，是大型爆炸燃烧武器，皮为泥质，在明末发明出来。此外明军还用大木头制造一种悬楼，如同碉堡，明军可从悬楼发射炮弹，使农民军无法靠近城墙根。

李自成攻城两月不克，他令手下在城下挖大坑，然后灌满火药，点燃导火索，准备攻城，只听一声巨响，火星四射，浓烟漫天。但火药却倒轰过来把农民军自己轰死许多。李自成大为惊恐，又令手下用红夷大炮轰城，把城门轰塌了半边，李自成下令攻城。开封巡抚高名珩让士兵放下城门的千斤闸，许多农民军被压死在闸下，有的头破血流，有的五脏迸裂，李自成下令撤退，他用鞭子指着开封城说：“我一旦攻克开封，一定要把你们杀得鸡犬不留！”就在此时，开封守将陈永福拈弓搭箭，飕的一声正中李自成左眼，李自成从马上栽了下来，于是撤军。

李自成一打开封后，陕西巡抚汪乔年下令让米脂知县边大绶刨李自成祖坟，刨他爷爷奶奶的坟墓时，发现尸体上有一条鳞甲森然的似龙非龙的东西，头长双角，遍体金光，边大绶用烧红的铁钳子向此物刺去，只听一声响，随即直冒青烟，那东西飞跃起来，有十丈高，全身黑气四射，边大绶手下的人闻到气味，立刻死了七个人，众人刀剑齐上，才把这东西打死在地。

边大绶在刨第二三四个棺材时里面全是清水，水里有无数条金色鲫鱼游动，边大绶把棺材弄破，水都流出，鲫鱼都干死了。在刨其他的李氏祖坟时，还刨出癞蛤蟆和孑孓，最邪乎的是一个棺材里刨出一对白色鸟儿，口吐白雾，从棺材里飞走。

汪乔年急令用乱石击打，追了一百步，白鸟被飞石击中，翅膀折断后死了。汪乔年在一个棺材里发现小兔，大如野獾，刚出土时还能蹦蹦跳跳，转眼间自己撞死了。刨到最后一个棺材是李自成的曾祖父，棺材墓门一打开无数只白蚁纷纷飞出，再刨发现有木菌两朵，木菌上大火熊熊，如燃烧的一盏铁灯。汪乔年费了好大劲才把棺材刨出，只见棺材上趴着一条飞蛇，蛇突然腾空而起，汪乔年一箭射出，正中蛇的左眼，蛇长啸一声后转眼间不知去向。汪乔年下令打开棺材，见尸首完好，脑袋上有小洞，洞上有白翳（眼角膜病变后留下的疤痕），在空气吹拂中闪耀不定。汪乔年手执铁锥把白翳刺破，只听轰的一声响，汪乔年被吓得面如土色，响过后尸体脑门飞出一条赤色小蛇，蛇头上有角，下巴上有胡须，腹部长有四个脚，面部闪闪发光，俨然一条龙。小蛇飞起来，腾空数十丈，向太阳乱叫，大有吞噬日光之势，飞起数十丈后就坠落下来，如此三起三落，最后跌倒在地乱滚，转眼化作一团血水。汪乔年目瞪口呆，下令焚尸，尸骨一阵恶臭，十里外都能闻到，最后他把李自成祖坟的所有棺材都焚毁。

关于挖李自成祖坟的这段荒唐故事出自明末吴伟业《鹿樵纪闻》，吴伟业的来源是《崇祯十五年正月十四日塘报》，塘报是上交内阁的军事情报，边大绶想必是不敢撒谎，这个塘报出自边大绶所写《虎口余生记》中，内容仿佛《盗墓笔记》，但既然有这段记载，我就不妨把它写出来供大家一看，蛮有意思的，这段记载堪称中国历史最邪乎的一页。

李自成得知祖坟被刨后大怒，说：“此仇不报，誓不为人！”二打开封后，汪乔年被调到襄城，李自成率军攻陷襄城，把仇人汪乔年的头砍下，敲破脑壳，用吸管喝他的脑髓，并将一百九十个书生的鼻子和脚砍下当陪葬。

李自成祖坟被刨后，与罗汝才率军五十万二打开封，但仍久攻不下，于是让妇女露出阴部，倒立，向城上骂街，称之为阴门阵，开封守军找来全城和尚，让他们脱光衣服，站在城垛上，称之为阳门阵。这当然不是个事，双方都觉得现眼，于是两个阵都撤了。（此据清初彭孙贻《平寇志》）

高名珩派精兵三千坐在筐里，趁夜色用绳子从城墙缒下，杀死了一批在睡梦中的农民军。李自成恼羞成怒，令在城四周筑起四座高台，高度与城墙差不多，每座高台上都有大炮瞄准城内。高名珩针锋相对，在城上修筑一道小城，明军可躲在小城后对农民军射击，农民军反而处于不利地位。就这样打到正月初一，这天李自成认为高名珩会过年，于是下令猛攻，可高名珩早料到李自成这手，他令士兵把芦苇柴草点燃后向攻城敌军扔去，农民军许多人被烧死。李自成于是接着打地道战，高名珩这次不用“万人敌”了，他知道李自成的军队连军粮都很难保障（因为开封附近的粮食都被他搞到城里了），他决定玩点软的，于是派士兵对挖墙脚的农民喊话：“你们吃饭了吗？”农民：“到哪去吃呀？”明军就向他们扔食物，农民军于是动摇了，有许多挖着半截墙角就倒戈了，李自成于是把有限的军粮保障给打地道战的士兵吃饱，这样农民军倒戈人数大大减少，高名珩的日子不好过了，眼看城墙被打开几个缺口，高名珩觉得重赏之下，必有勇夫，于是下令：谁将一袋土放到城下缺口处，赏一块银圆。结果李自成的进攻又白费了。正月十三，李自成埋好地雷，一声巨响，黑烟腾空，城外碎石乱飞，李自成自己的部下又被炸死不少，城墙却没有崩断。此时左良玉率军来援开封，李自成有被反包围的危险，他率军撤退。

崇祯十五年（1642 年）四月，李自成三打开封，做长久围困的打算。崇祯派左良玉等各部二十五万援军，一万辆炮车增援开封，此外崇祯还把已经在监狱里被关押三年的孙传庭释放出来。孙传庭在监狱这三年没法读书看报，新闻联播之类的也看不到，他还以为李自成是十八骑败走商洛的阵势，便跟崇祯说：“给我五千精兵足能破贼。”等孙传庭到河南后，见李自成已有几十万人，便大为后悔，向崇祯承认错误，把所需兵力扩大四倍，说：“没有两万精兵的话没法破贼。”崇祯看后大怒，下诏说：“你不是说五千人就够吗？怎么又要两万人了？现在就给朕剿贼，不可拖延。”

与此同时，崇祯下诏让孙传庭斩杀与李自成同为米脂人的贺人龙，理由是崇祯认为贺人龙跟李自成是老乡，因此作战不力。崇祯是个具有女性化思维的、想当然的皇帝，他的许多无端猜忌最终自毁长城，也葬送了大明。贺人龙在剿灭李自成的作战中屡战屡胜，杀人如麻，人称“贺疯子”，此时却被崇祯处斩。贺人龙的死讯传到李自成的部队后，农民军纷纷说：“贺疯子死，取关中如拾芥矣！”

就在崇祯令孙传庭在河南与李自成鏖战时，陕西总督汪乔年在襄城战死，崇祯调孙传庭去陕西代行其职，救援开封的任务不再由孙传庭来做。

救开封的各路援军集中在开封西南四十五里的朱仙镇，李自成为不让援军与开封守敌合为一股，于是他在开封和朱仙镇设置两个包围圈，分割敌军，又在南方交通线上挖长百里宽一丈六尺的壕沟。这样一来他既切断敌军粮道，又切断敌军退路。李自成的布置使明军很危险了，但就是这样，明军内部还貌合神离，号令不一。李自成抓住时机兵分两路，一路突袭朱仙镇南部的虎大威部，打草惊蛇，另一路牵制最强的左良玉部。在击溃虎大威部后李自成两路合兵，左良玉更难以脱身，李自成对左良玉发起了冲锋。左良玉人马损失过半，拼命向西南突围，李自成故意放开一条路，让明军溃逃。左良玉退了几十里后来到了壕沟边上，马过不去，士兵只得弃马过壕沟，仓皇逃命。李自成伏兵此时出击，把明军打得人仰马翻，尸体填满了壕沟，二十五万明军全军覆没。

此时开封城内断粮，有明军半夜缒下城去“摸营”，有的人一出去就投了起义军，不再回来；有的去附近的村中将百姓杀死，把头提回来，先向高名珩报功领赏，然后重价卖给别人吃。因恐被人们认出面孔，故意在被杀者的脸上和头上乱砍几刀，诡称是格斗被杀。然而后来到底露了马脚，不仅有人认出来是郊外的亲戚和相识，不敢声张，还有人看见有的死人头不长胡子，耳垂上带有窟窿眼，显然是用妇女的头混充贼人首级。不久高名珩已经明白实情，禁止兵丁们半夜再缒城“摸营”。

夏季开封城连降暴雨，街上满地泥泞，坑洼的地方都积满了臭水。街上很少行人，冷冷清清，凄凄惨惨，简直不似人间。原来一些荒凉的地方堆满白骨，黄昏以后有磷火在空气里飘荡，现在白骨也被水淹没了。过去开封房子很多，如今人死房空，空房又被拆毁当作柴烧，空旷的地方也更多了。偌大一座开封城，连一声狗叫也听不见。猫也被吃光了。甚至飞鸟都已经绝迹了。每一次飞鸟来到，总是被人们设法捕获，或用弹弓打死；又因为城中没有粮食，连青草和虫子都被人吃光了，所以久而久之，鸟再也不飞来了。

据白愚《汴围湿襟录》记载，城内因粮绝，有人剥下树皮吃，有人剜草根吃，甚至有人捞粪便中的蛆吃。——莫非当时人就知道蛆体内含蛋白质？开封城内有人为生存结伙杀人，靠吃人肉延续生命，有人家境稍好就杀自己的仆人吃，更惨无人道的是父母杀自己的子女吃。一个叫黄澍的人的妻子在分娩后吃包子时看到一小截人的手指头，当场就被吓死，这个女人还没被深埋就被别人吃了。由于李自成下令“攻得开封城，不留一个人，就是笤帚头，也得剁三刀”，城内无人投降，在严重断粮的情况下坚决抵抗。

九月，开封巡抚高名珩密令决黄河水灌李自成，可是这个消息被李自成潜伏在开封城内的内应得知了。李自成于是把军营移到高处。当时下大雨，瓢泼般雨水从宛如无底黑洞的天空倾泻下来，汇入奔腾咆哮的黄河，盖过了千军万马的呼声。突然，随着两声震天动地的闷雷，决口了，汹涌的黄水狂暴地奔流而出，直奔开封，水没淹李自成，反而倒灌开封城。黄河之水天上来，水声如雷，哭号声如潮。城内仅钟楼、鼓楼和王府露出水面，形似孤岛。水声中夹杂着撕心裂肺的哭号声。开封居民在浩劫后由百万人减至两万人。洪水退后，城内到处是人的尸体，鼓起的死尸泡在发绿的污水里，在太阳暴晒下发出阵阵恶臭，红头苍蝇在尸堆里嗡嗡飞舞，乌鸦从这具尸体跳到那具尸体上，专门啄死人的眼珠，野狼也跑进大街叼吃骨肉。

《汴围湿襟录》记载了开封被淹后的惨景：“老稚男妇，形如傀儡。奄奄气息，病骨伶仃，苛倒卧道旁荒草中，或投宿古庙破寺内，药饵无从，汤水难得。时值初冬，又死十三。昔日富贵殷实之家，顿成他乡流离之鬼。坏土何厝，钱纸谁焚？闻金人破汴，宋室南渡，未有如此惨也！”

高名珩最终弃城而逃，李自成也不想要开封这个烂摊子，于是率军撤退。至此明朝在河南再无重镇可守。明朝汜水知县周腾蛟说：“汴城（开封）不守无河南，河南不守无中原，中原不保，河北之咽喉断，而天下大势甚可忧危也。”他说得没错，仅仅两年之后，大明王朝就灭亡了。

拿下开封后，李自成集团对于下一步战略产生分歧，牛金星主张先取河北，直捣京师。礼政府侍郎（李自成将六部设为六政府）杨永裕主张：先取金陵，截断南北漕运，后乘机北伐。兵政府从事顾君恩提出：金陵在长江下游，从此北伐战线太长，难以胜利，而直捣京师，万一不胜，退无所归。不如先取关中，关中为闯王桑梓之地，且秦都百二河山，以此建国立业，然后资其兵力，再攻取山西，进军京师，进可攻，退可守，方为万全之策。李自成权衡利弊，最终采纳了顾君恩的建议，从河北直接北伐，风险太大，左翼山西陕西，右翼山东都有明军。打下金陵后北伐很可能就是日后太平天国的翻版了，顾君恩的建议最为稳妥，从陕西出发，两翼无敌，最终李自成靠此战略打下北京。

李自成率军西进入陕西，在陕西郏县与鲁山之间和孙传庭大战，将孙传庭打得大败，此时，明朝在河南湖北就只剩汝宁的杨文岳兵团和襄阳的左良玉兵团了，左良玉在朱仙镇之战中损失惨重，不足为虑，于是李自成进攻杨文岳，拿下汝宁，李自成攻克汝宁后把汝宁的所有官员绑在大树上，然后调来几尊大炮对准官员开炮，这些官员无不被炸得粉身碎骨，尸体狼藉。

攻克汝宁后，李自成继续南下，攻陷南阳，直抵荆州（湖北江陵）。崇祯十六年（1643 年）李自成接连攻克湖北钟祥、湖南常德，斩杀罗汝才，吞并了罗汝才的部队，至此，成为起义军中名副其实的老大。吞并罗汝才后李自成攻占襄阳，在此自称“奉天倡义文武大元帅”。数年征战，江淮鱼米之乡“数千里内，见城陷处荡然一空，即有完城，仅余四壁，鸡犬无声，曾未遇一耕者”。

而后李自成北上杀回陕西，崇祯三番五次令孙传庭与李自成决战。大臣张凤翔说：“孙传庭所有皆天下精兵良将，皇上只此一副家当，不可轻动！”崇祯不听，非要孙传庭迅速与李自成决战。

九月十四日，双方交战，官军首战获胜，李自成险些被生擒。惊惧之下，数位头领都想绑李自成投降官军。

李自成久经沙场，他知道该如何稳住部下，他说：“不要怕，我辈杀王烧陵，毁城无数，罪过不可谓不大。可在此决一死战，如果不胜，你们再缚我出降不晚！”很快，李自成派刘宗敏率军断了孙传庭的粮道，孙传庭军心大乱。

此前孙传庭发明了“火车”以剿贼，这种“火车”在上面安装火炮和甲仗，用马来拖挽，作战时，既可用来开炮攻击，也可排列起来当拒马，阻挡敌方骑兵，宿营时则环列在营帐外，用作屏障，用以护营自卫。孙传庭总共造了三万辆“火车”，但由于时间仓促，质量不好，能用的还不到一万辆。

粮食不多了，孙传庭决心拿出“火车”阵在郏县对李自成来个绝杀。李自成面对孙传庭的“火车”阵，排出新阵型：最外层是参战不久的新兵，第二层是久经战阵的步兵，第三层是精锐骑兵，第四层是决胜骁骑，第五层是铁甲部队。

一番血战后，孙传庭勉强冲破李自成的第一层，此时已经死伤一半，好不容易冲到第二层，却由于孙传庭的部下都是新兵，第一次目睹如此惨烈的杀戮，不少人崩溃了，大小便失禁，更有人吓呆了，有一个人喊了一声“败了”，一下子炸了锅，离此处乘胜进攻，明军四万人战死，“火车”全部被摧毁。

惨败过后，孙传庭羞愧得要跳进黄河自尽，但被人抱住，身边人说：“公一身系国家存亡，今徒死何益？不如入关据险，收兵以图再举，天下事尚可为。”

此战史称“郏县之战”，而后李自成乘胜进军，在潼关与孙传庭决战。孙传庭真忠烈之士，在预备队打光后，勇冲敌阵，最终死于乱军之中。据《明史·孙传庭传》：“传庭死而大明亡矣。”随着孙传庭殉国，大明能战之将仅剩吴三桂一人。明末大文豪屈大均在得知孙传庭的死讯后赋诗曰：一败中原势不还，二陵风雨惨龙颜。朝廷岂合频催战，司马惟应暂守关。杀气未销函谷里，忠魂常生大河间。行人郏县踟蹰久，泪洒斜阳匹马间。

孙传庭妻子张氏闻夫死讯，率孙传庭两女三妾跳井自杀，满门忠烈！可由于明廷没有找到孙传庭尸首，崇祯怀疑他未死而降贼，竟不予抚恤，崇祯的做法彻底寒透了将士的心。

李自成大军兵临西安城下，城内藩王秦王朱存枢身为陕西人却有着山西人一样的抠门，一两银子也不拿出犒军，激起众怒。结果，不待农民军进攻，明朝守城将领主动开城投降，西安落入李自成手中。而后李自成接连攻取宁夏、甘肃、青海，整个西北地区除西宁以外，尽数是李自成的天下，大明朝的灭亡进入倒计时，然而就在此时，崇祯的头号敌人皇太极却突然暴卒。

第二十章
“过劳死”的皇太极

崇祯十六年（1643 年）八月九日，太阳缓缓落下，黑夜降临了，忙碌了一整天的皇太极回到清宁宫东暖阁，坐在南炕上休息。今天，皇太极向土默特部的甲喇章京等人赐给银两，与皇后一起召见远嫁察哈尔、科尔沁蒙古的女儿固伦公主等人，还从第五次南侵获得的战利品中选取最好的绸缎和财物，赏给固伦公主和各位福晋。当皇帝十八年来每天睡眠时间也不会超过六个小时，长期的超负荷工作让皇太极的每一根寒毛都是战栗的，他太累了，也该歇歇了，他在南炕上坐着，慢慢闭上了眼睛。突然间，头上的青筋一阵抽搐，皇太极瞬间感到头痛欲裂……

时间到了八月九日晚九点到十一点之间，皇太极“端坐而崩”。

此前皇太极的身体早已报警，身体过于肥胖的他穿上铠甲骑在马上，让胯下的千里龙驹都只能每天行五十里，过于肥胖的身躯让他的心脏负担极大，现代医学数据统计，肥胖者心脏病发病率为普通人 2.4 倍。1641 年松锦大战时皇太极每天都在流鼻血。1642 年九月，皇太极最心爱的妻子博尔济吉特氏（日后孝庄的姐姐）去世，皇太极大恸，不吃不喝，突然昏迷，说话语无伦次。十二月皇太极出去打猎时“圣躬违和”，还没打猎就回来了。1643 年正月初一，皇太极因“圣躬违和”而没有参加新年朝贺典礼。三月，皇太极“圣躬违和”，大赦天下（实际只是东北）。四月，皇太极“圣躬违和”，患“风眩”。

长期的积劳成疾，加之过于肥胖，最终将皇太极送上了黄泉路。由于皇太极暴卒，压根儿没有指定接班人，于是大清皇位的交接问题顿时剑拔弩张。

此时最有实力问鼎龙椅的是皇太极的弟弟多尔衮和皇太极的长子豪格，多尔衮有同父同母的弟弟多铎和阿济格的支持，掌握着正白旗和镶白旗，豪格掌握着皇太极此前亲掌的正黄旗、镶黄旗、正蓝旗，此外，代善和他的儿子岳托统领正红旗和镶红旗，济尔哈朗统领镶蓝旗。

八月十四日，礼亲王代善、郑亲王济尔哈朗、睿亲王多尔衮、豫亲王多铎、英亲王阿济格、肃亲王豪格等人齐聚崇政殿，共同商讨继承皇位的人选。

多尔衮、多铎、阿济格一进来就感觉不对，殿内外都是豪格的正黄旗、镶黄旗的士兵，一个个虎视眈眈，手握剑柄，随时准备动手。此时，如果多尔衮稍有不慎，两黄旗士兵就会拔刀将自己乱剑砍死。于是多尔衮进入崇政殿后一言不发，处于沉默状态。

此时多尔衮的弟弟多铎坐不住了，他见多尔衮没有胆量站出来说当皇帝的意图，自己便起身大吼：“多尔衮，如果你不愿意当皇帝，那就我来当，我的名字在太祖遗诏里！”

多尔衮很巧妙地否决了多铎：“太祖遗诏里提到的除了你外还有豪格。”言外之意是太祖遗诏上的名字不能作为太宗死后继承人的依据，一句话一石二鸟，同时否定了多铎和豪格。

多铎于是提出让代善来继位。代善论年纪最年长，论实力他和儿子岳托拥有正红旗和镶红旗，然而代善已经六十岁了，他的雄心壮志已经在漫长的政治斗争中消磨殆尽，再也没有腾空而起的勇气了。而且代善性格本身更多的是明哲保身而不是积极进取，他知道自己不该有非分之想，在大清国的凶险万端的政治棋盘里，他是难以坐到帅位的，把一个不适宜的人放在高位上，最终只能祸及自身。代善沉默了半晌，最终表态：“睿亲王若当皇帝，是我国之福，否则，当立皇子，我老矣，难当大任。”代善一下子把最有实力的豪格和多尔衮都照顾到了，不可谓不老奸巨猾。

此时豪格把全部希望寄托在济尔哈朗身上，他知道，多尔衮、多铎、阿济格肯定在一条战线，代善老油条，只有济尔哈朗能帮助自己。两天前豪格就派人联系济尔哈朗，说:“两黄旗已定立我为君，但还需要跟您商量。”这话说得很有学问:第一，表明我豪格已经有两个旗的支持;第二，我很尊敬您郑亲王;第三，希望您投我一票。豪格已经有皇太极遗留下来的三个旗的支持，只要加上济尔哈朗的镶蓝旗，有八旗的一半在，豪格稳操胜券。

然而毕竟事关重大，济尔哈朗陷入了深深的思考，豪格的确有军事才能，己巳之变时在广渠门曾与袁崇焕交手，皇太极第二次南侵时他在宣府、大同一带把明军打得落花流水，在打林丹汗的时候他也立下大功。1634 年皇太极在询问群臣大明、朝鲜、察哈尔蒙古，这三个应该先打谁时，豪格说：“打明朝如果只是打下锦州，其余城池打不下来，会使我军师老兵疲。我军应该兵分两路，一路带着红夷大炮去打宁远，另一路绕开关宁锦防线，从蒙古之地逼近北京，与此同时联合中原流贼，如此北京唾手可得，至于朝鲜和察哈尔蒙古可以缓图之。”能意识到联合李自成、张献忠来一起掀翻大明，豪格是大清这边的第一人。然而豪格也有诸多缺点，他虽然军事上有谋略，但在政治上很不稳重成熟，与老成持重这四个字相距甚远，这是最致命的，当一把手的军事才能可以稍逊，但政治谋略一定要极强。此外豪格的生母也非显赫之人，想到此，济尔哈朗犹豫了。而多尔衮的雄才大略远在豪格之上，政治军事才能都是一流。最终济尔哈朗对豪格如此回复：“我支持你继承帝位，但睿亲王尚未知晓，待我与众人商议。”

八月十四日这天，在决定清国前途命运的会议上，始终盼着济尔哈朗表态支持自己的豪格最终什么都没等来。济尔哈朗面色铁青，始终一言不发，于是豪格坐不住了，说：“我德薄能鲜，难以当此重任。”说罢，离席而去，大清国的皇位就这样与豪格彻底无缘。见豪格离席而去，济尔哈朗庆幸自己的选择，豪格这样的人是没有资格问鼎宝座的，一个男人最关键的成大事品格是沉得住气，连气都沉不住，还能做成什么?

两黄旗的将领见豪格离席而去，便纷纷紧按佩剑，说：“如果不立先帝之子，我等必以死相拼！”

代善见状，谎称自己身体不适，起身离开。对他而言，谁当皇帝都不重要，他就想安度晚年，享尽荣华富贵。到目前为止始终一言不发的阿济格也起身离开，他知道，如果表态支持多尔衮的话，他就走不出这间屋子了。

此时，两黄旗的将领剑拔弩张，多尔衮和多铎不甘心退让，济尔哈朗一言不发，究竟该怎么办?

多尔衮后悔不已，要是自己跟豪格一样把自己的亲兵带来，现在的局势绝不是这样。崇政殿上的龙椅空荡荡的，与自己相隔不过十米左右，然而自己此时如果敢坐上去，就必然被两黄旗的人剁成肉酱。多尔衮毕竟有雄才大略，此时如果他进一步，则粉身碎骨，退一步，支持豪格，那么日后豪格也必然拿自己开刀，他与豪格无论谁胜利，最后一定是兵戎相见，使得立国不久的清政权陷于内战与分裂，而问鼎中原则彻底在内耗中成为梦幻。多尔衮有雄心壮志，问鼎中原，坐在北京才是他的梦想。想到此，他抓住了两黄旗人的一个点，两黄旗人说必须立先帝之子，豪格已经离席，换句话说，只要立一个不是豪格的好操控的先帝之子，那么一切都迎刃而解。

想到这，多尔衮不紧不慢地说："两黄旗各位言之有理，但既然肃亲王不愿做皇帝，那就立先帝之子福临吧。可是福临年纪小，应该让我和郑亲王济尔哈朗辅政，等福临长大，再让他亲政。"

多尔衮一席话，剑拔弩张的各方松弛了下来，这个结果是所有人都能接受的，也是所有人都只得接受的，在权力争夺的平行四边形中，两条边的两个不同方向的分力的结果，既不是这条边的力，也不是另一条边的力，而是对角线的力，这条力才是两个分力所产生的合力。多尔衮和豪格是两条边，而福临才是对角线。

在多尔衮与豪格等人剑拔弩张之际，最后的赢家，此时才五岁半的福临还在光屁股玩呢。此前福临在中国历史上只出现过两次：一次是福临的出生，《清世祖实录》记载顺治他妈孝庄怀孕时，身上有红光，裙子上有龙盘旋的形状，周围的侍女以为着火了，但是走到近处又看不见了。等到孝庄临生福临前夜，她梦见一个神仙把孩子给她，神仙说："这是一统天下的主人。"说完孝庄就醒了，第二天生下了福临。第二次是 1642 年皇太极出去打猎"圣躬违和"，皇太极因身体不适而无法拈弓搭箭，此时还不到五岁的福临却从父亲手里拿来弓箭，有模有样的射出一箭，一箭正中一只狍子。此事记载在《清太宗实录》，当然，如果跟有的"伟大国家"三岁就会开枪的伟人相比，福临还是差一些的。

随着福临被立为皇帝，一场宫廷危机就这样化解，一心盼着清廷内部发生大战的明朝只能眼巴巴看着清朝重新凝聚为合力。

一世枭雄皇太极也由此彻底退出历史舞台，皇太极死后的谥号为“应天兴国弘德彰武宽温仁圣睿孝敬敏昭定隆道显功文皇帝”。

《清太宗实录》评价皇太极“以神武之姿，恢弘之度，智勇由于天授，而雄略非常，仁爱周乎万物，而恩施弗倦”。他“任贤才以树纲纪，务耕织以崇民业，优赏赐以恤军功，重衡校以兴文治，而经邦立政规模远矣。尤孜孜以善养人为要务，招携怀远，筹及身家，降将俘民，均加鞠育，由是归附者日众而国势滋大。乃若讨伐喀尔喀、朝鲜、察哈尔，天戈所向，攻必克，战必胜，电扫风驰，莫之能御。至于明朝背弃盟誓，为我仇雠，构兵积衅，上尝亲行挞伐，直抵燕京，斩其将帅，破其城堡，取中原易如反掌，而重惜民命，不忍使之罹于锋镝，旋师而返。”皇太极死后一年，“顺治入关，戡平寇乱，统一区宇，诚由于积累者深而谋远也。”

《清史稿》曰：“皇太极内修政事，外勤讨伐，用兵如神，每战必胜，尽管没有一统天下，但顺治刚即位就一统中外，都是皇太极的谋略。明朝盗贼蜂起，皇太极知道可以拿下明朝，但不欲急战以剿民命，七次写信给明朝将帅，屈意求和，然而明朝自不量力，自亡其国，无足论也。”

金庸《袁崇焕评传》中说：“皇太极的智谋武略，实是中国历代帝皇中不可多见的人物，本身的才干见识，不在刘邦、刘秀、李世民、朱元璋之下。中国历史家大概因他是满清皇帝，由于种族偏见，向来没有给他以应得的极高评价。其实以他的知人善任、豁达大度、高瞻远瞩、明断果决，自唐太宗以后，中国历朝帝皇没有几个能及得上。”

第二十一章
狂人张献忠

中国历史上只有刘邦和朱元璋最终从社会最底层走上皇位，其他 99% 的农民起义者的结局不过四种。

一是在大事未成时默默无闻地死了，这是大多数起义者的结局。

二是虽一时称王，掀翻旧王朝，但战斗成果最终被贵族夺取，如王莽时的绿林赤眉起义，隋末瓦岗寨起义。

三是距一统天下只有几步之遥，却终因素质太差，抵御不住金钱美女的诱惑，意志崩溃，沉湎于酒色中，最终失败，如洪秀全、李自成。

四是只会攻城略地，四处流窜，一旦坐天下，反倒慌了手脚，不知如何是好，如黄巢、张献忠。

前文我们交代到张献忠攻陷襄阳后，就再也没提他，现在我们好好交代下他。崇祯十四年（1641 年）八月，明军左良玉、王允成将张献忠打得大败，张献忠逃出湖北，进入安徽，与“革里眼”等部联手。

张献忠打滁州不克，便抓来几百妇女，剥光衣服轮奸后砍下妇女脑壳，把妇女头朝下插在地上，赤条条的露出下身，对着城墙列阴门阵，结果城上守军用厕所里用来清除粪便的板子对着城下，以牙还牙，但还是许多守军不忍看城下，投降了，

随后张献忠杀尽守军。(《平寇志》)

在安徽，张献忠每到一地，便把村庄烧光，强迫青壮年入伙，他令部下拿刀一个个逼问，是想回家还是留下，如果这个人不识相，说想回家，那拿刀的人就说:“好，我送你回家。”一刀砍死。如愿留下，还要问有没有老婆孩子，如果没有，好，你“加入组织”了，如果有，就追问想不想她们，如果说想，那也一刀砍了。如果有人在入伙后逃跑，那么只要被抓回来，就要砍下鼻子或耳朵，以示惩罚。

1642 年张献忠克亳州、六合时，都将百姓男人砍断左臂，女人砍断右臂，并说：“这才叫男左女右嘛！”(《甲申朝事小纪》) 打下六合后张献忠进攻六安，在六安张献忠下令将所有人右手砍掉，因日常生活都用右手，于是有人伸左手，想留下右手，张献忠将这些伸出的手砍掉后逐一检查，发现有人被砍的是左手，于是他将还有右手的所有人的右手都砍掉。

拿下六安后，张献忠进攻庐州，他让数千年轻女人脱下衣服全裸对着城墙，如有不从则叫士兵用长矛刺死，城上守军不忍看，最终投降。张献忠入城后只是砍所有人胳膊，没打算杀人，但攻陷庐州一天后有人在城墙上发现许多火药，张献忠说：“这帮蛮子，给脸不要脸！”于是杀尽庐州人。(余端紫《张献忠陷庐州纪》)

张献忠在安徽杀得“掳掠焚杀之惨，古今未有之恶也！城社丘墟，蒿莱没人；十室无烟，磷火昼见。路断行人，狐兔之迹满道。”

1643 年张献忠离开安徽，攻入湖北。是年三月张献忠攻陷黄州、蕲州，他攻陷黄州后把年老、丑的女人放走，留下年轻漂亮的，强迫她们拆墙，这些女人手指被磨得鲜血直流，昏厥在城下，拆完墙后张献忠把这些女人全部杀死，尸体填进壕沟里，杀完后张献忠说：“天下事都是坏在女人上。”

在攻陷蕲州后张献忠杀掉了在此的熊文灿的家属几十口人。当年张献忠诈降时入熊文灿大营，只要熊文灿一声令下，他的脑袋就会搬家。然而此时张献忠恩将仇报，见其残暴本性。

攻陷黄州、蕲州后张献忠进攻麻城，打下麻城后张献忠把所有妇女的脚砍下来堆成山，随后他带小妾去参观，小妾说：“好看，只是美中不足，要再有一双秀美的小脚放在顶端就再好不过。”张献忠笑眯眯地说：“你的脚最秀美。”于是把小妾的脚砍下。

五月，张献忠打下武昌，他将武昌十五至二十岁的男人编入军队，随后下令将其余所有百姓砍断手足，挖掉鼻眼。此时他把汉阳门打开，百姓纷纷从此门逃跑，此门临江，数万百姓掉进江中，浮尸使水数月不能流动，人的脂肪在江上有几寸厚。一批百姓被淹死后张献忠将漂亮女人挑出编入“婆子营”，而后将剩下的人按他开始的命令将手足砍断，鼻眼挖掉，这些百姓痛不欲生，大哭，张献忠大怒，说：“索性给你们来个痛快的。”他将这些被残害的百姓全部杀死。(《明季稗史初编》)

在武昌的明朝藩王楚王朱华奎是个财迷，王府金银百万，一个子儿也舍不得拿出来募兵发饷。结果，武昌失陷后，张献忠看见楚王府的金银财宝，便说：“这朱老头真蠢，这么多钱舍不得用来招兵买马，放在这里等人抢！”于是，他说：“既然你如此爱财，就让你跟你的银子一起做鬼去吧！”他命人在朱华奎身上塞了数块银锭，然后扔入水中淹死。

张献忠在武昌称大西王，李自成得知后大怒，心说你张献忠这两下子居然敢称王，老子都还没称王呢，于是李自成让谋士写檄文讨伐张献忠，张献忠说：“李自成呀李自成，米脂县婊子养的市井无赖，这小子没啥本领，起来后连吃败仗，不是老子相救，早去鬼门关报道了（指李自成十八骑败走商洛后来谷城找自己）。老子资助他衣食鞍马，这小子成了气候，却妄自尊大传檄侮辱我！自古英雄无并立之势，老子如今带兵百万，战将千员，不但要当皇帝，还要生擒活捉这臭小子！”

攻陷武昌后张献忠西进，攻陷荆州。在荆州时，张献忠养了十几条金毛狗在自己住处附近，负责警戒。每条狗身高三尺，张献忠一声令下它们就能恶狠狠地扑向目标，将人咬得体无完肤，血肉横飞，张献忠见状就拍手大笑。有女人因为不愿被张献忠奸淫，张献忠就把她们的衣服扒下来，赤身裸体扔进狗窝中，顷刻被吃光。

在荆州他要妓女陪他睡，妓女琼枝说：“我虽贱，但岂能陪反贼？”张献忠用刀压着琼枝的脖子喝道：“你小婆娘敢不陪老子？”琼枝冷笑，“你不过就会杀人罢了，我不怕死！”张献忠将琼枝刀剐后把她的肉喂狗了。(《蜀碧》)

张献忠问妓女曼仙：“你怕吗？”曼仙刻意逢迎，说：“我的胆都要碎了。”张献忠：“这样看来你愿意陪咱老子了？”曼仙：“臣妾侍奉大王是三生有幸，还有什么不愿意？”张献忠从此每天奸淫曼仙，连续七八天不升帐，外面都被官军包围了。一个人来报战况，被张献忠割去耳朵，第二个人来报战况，被张献忠剜下眼睛，第三个人来报，张献忠说："蠢狗，你来败咱的兴吗？”将这个人割去舌头，第四个人来报，被张献忠一拳打碎牙齿，第五个人来报被张献忠割去鼻子，就这样半天工夫，二十多人遭残害。

一天张献忠的金毛狗突然全部七窍流血而死，张献忠好生郁闷，他见曼仙在独酌，说："美人真会作乐，不许咱喝两杯吗？”曼仙给他倒了一杯，张献忠见杯中有火光闪闪，不觉起疑心，说："美人可先饮半杯吗？”曼仙被张献忠一推，酒杯一倾，洒出溅在地上，火星四溅，张献忠大惊，"怎么有火？”曼仙："酒烫得过热了。"张献忠笑着说："你先喝了给咱看。"曼仙只好喝了，喝罢立即倒毙，张献忠大怒，"这贱婢想害死咱家，那天毒死咱的爱犬的一定是她！”随后他千刀万剐了曼仙，还不解气，把营中所有歌妓都杀光了，此时大将马端叙进账议事，也被气头上的张献忠一刀捅死。

攻陷荆州后张献忠要南下渡过洞庭湖作战，他每次作战前要占卜，结果连续三卦都是凶兆，张献忠把骰子扔到地上，大骂："老天爷，我日你妈妈毛屄的！”随后他率军渡过洞庭湖，突然狂风大作，张献忠有百余艘战船被掀翻，人被溺死，可偏偏张献忠还活着。他大怒，把抢来的妇女驱赶上还完好的近千艘船（小船，但假设每艘船五个女人，也有五千名女人），在船上放火，连船带人统统被烧死，大火绵延四十里，张献忠这才解心头之恨。

1644 年正月，张献忠率军向四川进攻，明朝时重庆属于四川，欧阳直《蜀警录》记载，此时的四川是这样的：

> 一服饰也，厌薄缟素，竞侈罗绮，僭制造奇，月异岁变。一宴集也，淡泊是鄙，丰厚相尚，邱糟林肉，海味山珍；一居处也，华堂绣户，卷羽飞云，园榭必花木盛植，池亭必鱼鸟备观；一烹宰也，只顾适口，不惜物命，刳剔极残虐，炮炙极怪极惨；一田土也，富者连田阡陌，贫者无立锥之地。甚之交易则利己损人，结处则口是心非，刁唆则唇枪舌剑，纵欲则贪刻奸淫，逞

奸则阴谋下石，见人得志则嫉妒横生，闻人不幸则幸灾乐祸。又甚至贪官污吏，学霸士绅，市棍土豪，猫鼠固结，鱼肉善良，倾人之家，破人之产，鬻人之子，骗人之财，坏人之功名，害人之性命，淫人之妻女，拆散人之婚姻。

总之，天下未乱蜀先乱，天下已平蜀难平，此时的四川张献忠还未杀进来，但是已经一切都是末世之相，只等待天煞星降临。

张献忠攻入四川打下的第一个城市是重庆的巫山，攻陷城池后屠城，据《巫山县志》记载，巫山“尸横遍野，江水皆赤，居民所遗无几”。

五月李自成被赶出北京后，向张献忠求救，张献忠说：“老李向来与咱老子意见相左，现在他的江山丢了，又来找咱老子帮忙，咱老子也没工夫管他这些闲事。”

六月，在打重庆时张献忠说：“重庆是川东重镇，老子要在四川称王称霸，弄烂顶个球用？先劝降！”结果他的劝降使者被杀，张献忠大怒，在城下摆阴门阵，让女人跳脱衣舞，但守军不为所动，于是张献忠使出撒手锏，他在棺材内装一千斤用铁皮包裹的炸药，然后把棺材放到重庆城门下，点燃导火索，一声巨响，重庆城门被轰开。

在打下重庆后，张献忠要杀明朝宗室瑞王，瑞王是个不好色、善待百姓的好王爷。当时本来天气晴朗，突然一声炸雷，张献忠大笑，“如果再打雷，我饶了你。”等了半天也不打雷，张献忠亲手砍下瑞王头颅，而后杀了重庆一万官吏。此时四川巡抚陈士奇也在重庆被俘，在杀四川巡抚陈士奇时又打雷了，陈士奇说：“逆贼横虐，天公震怒！”张献忠眼睛血红，指天大骂：“老子杀人，关天公屌事！”随后他令士兵朝老天爷开炮，结果天竟晴了。天晴后张献忠说：“天老爷也怕咱老子恶人，快把这个王八巡抚砍了！”于是陈士奇被砍头，最后张献忠将被俘的三万七千明军砍断胳膊，空地上堆满了三万条血淋淋的胳膊。《明季南略》记载了张献忠攻重庆的全过程，该书还写道，重庆“数百万（实为不足一百万）生灵无一逃者，砍手三十余万，血流有声”。

八月张献忠攻陷成都，城破时城内的蜀王投井，张献忠说：“这小子还算识趣，先行了断，捡了个便宜。但死了老子也不放过他，捞起来，戳他狗日的三个大窟窿，再抛到江中喂王八。”（顾山贞《蜀记》）

随后他进入宫中，看见了蜀王的四个美女，他拉着李丽华的手，对她说：“蜀王兔崽子算什么，从了我老张，咱老子封你当皇后。”李丽华：“你再这样，我宁可去死！”张献忠：“想死？没那么容易。”他一把将李丽华推到墙上，把她头上磕了个包，李丽华指着张献忠大骂：“贼子，你也不看看你那副样子，一肚子高粱屎拉完没有？癞蛤蟆想吃天鹅肉，也不撒泡尿照照镜子。”说完她紧跑两步，扑通一声跳进旁边的荷花池里自尽。张献忠看着一旁的三个美女说：“要死都给我死，荷花池没盖盖子。”美女严兰珍说：“妹妹，你等着我。”她纵身跳进荷花池。张献忠：“好，这两个贱妇死了也好喂鱼。”张献忠看着剩下的两个美女，美女齐飞鸾说：“你这个恶贼，我跟你拼了！”她拔下金钗刺向张献忠，张献忠抽出宝刀，从齐飞鸾左肩砍下，右胯砍出，齐飞鸾被砍成两截，香消玉殒。最后张献忠对许若琼说：“她们三个都看不起咱老子，你呢？”美女许若琼娇声说：“谢大王，臣妾敬大王一杯。”岂料许若琼趁张不备拿起盛酒的银瓶猛砸张献忠头部，张献忠瞬间拔刀在手，砍断许若琼右臂和左手，随后屋外卫士将一个美人剁成肉酱。张献忠大骂：“蜀中女人如此可恶！来人呀，把这蜀王府女人杀光。”（《蜀龟鉴》）

在打下成都时还有一个插曲，张邦申《锦里新编》记载一个身披狗皮的道士在张献忠进成都后跑到他马前，汪汪汪一阵乱叫，张献忠大怒：“还不快拿下杀了！”狗皮道士乱跑，众将射不中，张献忠：“老子来射这妖道！”他一箭射去，眼看要射中，道士却转身将箭镞抓住，反甩过来打在张献忠的战马上，战马猛然跃起，几乎把张献忠摔在地上，随后狗皮道士从小巷跑得无影无踪，张献忠不禁惊出一身汗。

成都沦陷后张献忠生擒四川巡抚刘之勃，刘之勃大骂张献忠，张献忠将其千刀万剐，还嘱咐刽子手慢慢割肉，增加疼痛，刘之勃说：“宁多剐我一刀，少杀一百姓。”张献忠说：“就冲你这话，我也要杀尽成都人。”

于是张献忠准备杀尽全城人民，临屠杀前天上出现一片云彩，张献忠以为祥瑞，便赦免成都百姓，但他下令不许擅自出入成都，城里人出城要有人担保，如果到期不回，先杀保人，再不回，将保人全家杀死，如果还不回来，就将出城的人的全家杀死。城外人要进城办事，要在左脸盖一个印，出城时如果印被汗水冲掉或擦得看不清，则立即斩首，一次赶上下雨，所有进城的人脸上的印被雨水冲掉，结果被杀数百人。

此时的成都，万户萧索的长夜，鸱鸮鬼火间，但见一盏盏惨淡的巨灯，呻吟着轧轧地转动，那灯的转轴好似绞肉机，无数头颅，残足断手，被匀匀地抡撒出来，形成血光圆环，显出一种说不出的恐怖与诡异。

十一月十六日，张献忠在成都称帝，国号大西，登基大典时，他坐在车上，不耐烦了，说："老子觉得你抬菩萨巡街了，又像新媳妇过门，娘的，简直活受罪！"

张献忠封孙可望为平东将军，李定国为安西将军，刘文秀为抚南将军，艾能奇为定北将军。

称帝后张献忠拆了成都的回澜塔，在拆塔时发现一块碑，上书："修塔于一龙，拆塔张献忠。岁逢甲乙丙，此地血流红。吹箫不用竹，一箭贯当胸。炎兴元年诸葛亮记。"张献忠说："诸葛亮早就料到咱老子拆塔？娘的果然就神了。后面几句什么意思？"李定国答："岁逢甲乙丙，此地血流红，今年甲申，大概指成都这几年战火，我们攻城就是'此地血流红'，至于'一箭贯当胸'……"张献忠："一箭贯当胸不是好话。"（《蜀龟鉴》）

《绥寇纪略》记载，一天，张献忠到成都大慈寺去烧香，不料被高高的门槛绊了一下，差一点摔倒。他被人扶起来后，立即大怒，下令把寺里的和尚全部杀了。于是，他的众手下立即拔出刀剑，把全寺的和尚杀了个精光。杀完大慈寺里的和尚，还没有彻底解除张献忠的心头之气，他又下令把成都周边寺庙里的和尚全部杀了。于是，他的军队就开进成都周边的所有寺庙，大开杀戒。一时间，这些寺庙里血流如注，杀声震天，众多寺庙被化为灰烬。在这次血洗中，共屠杀僧人两千多人，几乎是无一漏网。成都人多年的佛教信仰，被张献忠的一怒，屠杀得荡然无存。

从此，张献忠开始了在四川的全方位暴行。张献忠好男色，他有个叫"二孩子"的男童供他猥亵。后来他想在二孩子身上烙出万字旗似的花纹，结果工匠在烙印时把二孩子烫死了，张献忠大怒，把工匠扔进火炉中烧死，二孩子是张献忠部下温自让的孩子，后来正是温自让投奔清军，告诉了清军张献忠所在地，将张献忠送上不归路。

张献忠打造两个铜人，遍体有穴道，他让医生按穴道下针，针扎中穴道就能扎进去，针扎的不是穴道就扎不透，然后张献忠就把针用来扎医生，把医生扎得浑身是血，张献忠大笑，说："这是给铜人出气。"

张献忠在部队设军妓，他说："手下将士血盆里抓饭，活一天算一天，缺了娘们快活，当兵的岂不跑得精光？"

崇祯十七年（1644年）十二月八日张献忠在九眼桥杀人，天空响起大雷，张献忠指天空大骂："老天爷，是你放我下界杀人，今天又打雷吓唬我吗？来人哪，给老子向老天爷开炮！"（《蜀碧》）

已经自立为帝的张献忠不时回忆起自己的童年，他说："咱老子小时跟乞丐头徐大去偷邻居家的母鸡，被人撞见，骂我长大必当恶贼，那时老子就说当恶贼也算干一番事业，到那时你这一带人也像母鸡一样被老子杀，众人大骂老子心黑，哈哈哈，老子长大后在众人眼里头更加阴谋无赖了。"

甲申年就这样在血腥中走到了尽头。1645年，张献忠继续在四川全省实行近乎灭绝人种式的屠杀，张献忠的屠杀分为以下几类：

1. 对知识分子的屠杀。

1645年年初，张献忠对成都的知识分子说："你等如能书写满幅大的'帅'字，又一笔写成，可免死。"一人写成后，张献忠说："你如此有才，他日图我者，必定就是你小子了。来人，拉出去砍了祭旗。"（《蜀碧》）

张献忠在1645年二月的一天张献忠问手下的读书人："二月新春，按旧俗要迎春神，你说咱老子从哪个门出发？"江景镇答："出东门。"张献忠问："你这个'出东门'出自啥子书？"江景镇答："《大明会典》。"张献忠骂："去你娘的个屌！你小子还晓得有大明？来人，拖下去打一百军棍。"江被打晕，他的学生何光说："我老师年老体弱，让我代老师受罚吧。"张献忠冷笑，"你兔崽子算个尊师的好学生，来人，拖下去打五十军棍。"随后他说："老子国号大西，他偏要老子出东门，这狗头分明不愿老子大西国长久。明天将江家与何家五十口，两家面对面杀光，好让这对师徒去阎王爷那团圆。"（顾山贞《蜀记》）

张献忠先后数次对读书人开刀，第一次，他找来书生们，然后把长绳抬到离地四尺高（1.36米），说："身高过绳的就杀。"结果杀了两万人，仅两名幼童幸免。

第二次，一天文庙着火，张献忠说:“难道孔圣人怨恨老子杀读书人吗？都杀光！都杀光！”(《荒书》)

第三次，张献忠搞了一次科考，当许多学生交卷时一声炮响，伏兵四起，冲入考场，杀尽考生，有的握笔而死，有的头被砍碎，肩膀被砍断而死，有的大腿折断，腹破肠出而死。武考时他把未驯服的一千匹马给考生骑，考生刚上马，他下令开炮，擂鼓，马受惊狂奔，考生栽下来后被踩成肉泥。(《蜀碧》)

第四次，张献忠叫来许多儒生，让他们从东门进入，每个人发一个元宝，让他们把元宝顶在头上，儒生头顶元宝从西门出，张献忠埋伏刀斧手在西门，每出来一个杀一个，砍掉儒生的人头后，把元宝收回来，张献忠对着地上的人头笑着说：“你现在是在卖你的人头，杀了你元宝还是我的。”(《蜀龟鉴》)

张献忠开科取士，一个状元叫张大受，长得帅，张献忠赐此人金币，五天后张献忠说：“这驴养的，老子爱他爱得紧，一见他就满心欢喜，咱老子又有些怕他，万一他日后生异心，岂不害了老子？来人，你们把他全家杀了。”张大受全家被害。(《蜀龟鉴》)张献忠还将这次与张大受一起参加考试的考生带来的女性家属都送到青楼当妓女，不久张献忠又将这些女人杀尽。张献忠还喜欢另一个县姓张的状元，他说:“我很爱这状元，一刻也舍不得他，不如杀了他，免得想他。”于是他把这个状元又杀了。

《纪事略》记载，张献忠开科取士，一个叫龚济民的书生，在文章中写张献忠的品德超过尧舜，武功盖过汤武，张献忠看了心花怒放，还说：“这小子叫龚济民，好名字，是济世安民的好兆头，状元就他了！”有一个叫熊炳的，中了探花（第三），他在文章中好心好意劝张献忠不要局限在蜀中，不要做井底之蛙，要放眼全国，富有四海。张献忠说：“这是讽刺老子！”随后张献忠把熊炳凌迟处死，把他家的女眷都发配到妓院当妓女。

一天，张献忠手下的一个读书人给他讲治国平天下的道理，他听后，觉得很好，认为手下特别有智慧有思想，他一时兴起，就问:“你的肚子里咋就装了那么多学问？”手下得到他的表扬，正在得意，没想到张献忠却大吼一声：“来人！把他的肚子剖开，我要看看里面的学问是个啥模样！”就这样，这个手下的肚子被剖开了。张献忠在手下的肚子里翻来覆去地看，最后说：“只有一堆臭不可闻的乱肠子，没有学问嘛！”

经过数次清洗，张献忠几乎把四川的读书人杀绝。

2. 对普通百姓的屠杀。

张献忠令部下以杀人多少记功，后来杀人多得数不清，张献忠下令以砍下的手掌堆成几堆，砍下的人头堆成几堆，砍下的耳鼻堆成几堆来记功。《蜀警录》记载成都“手掌如山积，几于假山千峰万叠”。

张献忠翻脸比翻书还快，他过新都时，百姓在道旁迎接，他大喜，每人赏一个元宝，他第二次来新都时百姓又来迎接，他说：“还想要老子的元宝吗？”随后折断道旁树枝打百姓，而后杀尽新都百姓。（汤毓良《张献忠在绵州》）

一次，张献忠将许多百姓绑在地上，活生生剥开肚皮，装进米豆，牵来一群战马去嚼食，人不是疼死就是被马咬死。他还有一次将活人的血和米麦熬成粥，来喂马和驴，并说：“这样战马才能如虎狼吃人般冲锋陷阵。”

《圣教入川记》记载，一天张献忠眉头一皱，杀心便起，将二十万人民招来屠杀，一个百姓说：“大王万岁，我等是大王之民，我等是你的百姓，我等未犯王法，何故杀无辜百姓？我等没有武器，既不是兵，也不是敌，都是守法良民，请大王饶命，赦免我们这些无辜小民。”张献忠说：“你们私通敌人（没有的事），就该死！”随后他骑马进入人群，踩踏百姓，高声吼叫：“该死该杀的叛贼，去死吧！”随后张献忠下令杀死这二十万人民。

意大利传教士卫匡国《鞑靼战纪》记载，“他（张献忠）有一个刑吏，此人十分残酷，最得他宠信。刑吏病亡，他就把治病的医师杀掉，但还不满足，又拿一百多个行医者的生命向死者之灵献祭。”

3. 对大臣的屠杀。

顺治二年（1645 年）二月，张献忠已然称帝三个月了，他说：“老子当皇帝三个月，称孤道寡扭扭捏捏，你等像供奉菩萨那样三跪九叩，老子实在难受。老子岂不晓得，你等嘴里喊老子万岁，肚子里难道没人咒骂老子的八辈祖宗？老子命令今后圣旨只准用口语写。其实老子也读过几年书，但老子最讨厌读书人的陈词滥调，让老子听

了心头发慌。”（叶梦珠《续编绥寇纪略》）

《明季南略》记载，张献忠在给部下的圣旨里写道：“奉天承运皇帝诏曰：咱老子叫你不要往汉中去，你强要往汉中去，如今果然折了许多兵马，驴球子，肏你妈妈的屄，钦哉。”

张献忠上朝时常取下皇冠，顶在臭脚上高高翘起，有时让人把太监帽子歪戴在自己脑壳上，然后哈哈大笑。（《蜀碧》）

张献忠一次把自己的皇冠扔在地上，踩烂了，旁人面面相觑，谁也不敢上前，之后张献忠把侍卫的帽子夺过来戴在头上大笑，说：“他娘的，老子还是戴这个好。”

一次一个文官在上朝时打呵欠，张献忠问怎么了，文官说抽烟太多，精神疲惫，张献忠说：“好，让你清醒一下。”一刀把他捅死。

一天上朝时张献忠让百官在下面跪着，他让狗也上朝，狗闻哪个大臣就把哪个大臣斩首，他把这种杀人方式称作“天杀”。在粮食不足时，他就把自己的士兵千刀万剐后腌肉以充军粮。他曾把自己部下三万人押入木城，然后用枪炮轰击自己的部下，死了一半人后他派兵冲入砍杀，躲过这一拨的则被推入江中。（欧阳直《蜀警录》）

一次孙可望凯旋，张献忠部下的文官去出迎，张献忠得知后问这是为什么，文官答这是明朝旧制，张献忠大怒，杀大西朝全部文官三百人。有人问文官杀尽还有谁给他服务，张献忠反问说：“文官还怕没人做吗？”（《蜀龟鉴》）

张献忠大西政权先后有大臣九百人，被他杀得仅剩二十五人，这些大臣有的被砍死，有的被鞭子打死，有的头皮被揭下，有的被凌迟，张献忠又破了个纪录，那就是在位期间大臣死亡率最高。

4. 对自己军队的屠杀。

一次张献忠问部下：“你等还剩多少人马？”孙可望答：“我部五六万。”李定国答：“我部六七万。”张献忠大怒：“老子用那么多人马干啥？只需三千人老子就可横行天下，传我命令，每个头目每天必须杀十几人。”在他的军营中，一人犯法，便将全营人杀光。（《圣教入川记》）《明季南略》记载，张献忠每天去巡营，看见哪一营队伍不整、旗帜参差、器具不备，就把这个营所有人杀尽。

张献忠的部下并不都像他那样，他的义子孙可望在私下说："我们起兵是为百姓，现在这样杀人是使事业付之东流，难道不可惜？父王（张献忠）的举动真是不可思议，父王是百姓之首，如今肢体都断了，首级安能独存？有王无民，何以为国？"

一个叫飞山虎的人抓了一个十三岁的孩子，不忍杀他，被张献忠得知，张献忠割断飞山虎的舌头，敲碎门牙，剜下双目，剖腹取出心肝。他杀人太多，以至他的许多部下不忍杀人，又不敢抗命，结果自杀于道旁。

张献忠到处放火，见尺寸枯木未成灰烬，他就将放火士兵剥皮，就这样他杀了两万自己的士兵。（《蜀记》）

"有一次他赏赐一名士兵一匹绸子，士兵向同伴抱怨绸子质量太差，被一个密探偷听到，密探把偷听到的话向他报告，他当时下令把这名士兵及全队两千人杀光。"（《鞑靼战纪》）

张献忠在四川期间曾派兵十八万北伐汉中，久攻不下，有四万士兵倒戈，最终汉中也未能攻下。撤军后，张献忠大怒，下令将另外十四万士兵全部屠杀，屠杀持续了四天。这十八万士兵都是四川人，"其间他命令把许多人的皮剥下来，塞进稻草，缝上头，命人大张旗鼓地送往他们的出生地，以使居民的心更感恐惧。"（《鞑靼战纪》）

5. 对家人、朋友、妃子的屠杀。

《蜀破镜》记载，有一天他喊自己的幼子，幼子没答应，他就杀了幼子，第二天后悔了，他责问妻妾为何不阻止他，于是将妻妾杀尽，并将杀幼子的刽子手砍死。

张献忠灭绝人性，无论亲疏。他曾召自己的老乡来王府痛饮，酒足饭饱后，友人们告退，张献忠笑嘻嘻地赠给每个人金银，目送老朋友们离去。张献忠事先伏甲士于路，把自己的老乡们尽数斩杀，再拿回所赠金银。接着，兵士们把张献忠老乡的首级盛于锦匣内洗净送回。有时张献忠独饮不乐，喊一声："唤好友来！"士兵们立刻把冰镇的人头摆放于巨大的宴桌上（此类事中国历史上除张献忠外十六国石虎也干过）。张献忠本人持盏酌劝，亲切热情如对活人，并名之为"聚首欢宴"。（《蜀龟鉴》）

张献忠立一陈姓女子当皇后，陈氏厌恶他，他说："摆你娘的千金臭样！来人哪，把这臭婆娘拖出去勒死，连她那屌爸爸一家通通杀光。”（《蜀碧》）这是陈皇后的一种死法，还有的书记载陈皇后的另一种死法。

一次张献忠打了败仗回宫，他的胡子被烧得只剩几根了，非常滑稽，宫女宛儿看见了，掩面一笑。张献忠大怒，“你个小婊子，老子打了败仗，连你也看不起咱老子吗？”于是一刀将宛儿捅死。张献忠持刀入宫，陈皇后说：“皇上，你怎么刀上有血？”“老子把你的宛儿杀了。”皇后问：“你怎么随便杀人，宛儿犯了什么罪？”张献忠：“你这个臭婆娘，咱老子在你心中还比不了你的宛儿，一起去死吧！”张献忠将手中滴血的宝刀抡圆了从陈皇后的左肩砍中，右胯砍出，陈皇后的身子像被风吹折的残柳，鲜血喷涌而出。旁边两个宫女赶紧跪下，连呼：“皇上饶命！”张献忠：“你们去死吧！”接连飞起两脚，一脚一个将她们踢进旁边的荷花池淹死。

6. 张献忠在攻略四川各城池时的暴行。

张献忠打绵州时对官员富绅先勒令交银子，然后用锅将银子熬成水，从这些人口中灌入烫死。（《绵阳县志》）他在绵州屠杀时，有诗为证：“一时天悲地并惨，万家街巷流血满。平原荒草俱销魂，夜夜青磷千万点。”

张献忠攻入简州，把所有百姓驱赶到城墙附近，离他的兵近的就被乱棍打死，靠近城墙的人更惨，张献忠下令将城墙推倒，把靠近城墙的百姓全部压死。

张献忠攻保宁，见一黑色巨人坐在城上，脚浸泡在江水中，很恐惧，他询问后得知黑色巨人是张飞的神灵，于是面对空中祭拜，保宁竟因此得以保全。

保宁的保全还有另一种说法，《绥寇纪略》记载张献忠要屠城，一个和尚来劝他，张献忠拿出狗肉和猪肉，说：“只要你吃肉我就封刀。”和尚：“老僧救百万生灵，何惜如来一戒？”于是把肉吃完，保宁人得以保全。

张献忠打通江时，所部假扮明军，欲骗开城门，路上抓一儿童带路，儿童不知他们不是明军，张献忠说：“不准说我们假扮官兵。”儿童明白了，他答应了，到城下，他大喊：“贼来了！”他被一刀砍死，城破后张献忠尽杀人民。（《蜀碧》）

张献忠打长安坪时，守军退至山洞，他说：“出来投降吧，让你当官。”洞内人知道张献忠是个什么东西，无人投降，张献忠于是烧山洞，三千人被烧死。

7. 张献忠屠刀下的幸存者。

张献忠杀人如麻，但却从来不杀外国人，一天他对传教士安文思说："你们不是说啥子要传播天主福音吗？老子杀那些人实际就是让他们不受世上万般痛苦，是解救他们，老子虽然杀了他们，实际上是爱他们呀，中国老百姓太多，又狡猾狠坏，所以老天爷让咱老张下界杀人，咱还常惭愧力所不及杀人太少呢！我愿上天降灾殃，让中国人他娘的都死光算啦！"（沈荀蔚《蜀难叙略》）他还说："四川人之罪好比咱老张的头发，数不胜数，故老天爷震怒，派老子下凡，以惩罚四川人。"（《圣教入川记》）张献忠多少次要杀传教士，但都没杀，他对安文思说："我饶了你的命，因为你是外国人，你要是此地人一定把你千刀万剐。"

张献忠一次说："为啥中国人都说天圆地方？"

利雷斯："地球是圆的。"

张献忠："你说地球是圆的咱也有些相信，但我们中国说地球是方的，这个更好，中国在中央，四方为外国，所以才叫中国，才坚定不移，咱老张的江山也要有八百年之久！老子有许多名言，说一句你听听：高山有青松，黄花生谷中。一日冰雪下，黄花不如松。你应把咱的话翻译成外文，尽快寄到欧洲，让西方人先睹为快，以传播咱老张的英明智慧，老子再花两年时间平定中国后就送你们回欧洲。"

利雷斯："我们 1641 年到四川传教，已经五年，对四川已有感情，恳请老万岁对四川人民宽厚些。"

张献忠："四川人不知天命，被天抛弃，老天爷知四川人性恶，才把孔夫子降生到山东，山东人爱圣人，尊圣道，四川人不这样，所以老天爷降灾殃惩罚四川人。如今老天爷派我为天子剿灭四川人，惩罚他们违天之罪！"

由于张献忠讨厌明朝，且和李自成的大顺朝反目，所以凡说明、顺二字被听见的都要十家连坐杀光。百姓张成恩被绑，说："我没说啥，就说些张家长李家短。"张献忠哈哈大笑，"说咱老张家长，李自成李家短，果然是咱老张的顺民，来人，赏银十两，放他回家见他婆娘去吧！"（《滟预囊》）张献忠一次要杀一个人，此人说："小人姓张，大王也姓张，奈何自残同姓？"张献忠竟然放了他。（《蜀龟鉴》）

当然，幸存者只是极少数，绝大多数四川人都沦为张献忠的刀下之鬼，当然，张献忠并非彻底的唯物主义者，张献忠杀人太多，他自己都有些心虚，他说："宫中阴气太重，耗子太多，卫兵必须每天交一只死耗子，否则把他脑壳换成耗子。"

张献忠杀人太多，每天喝酒，总出现幻觉，一天他仿佛看见空中千百只手来夺自己的食物，他一抹眼，又什么都没有了。(《蜀难叙略》)

1646 年元旦的时候张献忠接受群臣朝见，他仿佛听到身后都是哭声，他一回头看，见都是无头鬼。他在正殿坐着坐着就看见一个白衣大人，他拿出弓箭射杀之，但怎么也射不中，自己却头晕目眩。(《蜀龟鉴》) 杀人太多的恶魔都心虚，此言不假。

一天，张献忠要来拜佛赎罪，可是到了寺庙佛塔前，张献忠却说："和尚说救人一命胜造七级浮屠，咱老张杀了那么多人，这佛塔对老子不利，来人哪，用大炮轰塔。"(《蜀难叙略》)

在四川的最后阶段张献忠常趁人多时从怀中拿出一个黑皮小册子，跟阎王生死簿似的，还说："天教我杀，我岂能不杀？"他还说："皇帝真是难做，我手中有金银数万，驴马千头，实在不行的话可以去南京做生意。"有人问："如果这样的话，我军可以解散，何必杀那么多人？"张献忠："我脸上有刀痕，不把四川人杀掉，怕日后有人认出我。"(《明季南略》)

此时张献忠只剩下残暴，一点都不会打仗了，官军贺珍曾拿三千人击败过他三万人。(李馥荣《滟预囊》)

张献忠说："老子来四川两年了，蜀人一不感老子恩德，二不怕老子杀人，老子到底该怎么办呢？说啥杀人不行？只有靠杀人平息反叛，弄烂就弄烂，四川人杀光，老子带你们回关中去，夺西安，另外建国以图大事。"(《纪事略》)

他还说："老子如今心灰意冷，也不想一统天下了，只有把四川人杀尽，他们才不闹什么起义。"(李馥荣《滟预囊》)

此时，四川人民纷纷反抗，大西国"宰相"汪兆龄劝张献忠："皇上您血战终得蜀地。但蜀人不怀德，不畏威，屡抚屡叛，是蜀人负皇上，非皇上负蜀人。如今您放弃四川去陕西的话，说不定会有人趁机据蜀为王，不如将成都人尽数杀尽，四道州县之人，另行分剿屠灭，而宫殿房屋，可效仿楚人一炬（项羽烧阿房宫），使千里蜀地成为废墟。空地难留，可使后来据蜀地者，有土无人，势难久留。皇上您收复中原后，先在长安正位，然后再驱他省人民入蜀，以实户口，如此，不劳而获，大功易收。”

一席话，当时说得张献忠哈哈大笑：“四川反兵逼迫成都，是因为四川人还未杀尽吗？老子既然占了四川，如果又失去，不如就干脆毁灭它，不留丝毫给他人。”（《蜀碧》）

他为什么那么恨四川人呢？《蜀碧》的记载给出了答案，他小时和他爸来四川贩枣，把驴系在富绅门口，驴粪弄脏了富绅家的白柱子，富绅用鞭子打张献忠他爸，并让他用手把驴粪清理了，张献忠说：“我再来时要尽杀尔等，方解我心头之恨！”

此外据张献忠自己说：“老子第一次到四川，在野外拉屎，随手扯一把野草擦屁股，结果扯了荨麻草，一擦，老子屁股又疼又痛还长泡，疼得哇哇叫。四川野草都这么凶，四川人更可恶了。”这也是他在四川暴行的原因之一。

鲁迅这样说张献忠，“他最初并不很杀人，他何尝不想做皇帝？但是李自成先进北京，做了皇帝，他便要破坏李自成的帝位，怎样破坏呢？做皇帝必须有百姓，他杀尽了百姓，皇帝也就谁都做不成了。”“到后来只剩了没落这条路，于是就开始杀杀杀，他分明感到，天下已没有自己的东西，现在是在毁别人的东西了，这和有些末代风流皇帝在死前烧了祖宗或自己搜集的宝贝的心情完全一样。”（《华盖集续编·记谈话》）

明亡清兴之际在中国的意大利传教士卫匡国在《鞑靼战纪》中记载：“它不外是大量可怖的暴行，我甚至不怀疑，最温和的读者会把这个人看成是恐怖野兽，而不是人类，或者，如找不到更可恶的名字，那就名之曰披着人皮的魔鬼。这个野熊一样的怪物（张献忠）窜到各省，带来了抢劫、死亡、烈火、屠刀和其他难以想象的悲剧，他想毁灭一切，这样就没有人与他为敌，不留下一个活人，以免他们反抗。他在四川称王，把那里变成了屠宰场。”

2002 年，成都新南门修路时发现了万人坑，经专家考证，这就是张献忠的罪证，看来铁证如山呀！

张献忠在清军临攻入成都前，说：“我也是个英雄，不可让儿子被人生擒。”张献忠将自己住的成都蜀王府焚毁，只剩两个五代十国留下的盘龙石柱因为是石质而不能被毁，张献忠大怒，用纱裹石柱数十层，用油浸泡纱三日，之后一把火就把石柱烧断了。他在撤出成都时杀死男女数十万，制成腌肉以作军粮。张献忠怕部下因为女人而分心，便对他们发表自己在四川的最后一次讲话，他说："等我赶走了鞑靼人，我要依靠你们夺取天下。我希望你们比以往更行动迅速……现在还有个妨碍我们征伐大业的包袱，那就是你们的老婆。现在是除掉她们的时候了，如果我们取得全国，那少不了有美女。我是皇上，应有特权，使我这皇帝与你们不同，但我甘心这样做，给你们做出一个首领的示范。"说罢，张献忠把自己的三百个妃子除留下二十个外，当场斩杀二百八十个。而后张献忠下令杀尽军中妇女，已经结为夫妇的夫妻在一起抱头痛哭诀别后，妻子被杀死。张献忠下令将四川的所有牛和狗都杀死，"意谓无为后人遗种"。

张献忠下令任何军人不得私藏金银，私藏金银一两者斩杀，十两者剥皮，只要是把财宝藏在地窖或井内的，一旦发现，一营连坐全杀。于是没有一个士兵敢私藏金银，张献忠把这些金银收缴上来后，他要干什么呢？他的做法是让任何人都想不到的，他把收缴上来的金银和入川以来搜刮的数以亿万计的财宝全埋在锦江边深数丈之地，而后引锦江水淹没藏宝之地，他说："我没有享受的永远不要被后人拥有！"最后他下令将埋宝藏的所有工匠全部处死。当清军进入成都时只见成都都是残垣断壁，树木丛杂，走兽野犬游走其间，两万口井竟被尸体填平……（张献忠在成都最后的疯狂见《蜀龟鉴》）

张献忠离开成都后行至顺庆，忽然下令，尽杀军中四川籍士兵十余万人，全都活埋，仅有都督刘世忠一营闻讯先逃。他自川北遁去，投降清军。

最终，顺治三年十二月十一日（1647 年 1 月 2 日），张献忠在与清军对阵时，他瞄准清军左侧一将射箭，清军右侧一将瞄准他射箭，两声箭响，二人同时倒地，张献忠结束了自己恶贯满盈的一生。（查继佐《罪惟录》）他果然"一箭贯当胸"了。关于他的死还有多种说法，如王夫之《永历实录》说张献忠兵败自刎死，《明史纪事本末》说张献忠病死，《蜀碧》说雅布兰一箭射中张献忠的喉咙，将其射死。蔡东藩《清史演义》说张献忠被清军大将雅布兰一箭射中额头，翻身落马，清军一阵乱刀将他剁成肉酱。《蜀龟鉴》说雅布兰一箭射中张献忠左胸，张献忠拔出箭来，未及反抗，被清军生擒后斩杀。《明史》说张献忠在大雾时行军，因为看不清，结果走着走着跟清军撞一块了，清军乱箭齐发，射中张献忠，张献忠栽下来后躲进柴堆里，随后被清军搜出，斩首。张献忠究竟是怎么死的已无法考证，但这几种说法我更喜欢蔡东藩的说法，您呢？

《蜀碧》记载张献忠死后尸体被剁成肉酱，剖腹后发现张献忠的心是黑色的，很扁，他的人头被传到成都，在张献忠屠刀下残存的人民"竞持其首掷荡削割，践踏污秽，无所不至"。张献忠的骨头被埋起来，不久张献忠葬地毒草丛生，只要碰一下就会身上长大疮，而且埋葬张献忠的山经常有黑虎出没吃人，时人称张献忠余毒仍存。

一句话：张献忠在四川除了好事什么都干，除了脸什么都要。

张献忠在四川共杀人五百万。他死后四川"百万军民流血漂杵，骨山血海"，"千里无烟，荒如大漠。"《蜀碧》说，张献忠杀得四川"男尽矣，及妇女；民尽矣，及僧道；人尽矣，及犬马；物尽矣，及兵卒。又焚其殿，碎其砌，毁其屋，湮其井，平其城。"《明史》记载："张献忠之乱后狗吃人肉就像虎豹猛兽似的，将人咬死后往往弃之而去，因为吃的人肉太多了，吃腻了。人民为躲避张献忠之乱逃到深山中，以树木为食，时间长了浑身长满毛发。"《滟预囊》记载四川"尸骸遍野，荆棘寒途，昔之亭台楼阁，今之狐兔蓬蒿也；昔之衣冠文物，今之瓦砾鸟鼠也；昔之桑麻禾黍，今之荒烟蔓草也。山河如故，景物顿非，里党故旧，百存一二，握手惊疑，宛如再世！"

由于张献忠几乎把四川人杀绝，《蜀龟鉴》记载，四川许多城市"城中杂树成林"，到处有疯狗吃人，疯狗都是得了狂犬病的，咬了人后人立马就死，一条疯狗叫后，上千疯狗循声而来，用利刃都杀不退它们，没有多人手拿兵器的话都不敢出门。

大灾之后必有大的瘟疫，四川在张献忠之乱后有三种瘟疫，一种叫大头瘟，病人头肿胀大如斗；一种叫马眼瘟，病人眼睛像马一样大，要瞪出来；还有一种叫马蹄瘟，得病的人从膝盖到脚踝都肿起来，像马蹄一样。这三种病都是不治之症，得病者立死。有一个道士说马蹄瘟能治，用木桶盛放小便，用小便泡脚数次就能治病，结果这招还真管用，许多人因此病好了。(《蜀龟鉴》)

《蜀龟鉴》记载，大的瘟疫之后是更大的饥荒，四川赤地千里，一斗米要二十两金子，鸡和小猪毛还没长齐就值钱数金。有的人饿得不行倒在地上，还没死就被人砍杀吃了。有的人因为争抢死人肉而打架，一人被打死后众人分食其肉。“父子、兄弟、夫妻、叔侄，转相贼杀以为食”。久而久之，刚死的人都被吃光了，于是成都千里内的坟墓都被刨开，开始吃死人肉。

《蜀警录》记载，作者欧阳直本人因为没有粮食，饿得不行，忽然听一个小孩喊让大家过来吃牛肉，自己过去一看，里面有人头。“有腌人肉数方，状如腊羊”。一次欧阳直遇到十几个饥民，饥民见欧阳直这边人多，于是不敢过来，他们狂呼说：“你们这些人不会都活下来的，留下两三个人给我们吃了吧！”

彭遵泗《蜀碧》记载，一个人看到一个茅屋炊烟四起，便进去看锅，一看，里面都是人的手掌腿足。

四川人烟几乎灭绝，于是到处都是老虎，《蜀警录》记载“或一二十成群，或七八只同路，逾墙上屋，浮水登船爬楼。此皆古所未闻，人所不信者”。“见沙际群虎如牧羊，皆大而且多。过泸州舟中，见岸上虎数十，逍遥江边，鱼贯而行前。”

大屠杀、大瘟疫、大饥荒、大老虎后，四川几乎没人了，清廷对于四川也作为化外之地，压根儿不管了，直到张献忠之乱结束三十八年后，《清史稿·列传六一·王骘传》记载，四川松威道王骘在康熙二十四年（1685 年）给康熙的奏折中说四川（含重庆）“计通省户口，仍不过一万八千余丁，不及他省一县之众”，康熙于是下令湖广填四川，把湖北湖南人向四川移民，康熙下令来四川的人，最初五年不用交税。到如今四川（含重庆）人口已经达到一亿一千万人了，短短三百多年时间，人口涨了六千倍。当然，王骘的数字肯定不准，四川蜀道之难，许多地方的人口是没法统计的，但人口的大规模繁衍也确是事实。

康熙也很好奇四川究竟为何人口如此之少，《陶庐杂录》记载康熙曾说：“张献忠在四川杀戮甚惨，四川人有写这些事的书吗？”大学士张鹏镉说：“没有。”康熙：“李自成张献忠在河南邓州分兵后张献忠进军至四川，你爸今年八十七岁了，张献忠入川的时候应该十七八岁，肯定有见闻，你问明后写下来上奏，朕要看。”

在张献忠屠川期间，整个四川只有秦良玉的辖区石柱和黎州免于涂炭，秦良玉是咱们前面写己巳之变时提到过的美女军事家，她一直与张献忠做坚决抗争。张献忠覆灭后，她继续抗清，被南明朝廷封为太子太保、忠贞侯，她刚要起身率军去福建抗清，奈何郑芝龙叛变，未成行。1648 年秦良玉被南明永历帝封为太子太傅，四川招讨使，秦良玉说道："老妇我朽骨余生，实先皇（崇祯）恩赐，定当负弩前驱，以报皇恩！"然而，她还没来得及出发，就去世了，她是后人心目中的女英雄。四川要是能多一些秦良玉，何至于有如此兵祸？！

西欧从公元 8 世纪起，才有关于农民起义的记载，到公元 16 世纪为止，这八百年间，西欧总共发生了七次农民起义。并且，西欧的几十个国家和王朝没有一个是被农民起义推翻的。再看中国，明朝农民起义最少的朱元璋、朱棣时期，五十六年间就爆发了一百零三次起义（据《明太祖实录》《明成祖实录》统计），中西反差如此之大！

在中国，每隔一二百年，社会经济发展导致人口激增，人口激增导致人多地少，人多地少导致一部分农民无法生存，而如果在这个时候爆发水灾旱灾，而官府却一味压榨农民的话，农民中的一部分人会因活不下去，最终铤而走险，这就有了农民起义。

中国老百姓是世界最温顺、最好统治的百姓，不到生路全无，绝不会铤而走险。一旦铤而走险，他们就会把长期以来压抑的天性像火山一样爆发出来，如此，他们的破坏力便不可估量了。

统治阶级兼并土地的贪欲，惨无人道的剥削，骄奢淫逸的享乐，将人民逼上绝路。而人民一旦铤而走险，就会出现大量杀戮，而他们杀戮时外族往往会乘虚而入，最终导致王朝覆灭。最后，就像《红楼梦》说的那样，"白茫茫大地一片干净。"

历史在杀戮中后退，在杀戮中前行。历史和人在某种理性造成的非理性的杀戮中寻找着理性。在视人如蝼蚁的杀戮中，中国没有人。有的，只是凄惨而悲凉的历史的回声。

其实，张献忠这样的没文化的底层人物才是最容易成为杀人魔王的，而真正的上层人士，受过良好教育的人很少有做出如此为人类不齿的事的。

每个人的灵魂最隐私处总是存在善与恶的碰撞，善大于恶，那么就是个正常人（不一定是好人，好人需要善远大于恶）。善只要小于恶，犯浑基因必定像癌细胞那样蔓延，一个人恶看不出什么来，如果这个人成了声震一方的“起义领袖”，那么在他影响下手下上万人就都“恶”了，在张献忠这样低智商、没家教、少理性的人的操控下，必然导致一场不可收拾的人间悲剧。

真正的造反者——贼只在专制制度中，专制制度有贼性才使贼欲与专制制度共存。在民主国家，没有造反，只有罢工。专制国家则不然，皇帝老贼不死，那么局势永远无法改变，这就有了造反。既然你朱元璋通过暴力革命能夺取政权，那我张献忠为什么不能造反？你能革元顺帝的命，我为什么不能革崇祯的命？

民为贵，社稷次之，君为轻，于是为了民而换君，便有了无数次改朝换代，才有今天的走向共和。历史发展到今天，生产力高度发达，粮食产量早已能“解放”全人类，可仍然有十亿以上的人在挨饿，这就是西方学者说的“制度性贫困”。不是财富不够，而是分配不公，有的富人们宁可将粮食倒进海里或喂狗（当然肯定是名犬）也不给穷人，这是为什么？因为人的优越感只有在贫富对比差距很大时才能体现，没有穷哪有富，没有吃不上饭的怎么体现我这吃澳洲鲍鱼的高贵，这就有了现在的局面，于是乎穷者越来越穷，富者越来越富。至于如何解决这个问题，则是我们今后要深思的。

附录
明朝 vs 日本、明朝 vs 荷兰、明朝 vs 英国、明朝 vs 西班牙

明亡清兴大变局中明朝不仅跟后金、李自成、张献忠三线作战，而且还和日本、荷兰、英国打过仗，并且几乎都打赢了，这也算得上明末那段凄惨的历史中少有的亮点，对于明朝与西方殖民者交锋的这段历史，其他史书少有涉及，本卷最后，让我们从明朝在万历年间抗倭援朝战争结束后与日本在台湾的冲突开始，重温这几段中华民族早期反侵略的辉煌篇章。

（1）最不出名的民族英雄

从1588年参与讨伐叶赫部后，沈有容就再也没露面，估计许多读者已经忘记他了。1592年，日本丰臣秀吉发动侵略朝鲜的战争，沈有容与备倭总经略宋应昌一起出兵朝鲜，但因为与宋应昌不合，于是主动辞职回家。1597年丰臣秀吉第二次出兵朝鲜，这次丰臣秀吉打算南北两线作战，从浙江福建登陆夹击大明，但因种种原因而未能实行。此时的大明与日后甲午战争时的清廷不可同日而语，大明在第一时间就得到了丰臣秀吉的计划，于是万历皇帝下令在浙江与福建沿海集结大量水师，严阵以待。

福建巡抚金学曾上疏建议，不如动用这些兵力去直接攻击日本本土，来个围魏救赵，以迫使日本从朝鲜撤兵。他的建议被万历皇帝采纳，万历皇帝成为中原王朝

第一个曾计划攻击日本本土的皇帝。金学曾把攻击日本本土的任务交给了此时赋闲在家的沈有容。谋定而后动，沈有容先派人侦查日本的情况，就在侦查期间，丰臣秀吉就死了，日本计划从朝鲜撤军，于是大明不必再冒风涛之险而东征日本了，自然，沈有容此次的使命又告吹了。在此期间，金学曾派给沈有容一个叫刘思的助手，并从府库中拿出一千两白银作为赴日本侦查的经费。这笔钱沈有容分毫未动，而刘思则在日本大多用于泡日本娘们了，事后刘思被抄家，而沈有容则因为清廉而越发被看重，金学曾上奏保举沈有容任福建都司。

丰臣秀吉虽然死了，大规模的日本侵略战争不会发生了，然而小规模的倭寇侵略依然不断，沈有容在福建沿海数次与倭寇作战，他“枭捷善战，每临敌先登，意气闲暇；两舟相隔丈许，提刀飞身过之，立斩数人，一舟披靡，而后众将士从之。又加以沉毅多谋，料敌出奇无穷”。

万历二十九年（1601 年），七艘日本战舰来到闽浙侵略，被明军打败，窜到台湾，在此安营扎寨。为捣毁倭寇巢穴，沈有容于万历三十年（1602 年）春节前夕杀牛犒赏士卒，随后宣布了自己打算率军直捣台湾的计划，因为当时正值腊月，不是出海的季节，诸将及水手都面露难色，沈有容以民族大义说服了大家，于是亲率二十一艘战船冒巨大风浪前进，在澎湖登陆时因赶上风暴仅剩十四艘。登陆后，沈有容“与倭斗，格杀数回，纵火烧沉敌船，斩首十五级”，明军勇猛，以一当百，殊死战斗，打得倭寇无还手之力。倭寇为争取逃跑时间，就把新抢来的财物扔进海边，诱使明军捡财物来延缓对自己的进攻。明军有的人看着地上的财宝动心了，此时沈有容大喝一声，打完日本人再捡！于是明军“无一人取其秋毫”，继续前进，越战越勇，全歼倭寇，日本人的鲜血染红了海水，我军烧毁六艘敌船。真是神兵飞出鬼不觉，谈笑成功人始知。这是中国军队首次从侵略者手中收复台湾的行动，也是明军第一次主动从海上出击打倭寇。

此后十年日本人没有在东南沿海挑事儿，但荷兰人来了。17 世纪初，荷兰摆脱西班牙的殖民统治后也加入殖民者的行列。荷兰这个低于海平面，不得不年年筑大堤以防海水的灭顶之灾的小国却焕发出征服世界的勃勃雄心，号称海上马车夫的他们赶着能蹈海穿浪的“马车”走向了世界。

1604 年 8 月荷兰人派两艘战舰驶向澎湖，当时正值明末北方抗清前线吃紧，明朝海军从澎湖撤退，于是荷兰人以通商为名顺利占领澎湖。抗倭英雄沈有容率二十艘战船来收复澎湖，荷兰人说：“中国兵船到此，是不是要和我们干一仗，如果是的话，我们奉陪。”沈有容说：“中国惯于杀贼，你们既说通商就优容你们，你们还蹬鼻子上脸。要想打仗吗？你们难道没听说过我大破倭寇，使海水尽赤吗？我不想让你们步日本人的后尘。”荷兰人韦麻郎无奈，他说等风暴平息就撤走，实际是赖着不走。

沈有容严肃地说：“我们福建巡抚说要调大军剿灭你们，我说你们是来通商的，不必动武，只要我交涉，你们就撤走，大军这才没来。谁知你们不听劝告，赖在这里，干不可告人的烂事，我打算回去禀报，让巡抚发兵。”韦麻郎吓得胆战心惊，表示一定退兵，可他贼心不死，私下里送三万两银子给沈有容，让他别赶他们走，被拒绝。韦麻郎这才死心，在十月二十五日离去。荷兰人不费一枪一弹占领澎湖，沈有容不费一枪一弹收复澎湖！

韦麻郎临走时将铜炮、炮弹和荷兰特产赠给沈有容，沈有容只留下炮弹和铜炮，其余一概奉还，真是不杀而威，不令而行呀！人们在澎湖立石碑永久纪念此事，上书：“沈有容谕退红毛韦麻郎等”。这块碑在今天仍然存在，作为中华民族的光荣载入史册。

荷兰的战舰“舟长二十余丈、高数丈，双底。木厚二尺有咫，外鋈金锢之。四桅，桅三接，左右两樯列铳，铳大十数围，皆铜铸；中具铁弹丸，重数十斤，船遇之立粉”，作战能力十分强。而这时福建水师的战船却多是商船与渔船改造的，虽有五十艘之多，但未必稳操胜券。所以沈有容能够兵不血刃逼荷兰人退兵也是难能可贵的，或者说也是更为明智的选择。

荷兰人走了，日本人又来了，日本幕府将军德川家康在万历四十一年（1613 年）通过琉球致书明朝，要求恢复贸易，否则他将“令日本西海道九国数万之军进寇于大明，大明数十州邻于日本者，必有近忧矣”。但由于琉球并未将此等无礼的文件传达，所以明廷不知此事。

德川家康一看，你不理我，那老子我就自己来了，他给村山等安颁发了“高砂国渡航船朱印状”（当时日本称台湾为高砂国），并派给他三千士兵，委任他侵略台湾。

村山等安派遣自己的儿子村山秋安率领着十一艘战船从长崎出发，但舰队在途中遭遇风暴，船队漂散，一部分骚扰闽浙沿海；一部分去了越南贸易；明石道友所率的三艘船虽然到达了台湾北部，其中一艘小船上的日本兵仓促登陆，被台湾土著民围攻，打打不过，突围突不出去，最后这些日本兵集体高喊着“天皇陛下万岁”而剖腹自杀。明石道友手下三艘船变成了两艘，他率领两艘船流窜至福建海面，烧杀抢掠，于五月来到浙江东沙岛（不是南海上的东沙岛）。福建巡抚黄承玄派董伯起前去侦察，董伯起虽然化装成渔人，但被明石道友看出来了，于是明石道友拿刀逼他，问：“说！你是干什么来的？”董伯起骗他说：“我军门知道你来犯，已经造好五百艘战舰等着你呢，我们的舰队马上就要到了！”明石道友还真实在，他信了，于是率船队撤回日本，但没放走董伯起，以便将他作为与福建政府谈判的筹码。

此后五年时间，不知道村山等安去忙什么了，反正是杳无音信，直到万历四十六年（1618 年）四月，明石道友奉村山等安之命，以送回董伯起为名，携带礼物及上明朝表章来到福建王崎澳，要求恢复通商。福建巡抚黄承玄命沈有容跟日本人交涉，当时明石道友在交涉时没佩刀，沈有容问：“你为何不佩刀？”明石道友答道：“不敢。”沈有容亲自取来一把太刀给他配上，明石道友感激涕零，因为佩刀毕竟是武士的象征。明石道友此前听说过沈有容在台湾大破日本海军的事，加之被沈有容镇住了，没敢提别的，放了董伯起后就回船上了。

明石道友还未离开，日本人桃烟门又率领三艘战船、倭寇百余人进犯浙江，击沉了浙江的一艘明军兵船。他们在驶进东沙白犬澳时，触礁搁浅，于是日本人就在岸边盖房子，打算长期盘踞。福建巡抚黄承玄得到消息后，将此事交给沈有容负责。沈有容率兵三路围困，用大炮猛轰，焚毁了倭寇的房舍与积聚，但倭寇依然拼死顽抗。

把总何承亮要进攻，沈有容说：“倭寇困兽犹斗，很难让其投降，这一带多礁石，我军如硬攻，很容易损失战舰。不如诱敌出战，将敌人擒获。”

随后他派精通日语的王居华前往劝说日本人，王居华用日语说：“你们日本人的命就在须臾之间，如果你们没有冒犯我大明的罪过，把事情讲清楚，或许还能有一线生路，不然的话，你们必死无疑！要知道，明石道友都已经受招抚了。”桃烟门听后，有些犹豫。次日，有倭寇率三艘船前来救援，三艘船都被沈有容击沉。

桃烟门见突围无望，就说：“只要有明石道友的书信来让我投降，我就听他的。”

沈有容于是让明石道友写信，明石道友也听话，他写了书信交给了沈有容，桃烟门等人见了明石道友的书信，便投降了。

时人董应举听闻沈有容这次击败倭寇的消息后，叹息道："东沙之役，某生六十一矣，未见有此不伤一卒、不折半矢、不縻斗粮、不旷时日，去如振叶、归若系豚，捷速而完，功难而易；就使俞（俞大猷）、戚（戚继光）再生，亦当首肯矣。"

1620 年，由于努尔哈赤的强大，东北形势吃紧，沈有容被调任山东副总兵，以防努尔哈赤从辽东半岛跨海侵略山东。辽东民众有乘船从努尔哈赤占区逃亡山东的，沈有容都派人接应，共三万四千人得到接应。沈有容在登州结识了戚继光的长子戚祚国，当时戚祚国正在编辑《戚少保年谱耆编》，但年谱完成后，戚祚国等无力将其刊行，幸而得到了沈有容的资助，使得此书出版，今天我们所知的戚继光的赫赫功业赖此书得以保存。1624 年沈有容因病而辞官回乡，三年后因病去世，享年七十岁。

（2）西班牙、荷兰亮剑台湾

台湾是个风景迷人之地，海岸上悬崖壁立，树木蓊郁葱茏，在葱兰叠翠的狮球岭后面，是基隆城。夜晚遥见岗峦起伏之处闪着点点渔火，一轮圆月当空照，夜色幽蓝，海水潮起潮落，让人心醉。也正是台湾迷人的景色，富饶的物产引来了西方殖民者的贪欲。

1604 年，第一次侵略澎湖失败后，荷兰人没有就此罢休，澎湖列岛与台湾始终被列入其计划占领的名单中。1621 年荷兰人获取重要情报——西班牙人要占领台湾，于是荷兰人打算先下手为强。荷兰巴达维亚总督决定先攻击澳门的葡萄牙人，如不能攻陷，则在澎湖寻找适当的港口，先于西班牙人占领台湾。1622 年，荷兰将领雷尔生率一千零二十四人乘八艘战舰进攻澳门，被葡萄牙人击退。1623 年 7 月 23 日，荷兰海军司令高文律率一艘大型战舰、四艘小型战舰占领澎湖。10 月，高文律来到厦门想和明朝谈判，用和平方式使对澎湖的占领合法性，但由于中国海军提前得到了情报，所以他一登陆就被中国海军逮捕后杀死，此时船上的荷军还不知道他们的司令的下场。

于是明军派人和荷兰人说你们的司令正在我们摆的宴席上吃饭，你们也一块来吧。荷兰人一看，中国人挺好，咱们占他们的地盘，他们还给咱们吃的。于是荷兰人除留少数人守船外其余就都上岸去参加宴席，酒过三巡菜过五味之时，荷兰人都感觉自己腹中一阵阵疼痛，“不好，有毒！”一个荷兰人大叫，随后他们一个个痛苦倒地。

这批荷军就这样被毒死了，明军守备王梦熊趁夜以几十艘小船假扮渔船靠近荷军战舰实施火攻，荷军大型战舰被烧毁，四艘小船被烧毁一艘，荷兰海军狼狈逃回。1624 年崇祯在北方努尔哈赤强大的军事压力下还是下了收复澎湖的决心，于是派南居益率二百艘战舰载一万人攻打澎湖。荷兰人还算聪明，知道双方实力相差太大，形势于己不利，故而还没打就退出澎湖，并与明军总兵俞咨皋（俞大猷之子）交涉，俞咨皋说只要荷兰人退出澎湖既可。在明军强大的压力下，荷兰人于 8 月 24 日竖起白旗投降，随后退至台湾安平，在台湾建立热兰遮和赤崁城两个军事基地。当时穷于应付动荡时局的明朝没有彻底歼灭荷兰人，对其占领台湾采取默认态度，不能不说是一个莫大的遗憾。

在荷兰人占领台湾安平后，西班牙人也来了，他们攻陷台湾基隆。此后的事情正如两百年后的日俄战争一样，西方列强在中国土地上展开争夺战，而中国人则袖手旁观，这也不能不说是中国人的一种悲哀。当时，福建巡抚邹维琏在向崇祯汇报荷军情形时这样说:“红毛一番远去中国四万里，晨昏昼夜皆相反……其人深目长鼻，赤须朱发，其性贼虐，尚仇杀，诸夷畏之。其舟长五十丈，横广六七丈，名曰夹板，内有三层，皆置大铳外向，可以穿裂石城，震数十里，人船当之粉碎，是其流毒海上之长技有如此者。”崇祯已经被李自成、张献忠、皇太极搞得焦头烂额了，自然没工夫理会荷兰人了。

一开始荷兰人与西班牙人势均力敌，两边兵力都很少，直到 1641 年由于荷兰人援兵到来，均势被打破，1641 年 8 月 24 日，荷兰上尉特佳率三艘战舰载三百人至基隆，将基隆外围村落烧毁，并要求占据基隆的西班牙人投降，被拒绝。其实西班牙是死要面子，他们在台湾的兵力很弱，只有西班牙军五十人，菲律宾兵三十人，中国汉奸的伪军一百三十人，还有从非洲买来的二百名奴隶。在向马尼拉的西班牙殖民地求援后也只得到两门火炮和不到二十人。1642 年 8 月 17 日，荷军在又得四百人增援后开赴基隆，向城内射击，十天后西班牙人投降，从此西班牙被迫退出在台湾的角逐，台湾由荷兰一家独占，史称“荷据时期”。

直到1662年，郑芝龙之子郑成功才将荷兰人赶走，不过这将是下册书我们会讲述的内容。

（3）英荷葡日澳门混战

荷兰人除了发动过对澎湖的侵略外，还先后五次侵略澳门。1601年荷兰第一次攻澳门，被葡萄牙人击退，二十名荷兰人被俘，其中十七人被绞死，三人被送到马六甲关押。1604年荷兰海军上将率军攻澳门，因刮大风而使船漂到澎湖，在澎湖荷兰人知道了台湾的富饶，为前文第二次中荷澎湖之役埋下了祸根。1607年不甘心失败的荷兰人第三次攻澳门，结果被葡萄牙六艘军舰赶跑了。1622年荷兰人决心不再单干，而是把英国拉过来，他们组成了一只庞大的舰队，共有荷舰十二艘，士兵一千零二十四人，英舰四艘，他们在6月22日抵达澳门。23、24日英荷联军猛攻澳门，他们攻上了海滩，向东望洋炮台推进，葡军顶不住这凌厉的攻势，处境十分被动，荷军很快冲上了东望洋炮台，澳门城敲响了警钟，澳门军民纷纷拿起武器共同抗击联军。

正在荷军眼看就要拿下澳门时荷军的弹药库被击中后着火，荷军失去了供应，攻势缓和了。于是荷军调整部署，就在荷军调整部署时其中一名日本士兵临阵开溜，逃向葡军，报告了荷军缺少弹药的情况。葡军随即开始反攻，没有了弹药的荷军阵脚大乱，全线溃退，死尸狼藉。荷军有五百人被打死，在往船上撤退的途中又有士兵还没来得及回船，船就开走了，他们前有大海，后有追兵，只好一步步走向海洋，成了鱼的盘中餐。荷军有四名军官和舰队司令被击毙，一名军官被俘。联军共阵亡一百三十六人，受伤一百二十六人，被俘四十人。

此为澳门历史上规模最大的一次战斗。总之，此事可以总结为荷兰人与英国人在进攻被葡萄牙人控制的中国领土时因为一个日本人的告密而失败了。荷兰人不撞南墙不回头，1627年荷兰人第五次进攻澳门，仍然以失败告终，从此在荷兰再也没有人敢提澳门了。

（4）中国大海盗 PK 海上马车夫

李敖在北大演讲时说："两千年来中国人一直在修长城，认定自己的敌人来自草原，而事实上我们真正的敌人来自海上。"不过我认为他的话不全面，至少在明末中国人还是意识到海洋的重要性的。1633 年郑芝龙指挥的对荷兰的战役就是证明，《清史稿》对此战只字未提，大概是因为指挥此战的郑芝龙降清后被杀的不光彩结局吧。事实上，此战是东西方海上力量的大碰撞，几乎动用自己在远东地区的血本的荷兰人面对日落西山的明王朝仍不能战而胜之。从澎湖之役到料罗湾再到郑成功收复台湾，中国海军用连续重创海上马车夫的战绩打完了他们在走向衰落前的最后绝唱。

此战起因很简单，在欧洲纵横驰骋的荷兰人企图垄断与明朝的贸易特权，他们提出让中国立即停止与西班牙、葡萄牙的贸易，只能和荷兰贸易，否则开战。当然，明朝很快拒绝了荷兰人的无理要求，崇祯下令严惩荷兰人。

荷兰动用了十一艘重型战舰、四十八艘小型战舰炮击厦门，首战告捷，荷兰人得意了，认为此战很快就见分晓。此时料罗湾海战的主角郑芝龙闪亮登场，郑芝龙是郑成功他爸，懂葡萄牙语、荷兰语、日语，有个外国名字叫尼古拉斯·加拉巴德。

郑芝龙 1604 年出生于福建泉州，年少时"性情逸荡，不喜读书，有膂力，好拳棒"(《台湾外记》)，1621 年郑芝龙离开泉州，到澳门投奔了舅舅黄程，学习经商，经常往来于澳门、日本、吕宋（今菲律宾）等地。在此期间，郑芝龙学会了葡萄牙语、荷兰语，还接受了天主教洗礼。这段时间，他除了学习经商之外，也兼职做翻译，赚钱糊口。

不久，舅舅黄程有批货需搭乘大海盗李旦的船，送到日本平户，便派郑芝龙押送，郑芝龙于是与李旦（跟唐睿宗同名）结识。刚到日本时，郑芝龙"为人缝纫以糊口"(《广阳杂记》)，也有人说他"卖履为生"(《华夷变态》)。但他很快就加入了李旦的海盗团。

由于郑芝龙长得很帅（张遴白《难游录》说他"少年姣好"），他很快成为李旦的同恋情人，"以龙阳事之"(《难游录》)。"龙阳"是战国时魏安僖王的男宠，"龙阳之癖"与"断袖之癖"（汉哀帝跟男同胞董贤睡在一起，一天起床时因为怕吵醒还在梦中却压着自己袖子的董贤，他割断自己的袖子）一样是中国古代同性恋的代名词。

在日本，郑芝龙除了跟男人睡外，也睡女人，他认识了一位当地女子田川氏，并结了婚，郑成功就是他们两人的爱情结晶。

1625 年李旦和颜思齐（李旦海盗集团二号人物）在日本举兵，试图推翻德川幕府，结果战败，李旦战死，颜思齐、郑芝龙死里逃生，并在台湾建立基地。不久，颜思齐在台湾病死，临终前说："不佞与公等共事二载，本期创建功业，扬中国声名。今壮志未遂，中道夭折，公等其继起。"郑芝龙随后接替颜思齐为海盗首领。

1626 年趁福建遭遇旱灾，郑芝龙对福建沿海发起进攻，他"连舟浮海，自龙井登岸，袭漳浦镇，杀守将。进泊金门、厦门，竖旗招兵，饥民及游手悉往投之，旬日间，众至数千"（《重纂福建通志》）。"所到地方，未尝杀人。有彻贫者，且以钱米与之"。与明末大多数海盗一上岸就对所有人烧杀抢掠不同，郑芝龙只杀明朝守军，对于百姓则不杀，对穷人还赈济，郑芝龙当海盗的风格很像张作霖当土匪时的风格。1627 年厦门之战中，郑芝龙攻陷厦门，入城后郑芝龙约束手下，秋毫无犯，由此，郑芝龙除台湾的基地外，也多了大陆的一座城市。不久郑芝龙在安平（今福建晋江安海镇，与荷兰人占领的台南安平同名）建立了大本营。郑芝龙的强大在荷兰方面也有记载，荷兰派驻台湾总督德韦特（De Witt）在致东印度公司总部的报告中说："中国海贼日益壮大，几乎足以控制整个中国海，将所有海岸的戎克船（Junk，"船"字的闽南口音 jong 辗转传到西方而得，船上悬挂妈祖旗）破坏烧毁殆尽，更在陆地大肆掠夺暴行。他们已壮大到拥有四百艘戎克船和六七万之徒众。此头领称作郑芝龙，曾在大员商馆担任公司之通译，后不告而别，前去投靠海盗，转瞬间获得如此伟大的地步，连中国官方都不知该如何将海盗自海岸加以驱除。"

郑芝龙攻陷厦门的消息传到北京，让刚即位的崇祯煞是头痛，崇祯同时要面对皇太极、李自成、张献忠，已经很头痛了，但在崇祯眼里，郑芝龙只是癣疥之疾，李自成张献忠是肘腋之变，而皇太极才是心腹之患，所以招降郑芝龙被崇祯摆上了日程。

此时郑芝龙日子也不好过，一方面，他在台湾与荷兰人已经形成了对峙状态，另一方面，他虽是海盗中最强者，但许多股海盗并不听他的，他的局面并不稳定。福建的旱灾还没结束，郑芝龙毕竟是福建人，对于桑梓之地的人民，他决心救其于水火，他除了赈济灾民外，还大量移民入台湾，人数高达数万。这是台湾有史以来最大的一次移民高潮。为了吸引饥民渡海入台，他提出所有移民台湾者每人给银三两，三人给牛一头。毫无疑问，如此大规模移民，郑芝龙需要政府方面的配合，而饥民移民台湾，也能大大减轻福建的压力，福建是人口大省，但沿海五十里外几乎都是山，很难耕作，因此这对政府也是有利的。

就这样，崇祯与郑芝龙一拍即合，郑芝龙被崇祯封为副将，然后他打着官军旗号剿灭其他各股不听招呼的海盗，部队扩展到了三万余人、战船千余艘。

郑芝龙以厦门为据点，开始规范内部管理，以仁、义、礼、智、信命名，建立了五大流通体系，管辖遍布内陆各地的流通渠道，另以金、木、水、火、土命名，建立五支舰队，航行在印度洋和西太平洋。他同时颁布"令旗"，实际上就是海上的"保险单"，缴纳了保护费的船上可以挂上他的"令旗"，如果出事，他全额赔偿。这项"保险"收入，达到了每年四百万两黄金。郑芝龙彻底垄断了东印度洋和西太平洋的贸易，这是荷兰人不可能接受的，于是 1633 年 7 月 7 日，荷兰舰队主力占领了郑芝龙控制的南澳岛，对郑芝龙发起进攻。7 月 12 日，荷兰人偷袭厦门港，击沉郑芝龙大型战船 30 艘，小型战船 20 艘。7 月 14 日郑芝龙派出使者与荷兰人交涉。

荷兰人向郑芝龙收买路钱，让他每周给荷兰人二十五头猪、二十五头牛、一百只鸡，此外荷兰人还提出一系列条件：在鼓浪屿建立贸易据点，荷兰人在中国沿海无障碍收购商品，不准任何中国船只前往马尼拉，荷兰人在中国享有与中国人同等的法律权利。

郑芝龙拒绝了荷兰的这些要求，决定让荷兰人吃火炮，并下令每斩杀一个荷兰人赏银五十两，随后他率一百五十艘战舰（其中的五十艘战舰配有英国火炮）从海澄誓师出发，在遭遇战中击沉了荷军侦察船，随后继续前进，于 1633 年 10 月 22 日在料罗湾包围了荷军。郑芝龙以火船为先锋，对荷兰舰队猛烈冲锋，与荷兰九艘战舰作战。此战据福建巡抚《奉剿红夷报捷书》记载，郑芝龙击沉了荷兰五艘战舰，俘获了一艘战舰，而据荷兰人的记载，荷兰有一艘战舰被郑芝龙烧毁，一艘被俘虏，三艘战舰在战役中受伤后撤退的途中遭到台风袭击而沉没，"还有三艘不知去向"。

战后荷兰人不得不接收明朝苛刻的条件，赔偿大量军费，彻底放弃垄断中国沿海贸易的企图，以书面方式承认郑芝龙的海上霸权。在清朝历史上，一贯是中国人给外国人赔款，然而在明朝，即便是明末，依然是西方列强给中国赔款。这一仗，郑芝龙首开东方国家在海战几乎全歼西方殖民者的先例。“崇祯中，（荷夷）为郑芝龙所破，不敢窥内地者数年”（《明史》）。郑芝龙被崇祯称为“海疆长城”，并提拔为南澳镇副总兵。

料罗湾海战后郑芝龙彻底取得西太平洋制海权，一时“海氛颇息，通贩洋货，内客外商，皆用郑氏旗号，无儆无虞，商贾有二十倍之利”。“海船不得郑氏令旗，不能往来。每一船，例入三千金。岁入千万计。芝龙以此富敌国，自筑城于安平海梢，直通卧内，可泊船，径达海。其守城兵，自给饷，不取于官，旗帜鲜明，戈甲坚利。凡贼遁入海者，檄付芝龙，取之如寄。”（《明季北略》）“各国皆飞黄（郑芝龙）旗号，沧海大洋如内地矣”，中国官方第一次对大洋深处实施了有效管理。而郑芝龙的联合舰队规模也达到二十万人，三千艘战船，成为西太平洋地区最大的海军，台湾海峡则完全成为郑芝龙的内海。占城、越南南部、吕宋、孟买、长崎、巴达维亚（雅加达）、马六甲、柬埔寨、暹罗（泰国）等地全都成了郑芝龙舰队的通商港口。

郑芝龙通过“令旗”来收买路钱，壮大舰队，崇祯则从郑芝龙的买路钱里获得一部分作为税收，明朝官方不费一兵一卒、一枪一弹，赢得东南沿海的和平与繁荣，这是中国历史上唯一一次政府与海盗真正的精诚团结，各得其所。这种合作的意义，与英国女王伊丽莎白一世与海盗德雷克的合作完全一样，有效地整合了国家力量与民间力量。

对比西方的殖民扩张史，郑芝龙的发迹史恰恰是西方无数海商发迹史在中国的翻版。此战后福建广东海外贸易日益繁荣，如能照此发展，以明朝中后期中国人思想的开放程度和科学技术发展程度而言，古老中国将走向自己独有的近代化历程。遗憾的是，随着清军入关，中华民族的民族性和商品经济遭到了毁灭性打击。

中华民族走向海洋的希望随着清国的海禁破灭了，硕大无朋的帝国又回到了那片黄色的土地，回到了农业社会。有明一代也许就像狄更斯在《双城记》开头所写的那样：“我们所处的时代是那样的时代，那是最美好的时代，那是最糟糕的时代；那是智慧的年头，那是愚昧的年头；那是信仰的时期，那是怀疑的时期；那是光明的季节，那是黑暗的季节；那是希望的春天，那是失望的冬天。我们很快要上天堂了，我们也要下地狱了。”哎，痛！

明朝那么富裕，把海上马车夫都打跑了，为什么此战十一年后明朝就灭亡了呢？看西班牙人冈萨雷斯的《中华大帝国史》的一段话您就明白了，“这个世界上最富裕和繁荣的帝国在某种意义上却是最贫穷最悲惨的国家，这个帝国尽管疆域辽阔，土地肥沃，却不足以养活他的居民，要使其居民舒适，还要比实际疆域大三倍的国土。而且只要是一个在中国待过一段时间的人就会对饥荒时易子而食感到司空见惯。”贫富差距悬殊，穷人们自然都跟着李自成、张献忠揭竿而起，最终到处攻城略地，杀掉富人，将其财富据为己有，最终大明王朝就在李自成农民军的山呼海啸中走到了终点。

在明朝走向毁灭的途中，大英帝国的舰队来了，这次明朝能否在毁灭前写下最后浓墨重彩的一笔呢？

（5）中英在香港的第一次亲密接触

崇祯十年（1637年）英国商人联合会派梦啬牟率五艘战舰来华，想通过葡萄牙人来进行对中国的贸易。于是舰队来到澳门，到澳门后，葡萄牙人敲诈他们，梦啬牟不给钱，于是葡萄牙人在英国人的饭菜里下毒，毒死了四十个英军。梦啬牟决定不再通过葡萄牙人转手贸易，而是直接找中国人，他令舰队驶向伶仃洋，然后直插广州。

这年七月初一，烈日炎炎下虎门的百姓都在海边榕树下享受着丝丝海风，他们没有料到，大英帝国的海军就要杀到。面对来犯之敌明朝海军严密布防，一切准备就绪后英国舰队来到沙角，他们发现明军严阵以待，虎门各火炮压弹待发，便声称“风向不顺”，暂时不发动进攻，而是停泊在海边，实质想伺机进攻。第二天晚上明军陈帮基、吴一凤率四十人用即将退役的木船作为火船，准备在深夜二更靠近英舰，进行火攻，谁料火攻前风向突变，明军由顺风转为逆风，火攻无法进行，在此时陈帮基的火船搁浅，结果火攻彻底泡汤了。英军见明军要发动火攻时，个个失魂落魄，纷纷跳船，最后一看火攻没成，这才都回到船上，可见这一股来侵略的英军也毫无大英帝国军队之风。初三上午梦啻牟下令炮击中国炮台，并说："谁要怕死，军法从事！"结果英勇的明朝海军将士还是将英军击退。初九，梦啻牟派一艘战舰驶入沙角以北，被明军发现后这艘战舰掉头就跑，但还是吃了明军几发炮弹，伤得不轻，此后数日局势趋于缓和；二十四日夜，大英帝国海军又给梦啻牟增派了四艘战舰，九艘英舰突入白沙海面，一齐炮击我军炮台，但我军将士不畏强敌，一炮击中英军旗舰弹药库，使其起火，梦啻牟忙下令撤退。

梦啻牟失败后，英国人没有善罢甘休，他们又派了一拨人来侵略。商人联合会派五艘"商船"在伦敦号船长威代尔率领下进入南海，威代尔满脸络腮胡子，鹰眼、秃鹫鼻子，这个家伙开始打算占据澳门，可是葡萄牙人怎肯把自己嘴里的肉给别人吃，于是葡萄牙人断然拒绝了英人。威代尔一看，中国那么大，我非得在一棵树上吊死？八月六日他率军闯入珠江，虎门的明军令其停下。威代尔不但没停，反而加速闯过炮台，明军向其开炮，威代尔随即还击。手执长矛大刀，摆弄年久失修、装填慢、瞄准率低的铁炮的明军当然无法挡住英军的炮轰，几小时后，虎门炮台失陷。随后威代尔对虎门一带纵兵抢掠。

几天后，虎门炮台被占的消息传到崇祯那，一时朝野震惊，广东衙门更是又羞又恨，小小的几个洋人竟然敢在天朝地面上兴风作浪，这还了得？明朝立即调遣大军将虎门围得像铁桶一般，勒令威代尔退出炮台，并说只要威代尔退出炮台，就可在华贸易。威代尔本来自恃枪炮先进，不把明军放在眼里。但他面对漫山遍野包围他的明军，还是感到了死亡的威胁，因此英军只得与大明政府谈判，广东衙门要求英国赔款，英商答应了中国的要求，赔偿白银两千八百两。威代尔则向中国官员提交了一份保证书，对虎门事件表示歉意，并保证完成贸易后即离去。据此，广州官员决定对其不予追究，令其贸易后尽快离境。明朝在临灭亡前都能让英国人赔款，也可见日薄西山的东方帝国此时还是强于初兴的大英帝国的，而两百年后，日薄西山的大清帝国再碰到已经是日不落帝国的英国时，那就没那么幸运了。

此次威代尔看见了广州的繁华，他垂涎欲滴，打算为大英帝国开辟一个"永久性贸易摊位"，他把这个摊位选在了香港。从此英国人有了盘踞香港的念头，直到二百年后美梦成真。当然，这将是本套书第五册要讲的内容了。

（6）西班牙人菲律宾屠华

英国侵略虎门两年后，西班牙人在菲律宾对华人华侨举起了屠刀。这其实早已不是西班牙人对中国人的第一次刀兵相见了，一切都要从万历二年（1574 年）说起。

1574 年西班牙殖民者雷克尔上书国王腓力二世，说：“只要不到六十名优良的西班牙士兵就能征服中国。”1576 年，西班牙驻菲律宾总督桑德上书国王，说：“征服中国容易实行，这项事业要四千到六千人，配备枪、船、炮和弹药，有两千到三千人就能占领所要占领的省份，用那里的港口和舰队组成海上最大强国，是十分容易的，征服一个省后便足以征服全国。”桑德在写完这封上书后又派人去中国考察，回来后他又长期计划和思考，最终他改主意了，他觉得六千人太少，应该有一万到一万两千人，再加上五千名日本人和五百名印度人，以及熟悉中国情况的葡萄牙人。

他拟定了详细的计划书，书中说：“由我担任进攻中国的总司令。这次行动不能让中国人减少，人口消失就等于财富消失，因为中华民族是最能创造财富的民族。征服中国后我们要保留中国政府，以保持它的繁荣和富裕，侵入中国应采取谨慎温和的方式，不能在中国进行太多杀戮。征服中国后我们应在中国建大量学校，对中国人灌输西班牙文化，传播天主教，引入西班牙人生活方式，阻止伊斯兰教在中国传播，与北方蒙古人和解，打击奥斯曼帝国，建立从中国到西班牙的陆上交通线。尊敬的国王您在征服中国后还将成为柬埔寨、泰国等中国属国的君主。我们还应让西班牙人与中国女人结婚，培养混血后代，以便维持在中国的统治。”

“我们的作战目的为：政治上征服中国，成立全球帝国，为万王之王。军事上征服中国，以中国为基地，向亚洲其他部分发展，继而以中国人力及战争资源支援欧洲本土军力攻略北欧敌人，控制世界。宗教上征服中国，由中国西进，进占巴勒斯坦天主教圣地。经济上征服中国，开发中国资源，并移植中国人力发展殖民事业，挽救西班牙帝国经济危机。”

总之一句话，就是想征服中国。

这封计划书在 1587 年交给腓力二世，腓力二世看完后大喜，他正要实行对中国的征服计划时，1588 年与英国人在格拉福林进行了海战，此战中西班牙无敌舰队被歼灭，计划泡汤了。

但侵略者就是侵略者，其本性不会改变，尽管无敌舰队覆灭，西班牙依然打算征服中国，1598 年西班牙菲律宾省总督德鲁向西班牙国王报告说 ：“我发现华侨发明一种制造大炮的工艺技术，这是我们迫切需要的炮，等这批大炮制作好后，我将不失时机地前往中国，向中国人发动进攻。”（布莱尔和罗伯森著《菲律宾群岛 1493~1898》）换句话说，西班牙人要用中国人造的大炮打中国人，当然，这只是一个报告，西班牙自从无敌舰队全军覆没后，已经无实力进攻中国了。

无敌舰队覆灭九年后，1597 年西班牙人为争夺香料，派兵与占领魔路加群岛的荷兰人交战，西班牙的菲律宾总督马特纳斯胁迫华人潘和五率两百五十人充当水手作战，他们让华人日夜不停地驾船，稍不如意就遭鞭打，潘和五说 ：“造反是死，被他们打死也是死，咱们还不如反了，胜则扬帆归航，败的话死也不晚。”于是他率这两百五十人起义，杀死船上的西班牙人四十名，随后驾船返航，但迷路了，他们把船开到了越南，结果货物全被越南人没收。

此事发生后马特纳斯派人与明朝交涉，要求归还战船和惩办凶手，且此时谣传日本要进攻菲律宾，西班牙人怕日本人与菲律宾的华人里应外合，于是还向明朝建议将华人全部接回国。福建巡抚许孚远将此事奏明万历皇帝，万历下令将华人接回，但有些华人不愿离开自己经营多年的菲律宾，所以只接回一部分。

西班牙人见岛上华人依然比自己多很多，为对付华人，想出条毒计，先扬言要出征他国，高价收购华人的武器，华人不知是计，将武器卖光，然后西班牙人勒令华人登记，每三百人进一个院子，进去后就被杀，华人见势不妙，发动起义，随即西班牙人炮轰华人，华人共两万人遇难，此年为 1603 年。西班牙人由于杀人太多，诚惶诚恐，派人向明朝请罪，此时的福建巡抚徐学聚说 ：“西班牙人杀华人一事不必看得太重，中国皇帝宽怀大度，对于此事，绝不兴师问罪，尔等西班牙人一贯聪慧，对于此事别害怕，在菲律宾的华人许多都不是良民，不必姑息。”西班牙人悬着的心终于落下，此事就这样结束。

三十六年后，1639 年，菲律宾的华侨又达到三万三千人，西班牙殖民者对华侨极为苛刻，规定华人的商品除了跟其他居民一样缴纳 3% 的商税外，还要每年缴纳六十四里尔（西班牙货币单位）的居留税，五里尔的贡税，十二里尔的国库税，此外华人每年还要到菲律宾的加伦巴做苦力。于是菲律宾的华人忍无可忍，发动起义，与西班牙人血战，最终三万三千名华人中的两万余人被杀害，而此时大明风雨飘摇，崇祯无暇顾及，最终只得作罢，无法为华人复仇。

参考书目

明朝

《庚申外史笺证》，权衡 著，任崇岳 笺证，中州古籍出版社，1991 年版。

《草木子》，叶子奇 著，中华书局，1959 年版。

《明神宗显皇帝实录》，叶向高等 著，“中央”（台湾）研究院历史语言研究所，1962 年版。

《明光宗贞皇帝实录》，叶向高等 著，中央（台湾）研究院历史语言研究所，1962 年版。

《大明熹宗实录》，温体仁等 著，“中央”（台湾）研究院历史语言研究所，1962 年版。

《崇祯实录》，佚名 著，“中央”（台湾）研究院历史语言研究所，1962 年版。

《崇祯长编》，汪辑 著，“中央”（台湾）研究院历史语言研究所，1967 年版。

《石匮书后集》，张岱 著，载《台湾文献史料丛刊》第五辑，台湾大通书局，1987 年版。

《东江疏揭塘报节抄》，毛承斗 著，浙江古籍书店，1986 年版。

《幸存录》，夏允彝 著，载《台湾文献史料丛刊》第六辑，台湾大通书局，1987 年版。

《三朝辽事实录》，王在晋 著，全国图书馆缩微文献复制中心，2002 年版。

《万历野获编》，沈德符 著，中华书局，2004 年版。

《辽左见闻录》，王一元 著，辽宁铁岭市政协学习宣传和文史委员会编，2007 年版。

《国榷》，谈迁 著，中华书局，1988 年版。

《高阳集》，孙承宗 著，清嘉庆十二年（1807 年）刻本。

《皇明经世文编》，陈子龙 著，中华书局，1962 年版。

《武备志》，茅元仪 著，载《四库禁毁书丛刊・子部》第 23、24、25、26 册，北京出版社，1997 年版。

《酌中志》，刘若愚 著，北京古籍出版社，1994 年版。

《汴围湿襟录校注》，白愚 著，刘益安 校注，中州书画社，1982 年版。

《东夷考略》，茗上愚公 著，载《清入关前史料选辑》第一辑，中国人民大学出版社，1984 年版。

《辽广实录》，傅国 著，载《清入关前史料选辑》第一辑，中国人民大学出版社，1984 年版。

《黄宗羲全集》，浙江古籍出版社，2012 年版。

《山中闻见录》，彭孙贻 著，载《清入关前史料选辑》第三辑，中国人民大学出版社，1984 年版。

《平寇志》，彭孙贻 著，上海古籍出版社，1984 年版。

《督师纪略》，茅元仪 著，载《清入关前史料选辑》第三辑，中国人民大学出版社，1984 年版。

《三朝野纪》，李逊之，上海书店，1982 年版。

《玉镜新谭》，朱长祚，中华书局，1997 年版。

清 朝

《明史纪事本末》，谷应泰 著，中华书局，1977 年版。

《明史》，张廷玉 主编，中华书局，1974 年版。

《明通鉴》，夏燮 著，岳麓书社，1999 年版。

《明季北略》，计六奇 著，中华书局，1984 年版。

《明季南略》，计六奇 著，中华书局，1984 年版。

《明语林》，吴肃公 著，黄山书社，1999 年版。

《明季遗闻》，邹漪 著，载《台湾文献史料丛刊》第五辑，台湾大通书局，1987 年版。

《明亡述略》，锁绿山人 著，载《台湾文献史料丛刊》第五辑，台湾大通书局，1987 年版。

《樵史演义》，陆应旸 著，时代文艺出版社，2003 年版。

《明书》，查继佐 著，载《二十五别史》，齐鲁书社，2000 年版。

《客窗闲话》，吴炽昌 著，时代文艺出版社，1985 年版。

《烈皇小识》，文秉 著，上海书店，1982 年版。

《蜀乱》（又名《蜀警录》），欧阳直 著，载《张献忠剿四川实录》，巴蜀书社，2002 年版。

《蜀难叙略》，沈荀蔚 著，载《张献忠剿四川实录》，巴蜀书社，2002 年版。

《绥寇纪略》（又名《鹿樵纪闻》），吴伟业 著，上海古籍出版社，1992 年版。

《蜀碧》，彭遵泗 著，载《张献忠剿四川实录》，巴蜀书社，2002 年版。

《荒书》，费密 著，载《张献忠剿四川实录》，巴蜀书社，2002 年版。

《滟预囊》，李馥荣 著，载《张献忠剿四川实录》，巴蜀书社，2002 年版。

《续编绥寇纪略》，叶梦珠 著，巴蜀书社，2000 年版。

《明季稗史初编》，留云居士 著，上海书店，1988 年版。

《蜀破镜》，孙錤 著，载《张献忠剿四川实录》，巴蜀书社，2002 年版。

《甲申朝事小纪》，抱阳生 著，书目文献出版社，1987 年版。

《张献忠陷庐州记》，余瑞紫 著，载《张献忠剿四川实录》，巴蜀书社，2002 年版。

《清太祖武皇帝实录》，中华书局，1985 年版。

《清太宗文皇帝实录》，中华书局，1985 年版。

《郎潜纪闻二笔》，陈康祺 著，中华书局，1984 年版。

《小腆纪年附考》，徐鼒 著，中华书局，1957 年版。

《辽海丹忠录》，陆文龙 著，辽海书社，1989 年版。

《满文老档》，中国第一历史档案馆和中国社科院历史研究所合编，中华书局，1990 年版。

《满洲实录》，辽宁教育出版社，2012 年版。

《东华录》，蒋良奇 著，载《二十五别史》，齐鲁书社，2000 年版。

《流寇长编》，戴笠 著，书目文献出版社，1991 年版。

《啸亭杂录》，昭梿 著，中华书局，2006 年版。

民 国

《清史演义》，蔡东藩 著，江苏人民出版社，1980年版。

《明史演义》，蔡东藩 著，中央编译出版社，2008年版。

《清史稿》，赵尔巽 主编，中华书局，1977年版。

《明代宫闱史》，许啸天 著，大众文艺出版社，2000年版。

《清代宫廷艳史》，许啸天 著，大众文艺出版社，2000年版。

《清朝秘史》，陆士谔 著，大众文艺出版社，2000年版。

《皇清秘史》，惜华楼主 著，贵州人民出版社，1994年版。

《清帝外记》，金梁 著，广文书局，1980年版。

《满洲秘档》，金梁 著，民国排印本，1933年版。

《天聪朝臣工奏议》，罗振玉，辽宁大学历史系编，1980年版。

今人著作

《中国文明的反思》，萧建生 著，新世纪出版社，2009年版。

《中国大历史》，黄仁宇 著，三联书店，2007年版。

《赫逊河畔谈中国历史》，黄仁宇 著，三联书店，2003年版。

《大历史不会萎缩》，黄仁宇 著，广西师范大学出版社，2004年版。

《中国历史大辞典》，上海辞书出版社，2007年版。

《中国殖民史》，李长傅 著，上海书店，1984年版。

《中国人口史·明时期》，葛剑雄 著，复旦大学出版社，2002年版。

《中国度量衡史》，吴承洛 著，商务印书馆，1937年版。

《中国历史年表》，柏杨 著，海南出版社，2006年版。

《中国历代战争史》，台湾三军大学 编，军事译文出版社，1983年版。

《中国古代海军史》，张铁牛 著，解放军出版社，2006年版。

《中国通史》，吕思勉 著，上海古籍出版社，2009年版。

《中国民族史》，吕思勉 著，东方出版社，1996年版。

《白话本国史》，吕思勉 著，上海古籍出版社，2005年版。

《中国历代政治得失》，钱穆 著，三联书店，2005年版。

《国史大纲》钱穆 著，商务印书馆，1996年版。

《中国海防史》，杨金森 著，海洋出版社，2005年版。

《中国边疆通史丛书·东北通史》，李治亭 著，中州古籍出版社，2003年版。

《中国边疆通史丛书·中国边疆经略史》，马大正 著，中州古籍出版社，2003年版。

《中西交通史料汇编》（共6册）中华书局，1977年版。

《中国历史地图集》，谭其骧 著，中国地图出版社，1996年版。

《中国政治制度通史》第9卷《明代》、第10卷《清代》，白钢 主编，人民出版社，1994年版。

《中国社会通史·明代卷》山西教育出版社，1996年版。

《中国风俗通史·明代卷》上海文艺出版社，2002年版。

《中国经济通史·明代经济卷》经济日报出版社，2000年版。

《中国科举史话》，林白、朱梅苏 著，江西人民出版社，2002年版。

《大明王朝的七张面孔》，张宏杰 著，广西师大出版社，2006年版。

《另一面——历史人物的另类传记》，张宏杰 著，百花文艺出版社，2004年版。

《中国城市发展史论集》，赵冈 著，新星出版社，2006年版。

《另一半中国史》，高洪雷 著，文化艺术出版社，2010年版。

《朝鲜李朝实录中的中国史料》（共11册），吴晗 编，中华书局，1980年版。

《袁崇焕评传》（《碧血剑》后附），金庸 著，上海三联书店，2007年版。

《万历十五年》，黄仁宇 著，上海三联书店，1997年版。

《明朝那些事儿》，当年明月 著，中国友谊出版社，2009年版。

《孤胆忠魂袁崇焕》，林猹 著，内蒙古人民出版社，2006年版。

《纵欲时代——大明朝的另类历史》，赫连勃勃大王 著，华艺出版社，2010年版。

《明亡清兴六十年》，阎崇年 著，中华书局，2006年版。

《正说清朝十二帝》，阎崇年 著，中华书局，2006年版。

《袁崇焕资料集录》，阎崇年 著，广西民族出版社，1984年版。

《西风拂斜阳：鸦片战争前中西关系》，萧致治、杨卫东 著，湖北人民出版社，2010年版。

《崇祯皇帝》，傅苍松 著，中国社会出版社，2005年版。

《崇祯皇帝》，赵云声 著，当代世界出版社，2012年版。

《崇祯传》，樊树志 著，人民出版社，1997年版。

《万历传》，樊树志 著，人民出版社，2001年版。

《晚明史》，樊树志 著，复旦大学出版社，2003年版。

《正说明朝十六帝》，许文继、陈时龙 著，中华书局，2005年版。

《明清生活掠影》，王凯旋、李洪权 著，沈阳出版社，2002年版。

《亡天下》，赫连勃勃大王 著，上海人民出版社，2007年版。

《集权与裂变——1368年至1644年的中国故事》，胡敏 著，上海文艺出版社，2005年版。

《明冤——毛文龙、袁崇焕与明末中国历史走向》，杜车别 著，三联书店，2013年版。

《风雪定陵——地下玄宫洞开之谜》，杨仕、岳南 著，新世界出版社，1997年版。

《明史讲义》，孟森 著，上海古籍出版社，2002年版。

《清史讲义》，孟森 著，浙江人民出版社，1998年版。

《满洲开国史》，孟森 著，上海古籍出版社，1992年版。

《图说天下・明——万里长城拱卫的社会》吉林出版集团，2011年版。

《张献忠剿四川真相》，郑光路 著，四川民族出版社，2010年版。

《大风歌——努尔哈赤传奇》，刘凤云 著，中国人民大学出版社，1993年版。

《践日行——皇太极传奇》，张研 著，中国人民大学出版社，1993年版。

《清太祖传》，周远廉 著，人民出版社，2004年版。

《清史纪事本末》，白新良 著，上海大学出版社，2006年版。

《清代通史》，萧一山 著，华东师范大学出版社，2010年版。

《中国历史教科书》，汪荣宝 著，上海商务印书馆，清宣统三年版。

《清朝的皇帝》，高阳 著，广西师大出版社，2008年版。

《清史》，郑天挺 著，天津人民出版社，1989 年版。

《正说清朝三百年》，林涛 著，中国国际广播出版社，2003 年版。

《帝国回光——清朝真史》，赫连勃勃大王 著，海天出版社，2012 年版。

《清代名人轶事辑览》，李春光 著，中国社会科学出版社，2004 年版。

《天机——清王朝皇权交接实录》，高晃 著，作家出版社，2002 年版。

《香港演义》，西尔枭 著，中央编译出版社，2008 年版。

《澳门演义》，西尔枭 著，中央编译出版社，2008 年版。

《澳门史》，黄鸿钊 著，福建人民出版社，1999 年版。

《大清十朝圣训》北京燕山出版社，1998 年版。

《熊廷弼集》学苑出版社，2011 年版。

《徐光启全集》上海古籍出版社，2010 年版。

国外著作

《建州纪程图记》，（朝鲜）申忠一 著，载《清初史料丛刊》，辽宁大学历史系，1978 年版。

《燃藜室记述》，（朝鲜）李肯翊 著，载《清入关前史料选辑》第一辑，中国人民大学出版社，1984 年版。

《丙子录》，（朝鲜）罗万甲 著，韩国正音社，1979 年版。

《乱中杂录》，（朝鲜）赵庆男 著，载《清入关前史料选辑》第三辑，中国人民大学出版社，1984 年版。

《建州闻见录》，（朝鲜）李民奂 著，载《清入关前史料选辑》第三辑，中国人民大学出版社，1984 年版。

《圣教入川记》，（法国）古洛东、（法国）利雷斯 著，四川人民出版社，1981 年版。

《洪业・清朝开国史》，（美国）魏斐德 著，江苏人民出版社，2010 年版。

《中国新史》，（美国）费正清 著，台湾正中书局，1993 年版。

《清朝全史》，（日本）稻叶君山 著，上海社会科学出版社，2010 年版。

《中国武将列传》，（日本）田中芳树 著，尖端出版社，2001 年版。

《异民族统治中国史》，日本东亚研究所 编，商务印书馆，1964 年版。

《剑桥中国明代史》，（英国）崔瑞德 著，中国社会科学出版社，2006 年版。

《香港史》，（英国）弗兰克·韦尔什 著，中央编译出版社，2007 年版。

《中国札记》，（意大利）利玛窦 著，中华书局，1983 年版。

《鞑靼征服中国史 鞑靼中国史 鞑靼战纪》，（西班牙）帕莱福等 著，中华书局，2008 年版。

《中华大帝国史》，（西班牙）门多萨 著，中华书局，1998 年版。

《大国海盗：浪尖上的中华先锋》，（澳大利亚）雪珥 著，山西人民出版社，2011 年版。

图书在版编目（CIP）数据

大清棋局：明亡清兴卷 / 刘澍著 .— 成都：四川文艺出版社，2015.9

ISBN 978-7-5411-4205-5

Ⅰ.①大… Ⅱ.①刘… Ⅲ.①中国历史—清代—通俗读物 Ⅳ.①K249.09

中国版本图书馆 CIP 数据核字 (2015) 第 234928 号

DAQINGQIJU:MINGWANGQINGXINGJUAN

大清棋局：明亡清兴卷

1583—1643

刘澍 著

特约监制 赵 菁 刘杰辉
产品经理 陈 亮
责任编辑 奉学勤
特约编辑 董铮铮
装帧设计 所以设计馆
版式制作 李春永

出版发行 四川文艺出版社(成都市槐树街 2 号)
网 址 www.scwys.com
电 话 028-86259285(发行部) 028-86259303(编辑部)
传 真 028-86259306

邮购地址 成都市槐树街 2 号四川文艺出版社邮购部 610031
印 刷 北京慧美印刷有限公司
成品尺寸 170mm × 240mm 1/16
印 张 19.75 字 数 300 千
版 次 2015 年 12 月第一版 印 次 2015 年 12 月第一次印刷
书 号 ISBN 978-7-5411-4205-5
定 价 39.80 元